Contre-histoire de la philosophie I

LES SAGESSES ANTIQUES

Paru au Livre de Poche :

APOSTILLE AU *CRÉPUSCULE*
L'ART DE JOUIR

CONTRE-HISTOIRE DE LA PHILOSOPHIE
1. Les Sagesses antiques
2. Le Christianisme hédoniste
3. Les Libertins baroques
4. Les Ultras des Lumières
5. L'Eudémonisme social
6. Les Radicalités existentielles
7. La Construction du surhomme
8. Les Freudiens hérétiques
9. Les Consciences réfractaires

LE CRÉPUSCULE D'UNE IDOLE
CYNISMES
ESTHÉTIQUE DU PÔLE NORD
FÉERIES ANATOMIQUES
LES FORMES DU TEMPS
L'INVENTION DU PLAISIR : FRAGMENTS CYRÉNAÏQUES *(inédit)*

JOURNAL HÉDONISTE
1. Le Désir d'être un volcan
2. Les Vertus de la foudre
3. L'Archipel des comètes
4. La Lueur des orages désirés

MÉTAPHYSIQUE DES RUINES
PENSER L'ISLAM
PHYSIOLOGIE DE GEORGES PALANTE
POLITIQUE DU REBELLE
LA PUISSANCE D'EXISTER
LA RAISON GOURMANDE
LA SAGESSE TRAGIQUE. DU BON USAGE DE NIETZSCHE *(inédit)*
LA SCULPTURE DE SOI
THÉORIE DU CORPS AMOUREUX
THÉORIE DU VOYAGE *(inédit)*
TRAITÉ D'ATHÉOLOGIE
LE VENTRE DES PHILOSOPHES

MICHEL ONFRAY

Contre-histoire de la philosophie I

Les Sagesses antiques

GRASSET

Ouvrage publié sous la
direction de Jean-Paul Enthoven

ISBN : 978-2-253-08384-9 – 1re publication LGF

SOMMAIRE

Pour une contre-histoire
de la philosophie

Préambule général

L'historiographie, un art de la guerre

1

L'historiographie, une polémologie. L'historiographie relève de l'art de la guerre. Pas étonnant, dès lors, qu'alentour règne l'ambiance des secret-défense. La discipline participe donc de la polémologie : comment envisager le combat, mesurer les rapports de force, mettre au point une stratégie, une tactique pour y parvenir, gérer les informations, taire, passer sous silence, souligner l'évidence, feindre, et tout ce qui suppose des affrontements à même de déterminer vainqueur et vaincu ? L'histoire est faible avec les gagnants et sans pitié à l'égard des perdants.

Elargissons : l'historiographie de la philosophie n'échappe pas à cette loi du genre. La philosophie, un peu arrogante, souvent sûre d'elle, assez donneuse de leçons, se présente habituellement comme la discipline couronnant toutes les autres. Les fonctionnaires de la matière actifs dans l'Inspection générale ne se privent pas d'entonner cette antienne et de justifier son enseignement dans les seules classes terminales du cursus scolaire en arguant de la nécessité d'un bagage minimum de culture générale pour pouvoir commencer à philosopher. Il semble qu'un long fatras doive avoir été accumulé en amont pour qu'on puisse y mettre de l'ordre un jour !

Etonnant que la philosophie, si prompte à en remontrer aux historiens ou aux géographes sur la façon de pratiquer leur art, aux scientifiques sur celle d'envisager les usages corrects de l'épistémologie, tombe elle-même dans le piège d'éviter d'appliquer à sa paroisse ce qu'elle enseigne aux chapelles avoisinantes ! Car je ne sache pas que la philosophie mette en œuvre les certitudes de sa secte en soumettant l'histoire de sa discipline aux tirs croisés d'un travail critique à même de rendre compte de la manière dont on l'écrit.

Pour quelles raisons donc la philosophie fait-elle l'impasse sur l'enseignement de son historiographie ? Quel intérêt y a-t-il à dissimuler les secrets de fabrication d'un corpus unifié ? Que cache la volonté de garder à l'écart de la raison raisonnante le processus de construction d'une histoire de la philosophie présentée comme seule et unique, canonique et objective, univoque et incontestable ?

Car on cherche en vain dans la discipline fragmentée – éthique et esthétique, épistémologie et anthropologie, logique et politique, etc. –, ou dans les études adjacentes des sciences dites humaines, un secteur consacré à l'examen des conditions de son écriture. Nulle part on n'interroge les présupposés des auteurs qui écrivent l'histoire, donc, d'une certaine manière, la font.

En effet, un philosophe, une doctrine, une pensée, un système, un livre, une réflexion, une œuvre n'existent qu'une fois inscrits dans un processus historique. Histoire de la philosophie, certes, mais aussi histoire tout court. Chaque moment se lit – se lie – dans un mouvement. Le point donné d'un temps philosophique fonctionne dans la dialectique d'une longue durée. Quel auteur invisible raconte au public l'odyssée dans son détail ? Qui écrit l'histoire de la philosophie, autrement dit : qui dit la *vérité* philosophique ? Où se cache son démiurge ?

2

Des mensonges sans auteurs. L'historiographie semble une aventure sans auteur identifiable. Aucune histoire de la philosophie ne fait autorité seule, sinon dans un pays totalitaire qui donne sa version officielle. Pourtant, de la même manière que les manuels scolaires dirigés par des personnes différentes, voire écrits par des individus dissemblables, publiés chez des éditeurs concurrents, racontent la même épopée, changeant seulement quelques détails, la forme, les histoires de la philosophie délivrent bien souvent une seule et même narration.

Mêmes auteurs, mêmes textes de référence, mêmes oublis, mêmes négligences, mêmes périodisations, mêmes fictions pourtant pointées mais répétées à l'envi – par exemple, l'existence d'un Démocrite présocratique, par définition antérieur à Socrate, qui lui survit pourtant entre trente et quarante ans ! Pourquoi donc ces objets différents pour exprimer une version identique d'un divers pourtant profus ?

Pourquoi ces instruments idéologiques que sont toujours les manuels, les anthologies, les histoires, les encyclopédies, qui, certes, rapportent les mêmes propos, font-ils silence sur les mêmes informations ? Ce qui manque une fois dans une publication manque toujours dans les suivantes d'un genre analogue où règne par ailleurs le psittacisme. Des informations majeures font l'objet d'un déni : où est la part volontaire de cette occultation ? Et où le travail d'un inconscient historiographique ?

Restons dans l'Antiquité pour les exemples : pourquoi entretenir la fiction d'un corpus clos de présocratiques, malgré l'irréductibilité de la centaine de personnes enrôlées dans cette armée chaotique dont certains débordent parfois la périodisation revendiquée ? Pour quelles raisons Platon ne cite-t-il jamais Démocrite dans son œuvre complète, alors que tout son travail peut se lire comme une machine de guerre lancée contre le matérialisme ? Comment expliquer qu'on n'exploite jamais l'information donnée par Diogène Laërce rapportant le furieux désir de l'auteur du *Phédon* de détruire dans un autodafé toutes les œuvres de... Démocrite justement ? Pourquoi donner crédit à la figure d'un Socrate platonisé quand une image plus proche de Diogène de Sinope ou d'Aristippe de Cyrène permet d'envisager l'œuvre philosophique du silène débordant le seul service de l'Idée platonicienne ? Comment comprendre le silence observé sur

Aristippe et la pensée cyrénaïque dans tous les dialogues de Platon ? Le penseur de Cyrène y apparaît une seule fois, et avec malveillance : Platon souligne l'indignité de son absence le jour de la mort de Socrate... Même chose sur l'inexistence des philosophes cyniques dans le corpus du philosophe idéaliste. Que conclure en regard de l'information qui présente les sophistes comme des vendeurs de relativité, pendant qu'on réduit leurs noms à ceux qui servent de titre à des dialogues... de Platon ? Quid, dans cette ambiance, de la pensée majeure du sophiste Antiphon – l'inventeur de la psychanalyse ! – habituellement passé sous silence ? Etc.

3

L'écriture des vainqueurs. On pourrait continuer la liste des illustrations, toutes témoignent dans le même sens : l'écriture de l'histoire de la philosophie grecque est platonicienne. Elargissons : l'historiographie dominante dans l'Occident libéral est platonicienne. Comme on écrivait l'histoire (de la philosophie) du seul point de vue marxiste-léniniste dans l'Empire soviétique au siècle dernier, dans notre vieille Europe les annales de la discipline philosophique s'établissent du point de vue *idéaliste*. Consciemment ou non.

Comme une erreur ou une distorsion de la réalité répétée dix fois, cent fois, mille fois, devient vérité (d'autant plus quand leur profération émane des grands, des puissants, des officiels, des institutions), ce genre de mensonge pieux passe pour une certitude définitive. Cette transfiguration de l'intérêt politique des civilisations judéo-chrétiennes – elles célèbrent ce qui les légitime et les justifie – constitue la raison d'État de l'institution philosophique.

Platon règne donc en maître car l'idéalisme, en faisant prendre les vessies mythologiques pour des lanternes philosophiques, permet de justifier le monde comme il va, d'inviter à se détourner de l'ici-bas, de la vie, de ce monde, de la matière du réel, au profit de fictions avec lesquelles se composent les histoires pour enfants à quoi se réduisent toutes les religions : un ciel des idées pures qui échappe au temps, à l'entropie, aux hommes, à l'histoire, un arrière-monde peuplé de songes crédités de plus de réalité que le réel, une âme immatérielle sauvant les hommes du péché d'incarnation, une possibilité pour l'*Homo sapiens* qui consacre scrupuleusement toute sa vie à mourir de son vivant, de connaître la félicité angélique d'une destinée *post mortem* –, et autres billevesées constituant une vision du monde mythologique dans laquelle bon nombre croupissent encore.

Les histoires de la philosophie s'activent pour montrer la richesse des variations sur ce thème idéaliste. Elles oublient que le problème n'est pas dans la variation mais dans l'éternelle ritournelle de la vieille scie musicale du thème. Certes, Platon n'est pas Descartes qui n'est pas Kant, mais ces trois-là, en se partageant vingt siècles de marché idéaliste, trustent la philosophie, occupent toute la place, et ne laissent rien à l'adversaire, pas même des miettes. L'idéalisme, la philosophie des vainqueurs depuis le triomphe officiel du christianisme devenu pensée d'État – Dieu que

Nietzsche a raison de faire du christianisme un platonisme à l'usage de la populace ! –, passe traditionnellement pour la seule et unique philosophie digne de ce nom.

Hegel, le fourrier de ce monde-là, consacre une énergie folle à affirmer dans ses *Leçons sur l'histoire de la philosophie* données à l'Université – le lieu *ad hoc* – qu'il n'y en existe qu'une (la sienne évidemment !), que toutes celles du passé la préparent car elles évoluent organiquement selon un plan – un genre de *philodicée* ! –, que cette construction affirme la toute-puissance de la Raison dans l'Histoire, certes, mais la Raison se superpose aussi à d'autres mots : le Concept, l'Idée ou... Dieu ! La philosophie, confisquée depuis l'idéalisme allemand par l'Université, le Temple de la Raison hégélienne, passe la plupart du temps pour une « science de la logique ».

Les gens en place n'ont rien à craindre pour la survie de leur monde prospère : après Pythagore, le *Phédon* de Platon leur enseigne l'immortalité de l'âme, la haine du corps, l'excellence de la mort, la haine des désirs, des plaisirs, des passions, de la libido, de la vie ; *La Cité de Dieu* tartine *ad nauseam* une même haine du monde réel au nom, bien sûr, d'un Dieu d'amour et de miséricorde ; ne comptons pas sur la *Somme théologique* de (saint) Thomas d'Aquin pour enseigner autre chose ; les *Pensées* de Pascal nagent dans des eaux aussi glaireuses ; même chose pour Descartes ou Malebranche ; la *Critique de la raison pratique* défend des idées semblables, reformulées dans la scolastique transcendantale des « postulats de la raison pratique », etc. Gens de bonne compagnie, héros et hérauts de l'historiographie dominante, icônes des programmes officiels, casse-tête préférés des aspirants docteurs en philosophie ou des envieux d'agrégation – aux deux sens du terme –, ce cheptel-là, un gibier de liste d'auteurs au programme, ne met guère en péril le monde comme il va !

4

L'histoire d'une contre-histoire. Dès lors, on comprend sans difficulté qu'Alfred North Whitehead écrive dans *Process and Reality* (1929) que « la plus sûre description d'ensemble de la tradition philosophique européenne est qu'elle consiste en une série d'annotations à Platon ». Notons ce détail : il parle de la *tradition*. L'usage de ce mot suppose l'existence d'une contre-tradition, un envers à cette historiographie dominante qui cite, commente et glose Platon à longueur de temps. Cette *Contre-histoire de la philosophie* se propose d'aller voir de l'autre côté du miroir platonicien pour découvrir des paysages alternatifs.

Face à l'histoire des vainqueurs, devant la domination sans partage de l'historiographie dominante, pour faire pièce à la doctrine officielle et institutionnelle, il manque évidemment une histoire des vaincus, une historiographie des pensées dominées, une doctrine officieuse et alternative. En toute logique, elle n'existe évidemment pas, la coutume des seigneurs de guerre s'y oppose. Logique du massacre intégral oblige.

Mon propos n'est pas de faire ici l'histoire de cette éviction. Cet autre (beau) sujet mérite un livre à part entière. Il pointerait le rôle de l'Église officielle dès les premiers siècles de l'ère commune dans l'organisation volontaire, délibérée et programmée de cette éradication de toute pensée antérieure à son règne temporel ou non inféodée à son système idéologique : destruction des manuscrits, incendie des bibliothèques, persécution des philosophes, fermeture de leurs écoles, assassinats de récalcitrants – Hypatie en figure emblématique, codification juridique (Théodose, Justinien) de l'anéantissement de la culture païenne.

A quoi il faudrait ajouter des réflexions sur le rôle des copistes (des moines la plupart du temps...), sur la part de l'aléatoire des conditions de survie de ce qui a échappé à la fureur vandale des chrétiens (jarres gnostiques enfouies dans le désert égyptien de Nag Hamadi, bibliothèques épicuriennes dans des villas recouvertes et protégées par l'éruption du Vésuve), sans oublier de célébrer les ennemis qui citent abondamment les textes de leurs victimes (Origène, s'escrimant en plusieurs tomes sur le *Contre les chrétiens* de Celse, en fait passer une grande partie à la postérité !), ou d'analyser le rôle des changements de supports (du papyrus au papier, du graphisme manuscrit à l'imprimerie, du livre pour érudits à la publication de masse, de la graphosphère à la médiasphère, etc.). Cette *Contre-histoire* laisse malheureusement de côté cette partie importante des conditions historiques et sociologiques de production d'un discours philosophique dominant...

Les six volumes que je propose contraignent à la modestie du propos malgré l'étendue en nombre de pages : on n'y trouvera ni l'exhaustivité, évidemment, ni l'analyse profonde d'une série d'auteurs, encore moins la micro-lecture – devenue sport national de l'Université européenne – de tel ou tel, pas plus la version définitive d'une analyse des courants archipélagiques que je mets au jour – les *gnostiques licencieux* ou l'*épicurisme chrétien*, voire les *libertins baroques,* les *ultras des Lumières*, le *socialisme dionysien* ou le *nietzschéisme de gauche,* parmi d'autres archipels, dans le chaos de la philosophie comme matériau brut, vivant, progressant moins sur le principe de la ligne (hégélienne) que du rhizome (deleuzien).

Je souhaite que cette *Contre-histoire* se lise évidemment comme une histoire. De la même manière que, par antiphrase, mon *Antimanuel de philosophie* propose non pas la fin du manuel ou l'abolition du genre, mais sa révolution méthodologique, ce projet d'encyclopédie volontairement mutilée vise l'émergence d'un continent englouti, d'une cité coulée depuis des siècles, pour lui redonner jour et vie en la remontant à la surface.

Cette *Contre-histoire* ne se veut pas une fin mais un début, une invite à constituer l'historiographie comme une discipline nécessaire dans l'enseignement de la philosophie. Elle donne l'occasion d'un gisement nouveau à destination des enseignants déliés, pour purifier de ses miasmes l'enseignement de la philosophie en classe terminale et à l'université, pour ouvrir la fenêtre bien grand dans les bibliothèques où s'accumulent les gloses inutiles sur les monuments de la philosophie dominante, afin d'ajouter aux rayonnages des travaux alternatifs prenant en compte une autre philosophie qui suppose une autre façon de philosopher.

5

Abolir la pensée magique. Qu'est-ce que cette façon *nouvelle* de philosopher ? Une façon très *ancienne*... car c'est celle de l'agora et du forum. Elle définit la manière antique de pratiquer une philosophie ouverte à destination du passant ordinaire : Protagoras le docker, Socrate le sculpteur, Diogène l'assistant banquier, Pyrrhon le peintre, Aristippe l'enseignant, s'ils sont de vrais philosophes – créateurs d'une vision du monde, auteurs d'ouvrages théoriques, ils vivent leur pensée au quotidien et mènent une *vie philosophique* –, ne sont pas des professionnels de la profession sur le mode postmoderne.

De même, ils ne s'adressent pas à des spécialistes qui se destinent à l'enseignement ou à la recherche philosophique. Ils parlent au poissonnier, au charpentier, au tisserand qui passe par là et qui, parfois, s'arrête, écoute, adhère, puis se convertit à un mode d'existence spécifique tendu vers la création de soi comme une subjectivité heureuse dans un monde dominé par la négativité.

La philosophie n'est donc pas une jonglerie visant l'art pour l'art, vouant un culte aux fétiches idéaux et conceptuels ; ni une discipline close destinée au petit nombre qui, pratiquant d'une manière incestueuse, confisque le savoir philosophique en vue de la seule reproduction de sa caste professionnelle ; elle n'a aucune raison, pour ce faire, de créer des néologismes, de cultiver l'obscurité, seules garanties de conserver la secte hermétiquement close, intacte d'autrui, indemne du monde ; elle n'a donc rien à voir avec la manie de la corporation qui, bien souvent, recycle la pensée magique en modifiant le seul emballage, enveloppé par les rubans clinquants de nouveaux mots à usage clanique et tribal. Cette vieille philosophie toujours active, nébuleuse et élitaire, absconse et autiste, truffée de néologismes et saturée de brumes, laissons-la aux nostalgiques du monastère.

6

Le principe d'Alphée. La philosophie n'est pas le musée habituellement proposé par l'historiographie dominante, avec un parcours fléché qui, de salle en salle, conduit, d'un chef-d'œuvre l'autre, des sculptures du Parthénon aux déconstructions d'un Picasso, en visant la clôture et l'achèvement sur soi du monde visité. Elle obéit bien plutôt au modèle des cabinets de curiosités chers aux philosophes, lettrés, historiens et collectionneurs des XVIe et XVIIe siècles : une accumulation d'objets rares et insolites, étranges et exotiques, bizarres et pittoresques ! Le sens n'y est pas donné *a priori* mais *a posteriori*.

Dionysiaques dans leur pur « être au monde », les productions philosophiques deviennent apolliniennes après une opération de l'esprit : l'ordre découle d'un travail intellectuel subjectif. Je revendique cette subjectivité – et ne crois pas à l'objectivité revendiquée par les belles âmes qui dissimulent la logique de leurs prélèvements tout aussi idéologiques que les miens.

La différence entre elles et moi ? L'aveu de mes présupposés : je propose l'histoire d'une philosophie qui ne se constitue pas *contre* le corps, malgré lui ou sans lui, mais *avec* lui. Comme Spinoza, ou après lui Gilles Deleuze, et Nietzsche entre eux deux, je tiens que la question : *que peut le corps ?* n'a pas encore été vraiment explorée. Plus encore dans le domaine de la philosophie où la chair, permanence de la malédiction de saint Paul, passe pour l'incongruité même.

Dans cet ouvrage, je ne me suis pas proposé non plus de répondre *directement* à cette question spinoziste, mais d'apporter ma contribution *en biais* avec cette galerie de penseurs qui composent avec le corps, n'en font pas un ennemi à mépriser, maltraiter, abattre. Que le corps soit « la grande raison » et que toute philosophie soit toujours l'autobiographie et la confession (du corps) d'un philosophe comme l'affirme Nietzsche dans *Le Gai Savoir*, voilà une vérité d'hier prometteuse pour demain.

L'histoire de la philosophie que, pour ce faire, je dirais hédoniste – car elle veut bien plutôt sculpter le corps et les passions que les détruire purement et simplement – n'est pas le lieu idéal pour montrer comment s'articule cette liaison complexe entre un corps de philosophe et ses pensées, ses visions du monde, ses productions théoriques. Le genre de la biographie existentielle me paraît bien plus adapté pour avancer dans cette direction. Ma démarche s'apparente plutôt à celle du géographe, familier des surfaces et des plans, qu'à celle du géologue, habitué des forages.

Que sont donc mes prélèvements ? Pour quelles fins ? Avant de répondre, faisons le détour par le fleuve Alphée. Ovide rapporte l'histoire dans ses *Métamorphoses* : Alphée, travaillé par un puissant désir pour Aréthuse, entreprend la jeune fille qu'il poursuit et fatigue en la suivant jusqu'à l'île d'Ortygie près de Syracuse. La jeune fille demande l'aide de Diane, qui métamorphose Alphée en fleuve et Aréthuse en fontaine. Pas dépité pour une drachme, Alphée transfiguré en eau douce poursuit son voyage sous la mer, en ne mélangeant pas son flux d'eau douce à la saumure. Puis il débouche en Sicile et commet son forfait en s'unissant à la fontaine.

Quelle leçon pour cette historiographie alternative ? Un flux peut ne pas se mélanger au milieu ambiant, persévérer dans son être et accomplir son destin par la manifestation entêtée de sa puissance d'exister. La mer à traverser ? La philosophie idéaliste dans sa triple formule platonicienne, chrétienne et allemande. Le flux ? Ce fameux fleuve Alphée ? La philosophie hédoniste : matérialiste, sensualiste, existentielle, utilitariste, pragmatique, athée, corporelle, incarnée...

Je propose ici de raconter les grands épisodes de ces équipées profuses depuis Leucippe jusqu'à Jean-François Lyotard pour le dernier des grands morts, soit plus de vingt-cinq siècles de couleurs, de lumières, de bigarrures solaires, de chromatismes vivants, de pensées généreuses, de sagesses prodigues et *existentiellement utiles*. Inchangée, radieuse et lumineuse, tout porte à croire que cette philosophie de l'incandescence hédoniste paraît disponible pour de nouvelles aventures.

INTRODUCTION

Sur des poussières d'astres

1

Les archéologies généalogiques. Vingt-cinq siècles d'histoire séparent la philosophie grecque la plus ancienne du temps où nous la lisons, autant dire que les conditions et circonstances de sa transmission méritent à elles seules un ouvrage. A l'évidence, certaines œuvres ne se retrouveront pas, définitivement perdues ou tout juste connues par un nom, une mention, une référence. D'autres, malheureusement, nous ont été transmises dans leur quasi-totalité – ainsi des dialogues de Platon dont l'influence et les ravages pendant ces deux derniers millénaires pourraient donner naissance à une encyclopédie des nuisances... Une poignée de fragments d'un penseur qui semble majeur – Leucippe – contre deux mille pages consacrées à célébrer la haine du monde terrestre – Platon – : voilà comment une civilisation s'oriente vers la lumière ou l'obscurité.

Recueillir ces fragments, trouver ces pages froissées,

endommagées, ces rouleaux qui tombent en poussière, ces papyrus émiettés relève de la chance et du hasard. La première archéologie qui permet d'accéder à ces trésors est classique, elle suppose le site, le chantier, la fouille avec pelles et pioches, puis truelles et stylets, enfin brosses et pinceaux. Enterrés comme des morts qui attendent le moment de retrouver la lumière pour parler, ces fragments surgissent parfois d'une maison patricienne dotée d'une bibliothèque. Et l'on découvre, dans le cas d'un propriétaire savant ou d'un lieu représentatif de l'école, un assemblage cohérent de volumes thématiques : l'épicurisme campanien dans la villa des Pisons à Herculanum, riche des huit cents rouleaux de papyrus constituant la bibliothèque de Philodème de Gadara, les gnostiques égyptiens dans une jarre de Nag Hamadi remplie de cinquante traités encore pourvus de leurs reliures en cuir. Parfois les archéologues mettent au jour une ville ignorée, perdue, oubliée, dans laquelle on trouve des inscriptions lapidaires : ainsi d'un mur d'Œnanda, la Telmessos turque d'aujourd'hui, sur lequel un philosophe nommé Diogène a fait graver des textes qui résument la philosophie d'Epicure à destination des passants.

Paradoxalement, on a même donné vie à des fragments empoignés par la mort : ainsi à Oxyrynchos, en Egypte, des momies avaient été enveloppées de bandelettes auxquelles s'ajoutaient des cartonnages sur lesquels étaient inscrits un certain nombre de textes. Certains triviaux (comptabilité, documents administratifs), d'autres de la plus grande valeur : fragments d'Homère, évangile gnostique de Thomas, Sophocle et Pindare authentifiés, Hérondas, Callimaque, mais aussi Sappho qui pourrait passer – si les poètes avaient droit de cité dans cette *Contre-histoire de la philosophie !* – pour le précurseur en chef de l'hédonisme. Dans le dépôt d'ordures de la ville abandonnée après le changement de système d'irrigation relatif aux crues du Nil, d'autres papyrus ont également été retrouvés...

La deuxième archéologie prend pour objet un livre ou un corpus philosophique. De la même manière que sur un chantier de fouilles, on visite les œuvres rescapées un crayon à la main dans l'attente du moment où surgissent la phrase, le mot, l'idée, l'expression, le morceau de paragraphe ou n'importe quoi d'autre qui agisse comme le mobilier de l'archéologue : le fragment à partir duquel on extrapole une totalité, une forme achevée. Ainsi, en lisant Platon, Epicure, Aristote – grand pourvoyeur de doxographie –, mais aussi les compilations – l'*Anthologie palatine*, la *Souda*, longtemps prise pour l'œuvre d'un Suidas inexistant, la *Gnomologie vaticane*, ou encore l'incomparable Diogène Laërce, une mine de métaux précieux –, on rencontre immanquablement des passages dans lesquels l'auteur cite, commente, extrait une expression ou une idée vite attribuée au personnage à qui on la prête. Cette archéologie des livres fait remonter à la surface les pépites endommagées, parce que parcellaires, mais avec lesquelles le travail critique peut s'initier.

Ainsi, donc, des philosophes dits présocratiques dont l'exhumation de papier, extrêmement récente, date du début du XXe siècle – 1903 exactement. On la doit à deux archéologues singuliers, Hermann Diels et

Walter Kranz, philologues de formation, qui ont sorti de leur contexte tous les propos attribués à Pythagore, Anaxagore, Empédocle, Parménide, Héraclite, et autres Leucippe ou Démocrite, accompagnés de pointures plus modestes, suiveurs, épigones, imitateurs associés à l'aventure de la philosophie présentée comme antérieure à Socrate. De sorte qu'avec eux un pan entier de la philosophie grecque sort des bibliothèques à la manière d'un mur mis au jour par les excavations d'un chantier.

Et puis, à mi-chemin des bandelettes de la momie et du silence des salles de lecture, entre le cimetière ou le désert égyptien et l'université prussienne, des trouvailles peuvent encore se faire, notamment dans des bibliothèques universitaires où dorment de vieux fragments de pierre abandonnés par des chercheurs du XIXe siècle, voyageurs revenus de leurs périples dans leur ville de province d'origine qui a hérité de leurs collections faites de pillages innocents, de curiosités de cabinet et d'accumulations aléatoires. Dans pareils capharnaüms on trouve parfois des bijoux.

Ainsi de l'unique témoignage direct d'Empédocle, dont un manuscrit sous la forme d'un papyrus contenant soixante-quatorze vers éparpillés en cinquante-trois fragments a été retrouvé en 1990 à la bibliothèque de Strasbourg, riche de cinq mille papyrus dont dix-huit cents grecs pour la plupart inexplorés. Le texte restitue ce qui subsiste d'une copie complète des livres I et II de la *Physique* du philosophe, autant dire un authentique trésor puisque l'œuvre du thaumaturge sicilien n'est connue que par les citations de ses suivants, décollées des ouvrages et proposées en un poème fragmentaire, incomplet et pour cette raison difficile à comprendre. La découverte permet d'établir un passage entre les deux pans de son œuvre jusqu'alors difficilement conciliables. Archéologie de site et archéologie de livres se complètent ainsi pour donner à des textes une vitalité nouvelle, une existence revitalisée.

2

Le jeu des contextes. Ce qui subsiste des chantiers de fouilles ne demeure pas longtemps un matériau inerte. Les fragments détachés de l'œuvre originale et replacés dans un contexte la plupart du temps polémique invitent à la prudence : une phrase musicale détachée d'un opéra peut autant servir que desservir l'auteur de l'opus démembré. Dans la meilleure des hypothèses, l'extrait génial sauve une œuvre qui peut, par ailleurs, être une catastrophe ; dans la pire, il est mauvais, sert, par ailleurs, les intérêts de celui qui s'en empare et disqualifie le reste d'un travail possiblement supérieur à l'idée donnée par la phrase isolée. Quiconque approche le matériau le fait dans un esprit, avec une intention, jamais dans la neutralité bienveillante d'une lecture innocente.

Lorsque Aristote entreprend sa *Métaphysique*, nul doute qu'il cite ses prédécesseurs philosophes pour prendre position par rapport à eux : à l'évidence il choisit les extraits en fonction de cet intérêt méthodologique qui suppose également un intérêt idéologique.

Prioritairement, il expose ce qui facilite sa démonstration et augmente la pertinence de son propos. La citation obéit toujours à un principe d'enrégimentement. Utilisée à des fins hagiographiques, critiques ou dépréciatives, elle illustre, témoigne à charge ou à décharge, mais toujours elle bénéficie à l'usager.

Le contexte d'origine – celui de la production – disparaît sous un contexte d'occasion. Une école philosophique relève de conditions particulières : un initiateur, un fondateur, un lieu, une cité, une sensibilité, des épigones, des ennemis, des adversaires, un corpus, des disciples, fidèles ou infidèles, orthodoxes ou hétérodoxes, des exercices spirituels, etc. Le texte renvoie à ces moments qui la rendent possible. Lorsque la citation prélève une phrase, elle fait fi du contexte et la replace dans une perspective nouvelle à même de générer contradictions, incompréhensions, trahisons et autres distorsions dommageables. Qu'on songe aux problèmes rencontrés par le seul corpus présocratique : fortuitement découvert, aléatoirement conservé, arbitrairement utilisé, subjectivement recyclé, il paraît peu probable qu'on puisse en effectuer une lecture digne des attentes du moment grec. De sorte que l'on se trouve dans la position d'une obligation de trahir, d'une impossibilité d'agir autrement que de lire en distillant, à notre corps défendant, des préoccupations étrangères à l'œuvre même.

Envisager ainsi la question de l'hédonisme, de l'eudémonisme, du souverain bien, de l'éthique, de la morale, du bien et du mal, du vice et de la vertu chez les penseurs habituellement présentés comme antérieurs à Socrate, paraît bien difficile quand vingt-cinq siècles s'intercalent entre eux et nous et qu'ils ont accumulé des sédiments obligeant à un déblayage intellectuel qui pose en préalable l'impossible objectivité, la gageure d'une restitution authentique, le mythe d'une lecture anhistorique, atemporelle, *sub speciae aeternis*. L'archéologie travaille avec des objets morts et ne peut redonner une vitalité sans trahir une vérité définitivement impossible à connaître.

3

La logique des vainqueurs. Dans le jeu des contextes, l'un n'est pas le moindre : celui des enjeux idéologiques qui traversent l'histoire des idées et opposent une tradition hédoniste à son ennemie familière de l'idéal ascétique. D'un côté Leucippe, Démocrite, Aristippe, Diogène, Epicure, Lucrèce, Horace, etc. – celle dont le présent ouvrage rassemble pour la première fois les grandes figures –, de l'autre, en exacts contemporains, Pythagore, Parménide, Cléanthe, Chrysippe, Platon, Marc Aurèle, Sénèque. Atomistes, monistes, abdéritains, matérialistes, hédonistes contre idéalistes, dualistes, éléates, spiritualistes et tenants de la ligne ascétique. La philosophie, dans sa période grecque, mais également par la suite, n'a cessé de présenter un double visage dont une seule face est montrée, privilégiée. Car, en gagnant, Platon, les stoïciens et le christianisme imposent leurs logiques : haine du monde terrestre, détestation des passions, des pulsions, des désirs, discrédit jeté sur le corps, le plaisir, les sens, sacrifice aux forces nocturnes, aux pulsions de mort. Difficile de demander aux vainqueurs d'écrire objectivement l'histoire des vaincus...

L'histoire de la philosophie telle qu'elle apparaît dans les encyclopédies et les manuels, telle qu'on l'enseigne et la travaille à l'Université, telle qu'on l'édite, la diffuse et la promeut, se confond avec celle des vainqueurs. Pas de pitié pour les vaincus qu'on méprise, oublie, néglige : pire, qu'on discrédite en les caricaturant. De sorte que le corpus présocratique dans sa version hédoniste est le parent pauvre de l'enseignement et de l'édition. Dès lors, on n'aborde pas sereinement les concepts essentiels qui le définissent : comment lire le mot *matière* ? Comment penser l'atome ? Quid des dieux, de Dieu ou du divin ? Que faut-il entendre par le mot *plaisir* ? Et par celui de *joie* ? Idem avec *désir* ? Quelle définition pour le *souverain bien* ? Le corps antique et grec est-il semblable au corps postmoderne et postchrétien ?

Pas plus donc que les gagnants ne peuvent dire sereinement la vérité des perdants, les vaincus ne peuvent écrire sereinement leur histoire. D'autant quand il faut composer avec des fragments aléatoires et des contextes réducteurs... De sorte que lire les philosophes de l'Antiquité et traquer dans leur œuvre ce qu'il en est du plaisir et de son statut, chercher l'hédonisme qui travaille les morceaux éparpillés d'ouvrages évaporés, c'est immanquablement forcer, trahir, infliger des torsions, contraindre. Vérité du moment, vérité d'une lecture, vérité d'une proposition subjective – le perspectivisme et le relativisme que je revendique existent déjà chez les grands Anciens...

PREMIÈRE PARTIE

Les sagesses antiques

« Le mépris du corps est la conséquence de l'insatisfaction qu'on en éprouve »

NIETZSCHE, *Fragments posthumes*, 7 (150),
Œuvres complètes,
tome IX, p. 301, Gallimard.

PREMIER TEMPS

Traces d'atomes dans un rai de lumière : le matérialisme abdéritain

I

Leucippe et « la joie authentique »

1

Sortis des limbes du temps. Jouer la carte du premier philosophe hédoniste, de l'origine d'une pensée du plaisir, de la généalogie d'un tropisme eudémoniste, nommer l'initiateur de ce courant ne va pas sans risque. D'abord, parce que l'histoire trouve ses limites dans la géographie : car cette proposition encyclopédique, outre son caractère subjectif revendiqué, pèche par incomplétude caractérisée, elle s'énonce, s'annonce et doit avouer déjà ses bornes... En l'occurrence, elle laisse dans l'ombre l'Inde, la Chine, l'Afrique et autres continents géologiques tout autant qu'idéologiques. Pourtant, les voyages des philosophes les plus anciens vers la mer Rouge, en direction de l'Orient, en compagnie des conquérants et des marchands, ne manquent pas de produire des effets sur la pensée.

L'astronomie chaldéenne, la médecine chinoise, les mathématiques égyptiennes, l'enseignement des gymnosophistes indiens, toutes les connexions avec les sages grecs interdisent de considérer leur pays d'origine et le Bassin méditerranéen refermés en un vase clos que n'auraient traversé ni les marchandises, ni les épices, ni les idées, ni les hommes, ni les chiffres, ni les techniques. Les philosophes grecs de l'origine ne procèdent pas d'eux-mêmes et l'idée sotte, bien que longtemps colportée, d'un miracle grec, en appelle trop à l'irrationnel du génie d'un peuple pour qu'on ne voie pas dans cette hypothèse une volonté d'éviter de reconnaître des sources, des influences, des impressions marquantes et déterminantes.

Une histoire des idées sumériennes, babyloniennes, égyptiennes, africaines donc, montrerait à l'envi que les Grecs n'inventent pas le dualisme, l'opposition entre le corps tombeau et l'âme chance, la croyance à une vie après la mort, la transmigration des âmes, la métensomatose. Tout cela ne germe pas dans le cerveau d'un Pythagore planant dans l'éther des idées pures où il suffirait de se servir. Derrière ces figures de la sagesse grecque primitive s'entend l'écho de voix anciennes, plus anciennes encore, voix de peuples peut-être sans écriture, sans archives ou sans traces.

Avant les débuts, il existe toujours un autre commencement pour qui cherche bien. Et affubler Leucippe de Milet (vers 460-370 av. J.-C.) du titre de premier philosophe hédoniste expose à s'entendre rétorquer qu'ailleurs il existe un autre nom, une autre figure qui, etc. La première trace apparemment cohérente, oui, mais le penseur inaugural ? voire... Les savants pourraient avancer le nom de Mochos, un Phénicien dont on ignore tout et qu'on connaît par la seule allusion de Sextus Empiricus qui lui prête l'invention de l'atome, une position physique à laquelle on peut vraisemblablement associer, en vertu du principe transcrit chez les suivants, de Leucippe à Lucrèce en passant par Epicure, une éthique hédoniste.

2

Fiction, femme ou philosophe ? En l'absence de plus amples renseignements sur le père phénicien des atomes, convenons qu'avec Leucippe le Milésien nous disposons d'un nom et de fragments qui permettent quelques hypothèses, et avançons cette idée qu'avec lui s'initie le courant philosophique qui envisage la joie, le bonheur, et pourquoi pas une certaine conception du plaisir, comme des objectifs désirables pour le sage. Avec lui, ou elle, car Jean-Paul Dumont, et lui seul, formule cette hypothèse que le premier philosophe pourrait tout aussi bien être une femme et qu'après tout, l'onomastique témoignant, le premier penseur soit une penseuse... Si rien ne permet de l'affirmer, rien ne l'interdit, le mot convenant aussi bien à l'un et à l'autre sexe. Il me plairait qu'à l'aube de cette génération de philosophes subversifs, joyeux, charnels et terrestres se trouve une femme !

Selon Diogène Laërce – dans ses *Vies, doctrines et sentences des philosophes illustres* –, Epicure, langue de vipère de première classe si l'on en juge par les propos rapportés sur son compte, a douté de l'existence de Leucippe – Hermarque reprenant ce bobard. On sait que le Philosophe du Jardin aimait se présenter comme le seul et unique inventeur, solitaire et génial, de son système. A ce titre il ne reconnaissait aucune influence, surtout pas celles qui sont déterminantes, comme toujours en pareil cas. Saluer Démocrite suffisait, l'ombre de Leucippe n'était pas nécessaire...

Personnage indiscernable, figure impossible à dessiner, Leucippe a pourtant bien existé et on lui doit une œuvre philosophiquement d'importance puisque d'elle procèdent toutes les théories atomistes de l'Antiquité et des périodes qui s'en réclament ensuite – songeons au libertinage érudit du XVIIe siècle, qui réacclimate ces positions philosophiques en se contentant souvent d'une pure et simple démarque des options du premier des matérialistes. Dans ce vivier puiseront tous les penseurs en quête d'une pensée capable de résister au christianisme dualiste, idéaliste et spiritualiste. Sans visage, Leucippe n'est donc pas sans œuvre, notamment une *Grande Cosmologie* dans laquelle se trouve exposé son système.

3

Réalité des simulacres. Dans le monde de Leucippe, il n'existe que des atomes, du vide et des mouvements effectués par les premiers dans le second. Rien d'autre. Cette seule formule contient tout le radicalisme d'une pensée qui soit congédie les dieux, dépourvus de potentialités spirituelles, interdit les âmes défaites de leurs prétentions éthérées et immortelles et rend impossible l'existence des arrière-mondes, au-delà, à côté ou ailleurs, soit transforme les dieux, les âmes et les autres mondes en réalités tangibles, perceptibles, concrètes et rien de moins qu'immanentes. Avec cette seule option, simple, claire et nette, Leucippe arrime les hommes au réel immanent et à sa seule dimension matérielle. Cette date de naissance de la philosophie coïncide avec le congé donné aux mythes, aux fables et aux religions.

Ces atomes s'agencent d'une certaine manière et produisent des simulacres. Ils existent en nombres illimités et, dans des associations relatives à leur forme, leur ordre et leur disposition, ils constituent la matière et la substance de toute réalité, sans exclusive. L'ensemble se meut dans le vide identifié par les atomistes au non-être – car le mouvement ne saurait s'effectuer dans du plein. Chez eux, donc, le non-être est, et il coïncide avec le vide. Dans cet ordre d'idées, la nécessité s'identifie au destin, lui-même réductible aux forces qui constituent la matière. Cet appareillage physique ne varie pas pendant des siècles : des particules insécables, leur mouvement dans le vide, leur agrégation comme cause et condition du réel – les trouvailles les plus récentes de la physique nucléaire n'invalident pas les intuitions de ces philosophes...

Mais qu'en est-il de ces simulacres ? Ils sont composés de pellicules imperceptibles qui émanent des objets et pénètrent dans le corps par ses orifices. Les atomes en suspension dans l'air entrent à l'intérieur du corps par le nez, la bouche, les yeux, les pores ou les oreilles. Les odeurs, les saveurs, les images, les impressions tactiles, les sons, autant de perceptions qui appellent ces structures en mouvement dans l'air et leur trajet de l'objet vers le sujet. La vérité se trouve donc dans les phénomènes et nulle part ailleurs. Le simulacre rend compte des modalités multiples d'un réel unique.

La tradition affirme que cette option physique, cette métaphysique immanente et matérielle, procède d'une observation simple et poétique : la danse des particules en suspension dans un rai de lumière. Dans l'été grec, à la faveur d'une pièce sombre gardant la fraîcheur autant que faire se peut, un jet de lumière blanche trace par l'entrebâillement d'une porte ou d'une fenêtre ; il faut imaginer le philosophe méditant, pensant, réfléchissant devant les grains de poussière dans un rayon de soleil – puis posant les bases d'un matérialisme atomiste qui résiste aux découvertes scientifiques grâce auxquelles on force de plus en plus et de mieux en mieux les secrets de la matière.

4

Ethique de la joie authentique. Dans la logique de Leucippe, la physique induit une éthique. En effet, la réduction de toute réalité à la matière confine les dieux dans un espace étroit : ils ne peuvent exister que sous forme matérielle. Comment dès lors ne pas les assimiler à des simulacres ? Simulacres parmi les simulacres. Faits de la même étoffe que les songes nocturnes ou les parfums d'olivier, les couleurs du soleil couchant sur la mer ou le chant des cigales, la beauté d'une passante dans les rues du port ou la chaleur sur l'agora en plein midi, les dieux côtoient les hommes de la même manière que les sensations, les émotions, les perceptions, les rêves, les idées. En aucun cas ils n'échappent à la matérialité du réel.

Relégués dans le royaume intermédiaire des phénomènes psychiques matérialisés, ils ne sauraient s'occuper des humains et montrer leur courroux, leur colère, leur jalousie, ils ne peuvent structurellement pas se venger des hommes, les juger, leur envoyer des peines, des souffrances, des catastrophes. Pas de relation possible entre d'éventuelles divinités douées d'extraordinaires pouvoirs et de misérables humains penchés sur leur champ, occupés à leur étal ou travaillant sur le chantier de construction d'un stade. Les dieux s'effacent doucement et laissent la place aux hommes : le matérialisme de Leucippe prépare l'éviction du divin et rend possible le sacre de l'humain.

La physique des atomes et le matérialisme des particules débouchent sur une éthique hédoniste, en l'occurrence une morale de la joie. Certes, les fragments sont rares, le contexte de production du livre inexistant, les termes grecs difficiles à rendre dans la langue française, la distinction n'est pas nette, franche et tranchée entre hédonisme et eudémonisme, philosophie du plaisir et logique du souverain bien, l'un et l'autre pouvant d'ailleurs se superposer. De même la joie païenne se lit difficilement, indépendamment de ce que le christianisme a fait de ce terme, confisqué, nimbé d'encens et arrosé d'eau bénite. Mais tout de même on peut avancer qu'une pareille sensibilité procède plus de la célébration de la vie que de sa détestation.

Précaution d'emploi : l'hédonisme fait du plaisir le souverain bien, ce vers quoi on doit tendre, l'objectif à même de fédérer la réflexion et l'action ; l'eudémonisme, lui, affirme la nécessité de viser le bien-être, la sérénité, le bonheur. Les deux termes existent et signifient deux choses distinctes, le plaisir et le bonheur ne superposant pas très exactement les mêmes sensations, les mêmes émotions, le même état physique et psychique. Pour ma part, je vois moins deux mondes séparés que deux façons de signifier une réalité identique. Le plaisir peut procurer du bonheur ; le bonheur n'exclut pas le plaisir.

Les deux états diffèrent moins sur la nature que sur l'intensité, voire sur le moment de l'expérimentation. L'individu concerné évolue dans un même monde qui suppose la capacité d'entretenir une relation intelligente avec soi, placée sous le signe de la pulsion de vie et radicalement hostile à toute pulsion de mort. Le plaisir procure une sensation assez violente pour qu'elle court-circuite la conscience : au moment de la jouissance, il n'y a qu'elle et aucune place pour la raison, l'intelligence ou le travail intellectuel utile pour savoir qu'on vit dans ce moment émotionnel spécifique. Son être anéantit la capacité d'une conscience de soi comme sujet ému.

En revanche, le bonheur se situe en amont ou en aval : avant le plaisir espéré ou après celui qu'on a eu, dans tous les cas de figure il se manifeste avec la conscience, grâce à elle et à son intercession. L'état de bonheur, moins violent que celui de plaisir, appelle la douceur, la paix, la sérénité, le calme afférent aux certitudes qu'un événement joyeux va advenir ou vient d'avoir lieu. Avec lui, le corps connaît des transports plus voluptueux qu'avec le plaisir, générateur de forces plus terribles, d'énergies augmentées et considérables.

Mais imaginer l'hédonisme et l'eudémonisme comme deux mondes séparés relève de l'erreur. Aucun instrument de mesure physique ou métaphysique ne permet de qualifier ni de quantifier les intensités utiles pour décider lequel, du bonheur ou du plaisir, tient le rôle principal. D'autant qu'une définition du plaisir s'impose, car deux millénaires de christianisme contribuent singulièrement à diaboliser ce terme et à le rendre inaudible, chargé de miasmes et parfumé aux gaz putrides de l'enfer catholique. Car il ne signifie l'abandon pur et simple à ses instincts que pour ses détracteurs : aucun hédoniste n'a jamais proposé pour idéal les pleins pouvoirs aux instincts, aux pulsions, aux forces nocturnes qui apparentent l'homme à l'animal le plus sauvage, le plus brutal.

L'éthique grecque est eudémoniste. Quelles que soient les écoles, elles invitent l'homme qui pratique la philosophie à se débarrasser de ce qui empêche son bonheur, à travailler sur ses désirs pour les raréfier et les rendre inoffensifs, à se défaire de toutes les attaches qui rendent difficile voire impossible un travail de purification sur soi-même. Le but est l'autonomie, l'indépendance, l'absence de souffrance, de troubles, l'existence heureuse et la vie philosophique qui la permet. Les exercices spirituels, les réflexions, les dialogues, les méditations, les relations de maître à disciple, tout cela vise la construction d'une subjectivité radieuse, solaire, indépendante et libre. Et de la fabrication de cette individualité naît un plaisir, le plaisir pris à soi-même. L'eudémonisme, alors, rend possible l'hédonisme – que définit la capacité à jouir de soi comme d'un être en paix avec soi, le monde et les autres.

Ces précautions d'usage étant prises, revenons à la joie chez Leucippe. Le fragment dans lequel on trouve ce mot – et cette expression : *joie authentique* – est de Clément d'Alexandrie (vers 140-150 apr. J.-C.) ; il renvoie au propos d'un aristotélicien, Lykos, dont on apprend que, comme Leucime *(sic)* – dont Jean-Paul Dumont nous dit qu'il peut s'agir de Leucippe (le classement du fragment dans la doxographie leucippienne en fait foi...), il pense que la joie authentique est le but de l'âme et qu'on l'obtient dans la relation et la contemplation des choses belles. Plus de cinq siècles après, le jugement de Clément paraît bien... platonicien ! Le butin est maigre... On ne sait rien de cette joie, comment elle peut être authentique, et ce que peuvent recouvrir les belles choses... Que serait d'ailleurs une joie inauthentique ? Voire une chose laide ? Avant Platon et sa théorie des Idées, à quoi peut bien ressembler une théorie de la beauté ?

Du terme *joie,* on peut déjà affirmer qu'il équivaut à celui de *plaisir*. Bailly nous apprend que *charis* et *hedonê* se superposent la plupart du temps et recouvrent la même signification. Ainsi chez Sophocle, Platon – le *Gorgias* et *Le Sophiste* –, mais aussi Plutarque. Dans l'acception sensuelle et sexuelle, Homère, dans l'*Iliade*, Xénophon et Platon confirment cette thèse. Difficile, dans ce cas, de démêler un écheveau où hédonisme et eudémonisme se confondent... Par ailleurs, la beauté envisagée par le même fragment renvoie probablement à l'excellence, à la vertu, à la noblesse et à tout ce qui définit l'idéal de l'époque : le *kalos kagathos* – beau et bon constituant l'alliage d'une même matière.

Avertis par ces précautions d'usage, prudents sur le sens des traductions qui obligent à utiliser des mots que le christianisme a rendus inaudibles, déroutés par l'absence de contexte et d'éléments plus consistants permettant plus de précisions sur cette question, on conclura tout de même, en ce qui concerne Leucippe de Milet, qu'il invente une physique à l'aide de laquelle il donne à l'homme une place prépondérante, centrale, et qu'il rend ainsi possible une éthique immanente, concrète, à l'aide de laquelle l'existence de tout un chacun se déroule sous ses yeux propres et non sous ceux de la divinité. Puis qu'en ligne de mire de toute vie réussie on peut élire la joie, elle-même parente intime du plaisir.

II

Démocrite et « le plaisir pris à soi-même »

1

Fautivement présocratique. Contraindre un philosophe à rentrer dans une case de l'histoire des idées contribue à le dévitaliser, voire à désamorcer son originalité. La réputation se réduit toujours à la somme des malentendus accumulés sur son compte : ainsi d'un Démocrite *présocratique*. L'affaire semble entendue, car les encyclopédies, histoires et autres instruments normatifs témoignent : le philosophe apparaît dans la catégorie des présocratiques, terme dont l'étymologie suppose sans ambages des penseurs qui exercent avant Socrate...

Le même effet pervers se remarque avec le concept de *petits socratiques*, voire de *socratiques mineurs* par lequel cohabitent sous une même rubrique des gens qui ne disposent pas de grand-chose en commun, sinon de donner l'impression qu'ils sont élèves, disciples ou fascinés par la figure et la présence du prétendu maître de Platon. Ainsi d'Eschine, Antisthène, Aristippe, Euclide, Phédon et quelques rhéteurs, cyniques, cyrénaïques, mégariques, difficiles à ranger sous une même rubrique si ce n'est l'écriture d'une histoire de la philosophie sur le principe christique qui fait de Socrate son messie, un genre de Jésus-Christ païen à partir duquel le temps s'ouvre en deux : avant lui, après lui. Les qualifications de présocratiques et de socratiques mineurs procèdent de cette coupure idéologique. Avec cette opération, on gomme la subtilité, les différences, les propriétés singulières et relatives des écoles, des individus, de leurs évolutions propres, pour créer de l'ordre de manière artificielle et se débarrasser plus facilement du divers. Le paquetage présente une utilité certaine : dès qu'il s'agit de s'en défaire, la chose devient plus aisée...

Démocrite, donc. Le fort volume de la Pléiade qui contient l'ensemble des écrits et fragments de philosophes réunis sous la rubrique « présocratiques » propose le corpus qui subsiste du philosophe d'Abdère. Le bon sens voudrait que soit compris sous cette rubrique quiconque a pensé, écrit, travaillé avant Socrate – sa date de naissance, son acmé ou sa mort, c'est selon. Voici les dates de Socrate : naissance en 469 av. J.-C., décès en 399, par l'abus de ciguë démocratique que l'on sait. Celles de Démocrite ? vers 460 pour l'arrivée au monde, vers 356 pour son départ. Le calcul paraît simple : dans la fourchette de dates même approximatives, Démocrite est le cadet de Socrate, mais de dix ans seulement, et quand ce dernier succombe, il lui reste entre trente et quarante années à vivre. Pour un présocratique, quelle gageure !

2

Sous le règne des vainqueurs. Que signifie donc cette erreur ? Elle paraît d'autant plus scandaleuse que Jean-Paul Dumont lui-même – évidemment – la signale, la remarque et ne déroge pas à la règle en installant Démocrite dans cette relation de soumission à Socrate. Tous ceux qui travaillent sur le philosophe matérialiste constatent la falsification, bien sûr, mais aucun ne répare en extrayant Démocrite de ce corpus où on le noie pour lui interdire de voguer à son compte. Perdu dans la masse, il semble plus facile à éviter. Car voici la raison de cet escamotage : les adversaires du philosophe ont intérêt à ne pas le mettre en évidence, à tout faire pour le dissimuler, à éviter sa popularisation, son existence en plein jour. Pour mieux échapper au débat, à la discussion, à la confrontation des thèses, mieux vaut l'évitement pur et simple...

Nous vivons en effet sous le règne des vainqueurs : l'histoire de la philosophie est écrite par des gens nettement juges et parties. La tradition platonicienne, puissamment relayée par le christianisme, domine l'Occident depuis des siècles. Tout ce qui n'entre pas dans cet ordre est minimisé, négligé, caricaturé, oublié. Démocrite, en figure tutélaire du matérialisme antique, passe à la trappe des idéalistes qui peuvent dès lors laisser croire à la toute-puissance de Platon et de son clergé.

La même plume tenue par les vainqueurs vaut à

Socrate – le pauvre Socrate, encore une fois assassiné ! – la réputation que lui fait Platon, et lui seul : platonisé à outrance, il apparaît difficilement dans la majesté de ce qu'il fut, vraisemblablement plus ironiste, plus drôle, plus mystérieux, moins dévot de la cause intelligible que la tradition ne le laisse croire. Un étrange trio de contemporains associe en effet Socrate l'Athénien, Aristippe le Cyrénaïque et Diogène le Cynique dans une figure de style subversif qui gagne à être dissociée du magnétisme platonicien.

A la manière du Crucifié, Socrate fonctionne en point de référence et de rupture. Avant lui, dans un même panier, on installe Empédocle, Héraclite, Anaxagore, Parménide, Démocrite, au mépris de leurs différences et de la richesse de leurs visions du monde. Puis, pour faire bonne mesure, on les affuble d'une pensée magique, thaumaturgique, mythologique, encore embuée de religieux, de fables, qui plus est poétique – ah ! déjà le vilain défaut de l'expression élégante préférée à l'exposition obscure et laborieuse ! Avant la raison raisonnable et raisonnante, avant la déduction, l'éristique, la dialectique, le dialogue, la rhétorique, il n'existait bien sûr que discours de sorciers, de mages, de poètes, de prêtres – en un mot, de mineurs et d'enfants fascinés par les histoires...

Or, avant Socrate, on pense. Et comment ! Mais pas dans les formes inventées par ses suivants, ses épigones. On embrasse la totalité du monde, on ne vit pas encore sous le règne des oppositions qui structurent la pensée occidentale, on ne se spécialise pas, la totalité du réel vaut comme un terrain d'investigation : on se fait tour à tour et méthodiquement astronome, physicien, mathématicien, médecin, moraliste, logicien, historien, géographe, météorologue, chroniqueur, mais le même homme pratique tous ces savoirs car le philosophe ne doit négliger aucun domaine s'il entend mener à bien sa tâche. En vertu de quelles raisons s'intéresser aux vents, aux volcans, aux comètes, aux étoiles ? Dans le dessein de rationaliser, dépasser la causalité théologique et inventer la causalité phénoménale. Pourquoi penser les atomes, le vide, la matière ? Afin de ne plus laisser aucune place aux divinités et d'offrir à l'homme un espace magnifique pour ses œuvres. Dans quel but s'occuper des us et coutumes des populations du bout du monde ? Pour promouvoir un perspectivisme, envisager la question de l'universalisme, traiter du relativisme.

Chaque domaine abordé vise la constitution d'une vision du monde globalisante et cohérente. La plupart des penseurs avant Socrate n'avaient rien de moins que lui, peut-être même disposaient-ils de quelque chose en plus : l'aspiration à la totalité. Les présocratiques ne sont pas des préphilosophes, mais d'autres philosophes que les suivants de Platon. Bon nombre d'entre eux pensent le réel à partir de lui-même et ne cherchent pas son principe ailleurs. Le feu, l'air, l'eau, le souffle, l'éther, autant de principes physiques qui s'opposent aux options pythagoriciennes du chiffre et du nombre ou de la logique platonicienne des idées.

3

Brûler Démocrite ? Démocrite n'est pas plus présocratique que Platon lui-même. Au regard des dates, il mérite d'ailleurs plutôt l'épithète de postsocratique ! Son activité coïncide très exactement avec celle de Platon (427-347 av. J.-C). Son œuvre s'épanouit d'ailleurs dans un temps semblable et sur des positions théoriques radicalement opposées : Démocrite ne croit qu'aux atomes et au vide, il congédie doucement les dieux puis fait place nette pour les hommes, il célèbre le réel concret et immanent, il invite à une existence jubilatoire ; pour sa part, Platon enseigne les idées, les concepts purs évoluant dans un monde céleste, il sacrifie à une puissance démiurgique et donne aux dieux le pouvoir architectonique sur le monde, il enseigne à se détourner du sensible au profit du seul intelligible, enfin il transforme l'existence en perpétuelle occasion de renoncement. Deux hommes, deux mondes, deux lignages s'opposent terme à terme.

Ces deux manières d'être au monde, de le voir et de le penser sont tellement irréductibles qu'elles produisent deux courants imperméables, celui des vainqueurs et celui des vaincus, le premier déniant même à l'autre le droit de se prévaloir du nom et de la qualité de philosophe. Le combat date, et une anecdote le résume superbement : l'histoire est rapportée par Aristoxène dans ses *Mémoires historiques,* où l'on apprend que Platon a envisagé de collecter les œuvres de Démocrite afin d'y mettre le feu ! Un philosophe auteur d'un autodafé contre un autre philosophe, le fait mérite d'être souligné...

Deux pythagoriciens – les options métaphysiques n'interdisaient pas la proximité des hommes... –, Amyclas et Clinias, l'en ont dissuadé. Non pas qu'ils trouvaient l'idée impensable, le geste indéfendable ou le projet détestable, mais ils estimaient que les livres de Démocrite existaient en un trop grand nombre d'exemplaires pour envisager réellement de rayer son nom de la planète philosophique... Platon, qui voulait exclure les poètes de sa société idéale, ne manquait pas de cohérence et de suite dans les idées en poursuivant de sa vindicte un philosophe dont le tort consistait à ne pas penser comme lui !

Pour réaliser d'une autre manière son dessein déplorable, il s'y prend avec une petitesse qui ne l'honore pas : dans les deux mille pages de ses dialogues, le nom même de Démocrite n'apparaît pas une seule fois – encore moins ses thèses ou leur discussion conséquente. Précisons que dans les oublis notables du philosophe passionné de justice – plutôt idéale qu'effective... – on remarque les patronymes d'Antisthène, Diogène et autres cyniques, tout autant que ceux d'Aristippe de Cyrène (sauf une mention signalant son absence au moment de la mort de Socrate...) et des autres cyrénaïques... Brave Platon !

Indépendamment de tout cela, Démocrite a survécu. Même en morceaux, dispersé, explosé, il demeure. Abondamment diffusé de son vivant, donc vraisemblablement tout autant lu, critiqué et commenté de son temps, sa pensée classée dans le fourre-tout présocratique peut toutefois se lire d'une manière attentive et précise. Ses soixante-dix titres, l'étendue encyclopédique de ses domaines d'intervention, l'abondance des références et renvois dont il a fait l'objet, un peu de chance également, nous permettent de travailler aujourd'hui avec une réelle efficacité – même si, dans les fragments, l'éthique apparaît comme le parent pauvre alors que la physique tient une place importante.

Les incendiaires n'ayant pu œuvrer selon leur souhait, le corpus démocritéen est d'importance puisqu'il équivaut à vingt pour cent de la totalité des fragments présocratiques, quand Héraclite pèse six pour cent et Parménide trois. Pour autant, la bibliographie des travaux qui lui sont consacrés reste désespérément maigre. (Ne parlons pas de Leucippe, sur qui aucun ouvrage en propre n'a jamais été écrit en langue française.) On ne vit pas impunément sous le régime philosophique platonicien, d'autant qu'il a été renforcé par Heidegger et ses suivants, acharnés à redorer le blason d'Héraclite et de Parménide, suivis en cela par des poètes assistés de quelques autres ennemis du matérialisme...

4

L'odeur des vierges. Natif d'Abdère, une ville d'Asie Mineure – la Turquie d'aujourd'hui –, Démocrite a beaucoup voyagé, plus et mieux que nous qui profitons d'autant moins des nouvelles géographies et des nouvelles histoires que la modernité technologique, si elle compense les écarts de distance en des temps records, abolit désormais le temps du voyage. Le Bassin méditerranéen, à l'époque, ne manque pas de commerçants, de voyageurs, de savants, de curieux ou de philosophes qui cinglent en direction du soleil levant et se mélangent, au bénéfice de la circulation des idées, des savoirs et des cultures.

Démocrite traverse donc la mer, puis une partie de l'Afrique de l'Est. Sorte de Rimbaud préchrétien, il se rend sur les bords de la mer Rouge, traversant ou frôlant le Harar que nous savons... En plus des leçons de Leucippe, il apprend également la théologie et l'astronomie avec des mages chaldéens, les prêtres égyptiens l'initient aux arcanes de la géométrie, pendant que les gymnosophistes indiens – ces contemplatifs végétariens auxquels, via Pythagore et Platon, nous devons certainement plus que nous ne le croyons – lui révèlent probablement l'idéal ascétique et une batterie d'exercices spirituels de méditation.

Ses voyages lui permettent de flamber l'héritage familial partagé avec ses trois frères. Le pécule disparu, il revient au bercail et se consacre à la mise au point de sa vision du monde. L'argent ne l'intéresse guère, ou comme moyen de se simplifier l'existence et de se procurer une vie heureuse. Ainsi, un jour faste, il démontre sa capacité d'amasser une fortune considérable en spéculant sur le blé – avant de renoncer à sa plus-value, se contentant de vanter les méthodes de réflexion qui, par un bon usage de la raison, de la déduction, de la supposition et autres opérations philosophiques ont permis ce prodige devant lequel tous se prosternent...

Son goût le portait plutôt à la vie solitaire et méditative. Au fond de son jardin, il avait aménagé une petite cabane dans laquelle il s'enfermait pour réfléchir et écrire ses ouvrages. Parfois on le voyait également marcher dans les cimetières, lieu par excellence propice aux méditations métaphysiques ! La discrétion lui tenait à cœur : on prétend en effet qu'il s'était rendu à Athènes pour assister à un happening de Socrate – pour un présocratique, on mesure la performance... – sur l'agora sans se faire reconnaître, repartant comme il était arrivé, dans l'anonymat le plus complet malgré son immense réputation.

En effet, la lecture publique de son *Grand système du monde* avait valu un succès considérable au penseur matérialiste. A quoi il faut ajouter, dues à sa rhétorique fameuse et à son évidente habileté pour les causalités inattendues, des prédictions tous azimuts effectuées par jeu mais qui sidéraient les badauds. L'admiration des citoyens grecs lui amenait des sommes d'argent importantes, et des statues à son effigie furent même érigées dans les rues de la cité. Epoque formidable pour les philosophes !

En compagnie d'Hippocrate, le médecin fameux que l'on sait, il rencontre un soir une jeune fille qu'il salue en demoiselle puis interpelle le lendemain en dame. La nuit avait en effet permis à la jeune femme nubile de devenir une femme accomplie. D'où une modification des simulacres qui l'accompagnaient comme son ombre ! Démocrite cumule alors le talent de l'ironiste, du médecin et du philosophe doué pour le jeu des causalités rationnelles...

Le même devint aveugle on ne sait véritablement comment. D'aucuns – Tertullien en l'occurrence, mais on connaît la perfidie chrétienne à l'endroit du philosophe atomiste... – soutiennent qu'il a brûlé ses yeux avec un bouclier dirigé vers le soleil. Mutilation volontaire, donc, motivée par le désir du sage d'en finir avec l'image des femmes qui déclenchaient en lui un désir impossible à satisfaire l'âge venu.

On peut aussi émettre l'hypothèse que la perte de la vue physique signifie l'augmentation de l'acuité intellectuelle. De manière symbolique, en effet, l'aveugle – Homère par exemple... – augmente d'autant sa capacité d'intelligence, au sens étymologique, qu'il évite les distractions afférentes aux visions quotidiennes, banales et triviales. La concentration sur son intériorité permet d'accéder aux vérités admirables interdites au commun des mortels. Et puis, pour percevoir l'enterrement d'une vie de jeune fille, le nez suffit, car les atomes concernent autant l'olfaction que la vision – les formes et les agencements décident.

On prétend également, et l'anecdote compte pour établir les filiations philosophiques (en l'occurrence entre le matérialisme atomiste et la sophistique athénienne), que Démocrite a remarqué dans un port de la Méditerranée l'intelligence, ou l'aura, ou la sagacité d'un porteur particulièrement avisé. Il achète le portefaix, puis le promeut secrétaire. Plus tard, celui-ci deviendra un philosophe de renom répondant au nom de Protagoras, l'affirmateur de l'homme mesure de toute chose...

Enfin, de vierges en portefaix, d'aveuglements en prophéties, Démocrite accumule les années au point que, les dates divergent, mais toutes confirment l'âge très avancé auquel il parvint – sans nul doute il put souffler cent bougies. Mais, sage jusqu'au bout, doué sans discontinuer et maîtrisant sa mort comme sa vie, il accède à la demande de sa sœur et, suprême élégance, diffère son trépas de quelques jours pour permettre à la pieuse dame de sacrifier aux dieux selon le calendrier.

Pour ce faire, Démocrite, qui ne croyait probablement guère aux fictions de sa sœur... se contente du parfum de quelques petits pains placés à portée de nez. L'exploit olfactif lui permet de survivre trois jours, le temps nécessaire aux ablutions familiales et à la mise en règle de sa sœur avec le ciel. Appétit modeste mais sagesse immense, il rend son dernier souffle non sans avoir précisé ses dernières volontés : que son cadavre soit conservé dans du miel...

5

Les anecdotes atomiques. Les anecdotes saturent la doxographie antique. Diogène Laërce – qu'il faut lire ! – en livre des milliers dont les professionnels de la philosophie ne goûtent guère la saveur. Ils ont tort là-dessus comme chaque fois qu'ils se privent du plaisir d'être intelligents, voire de l'intelligence d'un plaisir. Car souvent l'anecdote ramasse le sens de toute une philosophie. La petite histoire n'est pas là une fin en soi, procédant du potin, de l'écume des jours ou de la surface des choses : elle enseigne la profondeur, elle conduit directement à l'épicentre quiconque prête l'oreille à ces sagas miniatures. Souvent l'histoire sera mise indûment sur le compte de l'un ou de l'autre, tel trait d'esprit pouvant caractériser plusieurs philosophes. Peu importe : l'esprit est commun, les philosophes de l'Antiquité, dans leur quasi-totalité, ne mettent rien au-dessus de leur liberté, et mille faits divers attribués aux uns comme aux autres rappellent en raccourci les grandes idées ou les thèses essentielles d'un philosophe.

Hegel avait tort de réduire la philosophie cynique à un ramassis d'anecdotes dépourvues d'intérêt et de sens. Car chez Diogène, comme chez Démocrite, on ne mange pas de la chair crue, on n'est pas pétomane agoraphile, on ne se masturbe pas sur la place publique sans signifier plus que le cannibalisme, l'onanisme et la pétomanie simples : le philosophe affirme de la sorte une théorie de la nature, une position quant à la culture et l'artifice, une thèse sur la pudeur et les convenances sociales.

Démocrite, avec ses parfums de vierge, sa survie aux petits pains et sa momie mielleuse, exprime plus et au-delà de la petite histoire. En l'occurrence, il synthétise dans des figures faciles à mémoriser, donc à expérimenter puis à transmettre, un contenu philosophique. Ces saillies mnémotechniques, ces photographies grecques, voire ces chromos de l'Antiquité, exposent les principes du matérialisme abdéritain et le rendent visible. En ce sens, elles sont des anecdotes atomiques.

Le problème consiste moins dans leur authenticité anecdotique qu'en leur vérité philosophique. Peu importe que Démocrite croise effectivement dans la rue une jeune fille à qui il inflige une leçon de philosophie atomique, l'important est qu'il aurait pu le faire. Mieux : que ce fait divers arraché aux hypothèses des rues d'Abdère permet un vade-mecum du matérialisme abdéritain. Car que dit cette histoire ? La même chose que celle des pâtisseries ou des petits pains ; elle enseigne une semblable vérité que celle du philosophe s'aveuglant à dessein ; elle affirme une leçon identique à celle du désir de passer son éternité dans le miel : le réel se réduit aux combinaisons atomiques et aux simulacres qui s'en détachent et circulent librement dans le vide.

On peut professer un cours sur les simulacres et raconter la pellicule écorchée des choses, les atomes qui flottent puis constituent et reconstituent la forme à laquelle ils sont empruntés, on dispose de toute latitude, bien sûr, pour disserter sur la carte d'identité d'un atome, celle de ses agencements avec d'autres molécules insécables, on sait gloser sur le cheminement de ces constructions jusqu'à l'œil, le nez, la bouche, les oreilles, les pores et au-delà, de telle sorte qu'elles contribuent à des images, des sensations, des émotions, des passions, des perceptions, donc des compréhensions, du sens.

Mais on peut aussi se servir de cette très ancienne vierge qui ne le reste pas longtemps en expliquant de quelle manière les simulacres de la virginité, en contradiction avec ceux de l'initiation sexuelle, permettent à Démocrite de briller par un trait d'esprit et de pratiquer ses fameuses prédictions – en fait, des déductions obtenues d'une manière causale rationnelle et classique –, validant ainsi ses hypothèses philosophiques sérieuses. En racontant les aventures du simulacre d'une manière ludique – voire hédoniste ! – le philosophe enseigne à des degrés divers, pour des publics différents.

Voilà pour quelles raisons, en se rendant aveugle, le vieil homme pratique une sagesse paradoxale. Bien sûr, il peut agir sur ses désirs, en proposer une diététique, à quoi s'ajoute possiblement une arithmétique des plaisirs lui permettant d'accéder à une sérénité identifiable au souverain bien. Mais l'anecdote peut aussi témoigner pour une autre thèse : mettre à distance en ne regardant pas, en se forçant à ne pas voir ; identifier le réel à ce qu'il est : une pure et simple conjonction de simulacres à quoi l'on peut se soustraire ; affirmer son pouvoir sur l'être via les perceptions ; autant d'invites au volontarisme philosophique hédoniste qui permet, en évitant les occasions de déplaisir ou de trouble, de se construire comme une individualité sereine et radieuse.

6

Epiphanie du corps matériel. Sur le terrain philosophique, Démocrite reprend purement et simplement Leucippe : le réel se constitue d'atomes agencés dans le vide ; la causalité est immanente et matérielle ; il n'existe pas de raison divine ; tout passe, l'éternité est une fiction – ou alors seul le changement est éternel ; les dieux n'existent pas, la fortune comme modalité de la transcendance non plus ; le travail sur soi rend possible une modification de soi. Autant de thèses qui, reprises à Leucippe, ne varient pas et constituent le fonds de toute pensée matérialiste.

D'où un monisme philosophique qui conduit à l'invention du corps un et matériel dès cette époque de la philosophie grecque. Contre le corps schizophrène issu du pythagorisme, Démocrite affirme l'intégrité du seul bien dont nous disposons : pas d'âme séparée du corps, pas de discrédit de la chair et de valorisation de l'esprit, pas d'immatériel prisonnier dans le matériel, enfermé, clos, enclos dans la viande, pas de principe nous reliant au divin, au céleste, opposé à un autre nous rattachant au trivial terrestre, pas d'immortel lié au divin contre un mortel sensible, mais une entité constituée d'atomes et digne en tant que telle.

Pour autant, et loin des dualismes réducteurs, Démocrite utilise les expressions « âme » et « corps » : l'âme et le corps relèvent d'artifices de langage qui permettent tout bonnement de signifier, désigner et caractériser deux instances corporelles, de la même manière que la tête et le corps expriment deux parties d'un même tout, indépendantes dans leurs définitions mais dépendantes dans leurs fonctions. On pourrait écrire : l'âme est le corps ou bien, tout autant, le corps est l'âme. Car, dans l'un et l'autre cas, seule existe la matière, la matière agencée de manière distincte mais obéissant aux mêmes règles, aux mêmes lois atomiques.

L'âme meurt donc en même temps que le reste du corps. Les deux se défont, se désagrègent, se décomposent sous l'action d'une force identique : la mort. Même génération, même corruption. Seuls les atomes se distinguent : l'âme se constitue de particules lisses et sphériques, pour cette raison elles ne sont arrêtées ni freinées par rien. Leur agitation les chauffe et permet ainsi une vitesse aux fonctions psychiques de motricité, de sensibilité et de pensée. Les opérations de mouvement, de perception et de réflexion procèdent donc de ces atomes spécifiques, alors que les atomes spécifiquement somatiques relèvent d'une forme et d'une configuration autres. La psychologie ressortit donc à la physique qui dispose du fin mot de toute chose.

Dans l'agencement, la structure semble pareille à un damier : un atome psychique fonctionne toujours de conserve avec un autre de nature somatique. Les deux agissent et interagissent. L'alternance de corps et d'âme dans la matière rend donc impossible une localisation de l'âme : elle ne réside pas dans un endroit spécifique du corps, comme le cerveau ou la tête, mais partout et nulle part, disséminée, en tout endroit où se trouve la matière. La répartition dans la nature des quantités d'atomes psychiques et leurs relations quantitatives avec les atomes somatiques génèrent une plus ou moins grande vitalité. Force, santé, vigueur et énergie découlent de la proportion de particules ignées contenues dans les entités concernées.

La mort décompose ces agencements. Les atomes les plus chauds se raréfient, alors que le squelette, composé d'atomes somatiques froids, prend les pleins pouvoirs au fur et à mesure. Démocrite dans son bain de miel, une fois mort, laisse croire à un genre de sensibilité *post mortem*, car la conservation dans cette matière empêche la décomposition et laisse envisageable une permanence de sensations, au sens étymologique : une capacité d'enregistrer encore des modifications vitales – assimilables au rêve et autres simulacres immortels...

Dans un étrange texte, Démocrite propose une allégorie que je dirai « du tribunal ». Elle suppose que, via le philosophe, le corps intente un procès à l'âme et lui demande de rendre des comptes sur ce qu'il subit à cause d'elle. Au motif que l'âme travaille le corps, par la voie des atomes incandescents, et lui inflige des pulsions, des passions, des désirs, autant de blessures, de douleurs et de souffrances, la chair obtiendrait inévitablement réparation, affirme Démocrite. L'ivresse, les plaisirs, la volupté causent la dégradation psychique et physique du corps. Seule une éthique volontariste permet de remettre l'individu au centre de lui-même afin qu'il cesse d'être un objet soumis aux nécessités extérieures. Cette éthique vise la joie.

7

Du plaisir pris à soi-même. S'il existe une éthique hédoniste chez Démocrite, elle réside dans cette désignation de la joie comme finalité de la morale, à quoi s'ajoute l'utilité comme critère du bien. La philosophie atomiste des abdéritains laisse le champ libre aux hommes pour construire leur destin sur terre. Affranchis par la physique qu'on ne saurait craindre les dieux, la nature ni la mort, qu'on peut agir sur les choses pour infléchir leur cours et qu'il existe une puissance du vouloir, il reste à donner le mode d'emploi du processus qui permet de se construire comme un sage et de réaliser un projet d'existence sereine, débarrassée de toutes les craintes, les angoisses, les fictions et autres illusions qui empêchent la tranquillité de l'âme.

Singulièrement, le philosophe d'Abdère pose les bases d'une pensée utilitariste aux effets visibles beaucoup plus tard – en l'occurrence chez quelques Anglo-Saxons du XIXe siècle, tels Jeremy Bentham et John Stuart Mill. En effet, chez Démocrite, le contentement puis l'agréable individuels et subjectifs définissent l'utile. Conséquemment, le mécontentement et le désagréable caractérisent l'inutile. Le projet qui vise la joie et le bonheur suppose chez le sage averti de la méthode hédoniste qu'il est la mesure de l'action et de la morale – les sophistes s'en souviendront. Le plaisir ne se confond pas au bien en tant que tel, il se contente d'en être le signe, la trace et la preuve.

La méthode hédoniste de Démocrite passe par trois moments spécifiques : le premier implique une théorie de la connaissance qui débouche sur un perspectivisme ou un relativisme à même de donner à l'individu une puissance de feu cardinale ; le deuxième demande une forme d'athéisme tranquille, du moins un genre d'indifférence à l'endroit des dieux que rend possible la propre indifférence des dieux envers les hommes ; le troisième moment en appelle à une diététique des désirs qui génère une authentique pratique du plaisir entendu comme jubilation d'être libre, indépendant, autonome, affranchi de toute crainte, de toute peur ou angoisse.

Premier moment : la théorie démocritéenne de la connaissance identifie le vrai et la représentation d'un objet. Position antiplatonicienne à souhait – les sophistes, dont Protagoras, l'esclave acheté par Démocrite, la recycleront – : la vérité n'entretient aucun rapport avec les idées en soi, le monde intelligible ou un quelconque arrière-monde, elle est immanente, matérielle, concrète et révoque toute transcendance. Là où est le monde se trouve le vrai. Le phénomène et la sensation, voilà les prémisses de tout accès à la vérité. Le simulacre manifeste la dynamique du monde, il existe indépendamment de toute forme *a priori*.

Puisque la forme des atomes détermine la nature de la sensation, on se trouve en présence – le terme n'existe pas à cette époque, bien sûr, mais l'idée correspond – d'un sensualisme avant l'heure : la connaissance procède des sens et de ce qu'ils appréhendent. Aucune essence ne hante le monde atomique des matérialistes, car il n'existe que des combinaisons de particules en mouvement et arrachées aux objets. Le monisme, le sensualisme appellent le perspectivisme et le relativisme : l'être, c'est d'abord le perçu. En l'occurrence par un individu. En dehors de ce processus simple – un sujet, un objet et une liaison d'un type particulier via les simulacres –, rien de possible.

Deuxième moment : la machinerie antiplatonicienne mise en place par Démocrite fonctionne donc contre le vrai, les dieux, l'âme immatérielle et dépasse les fables pythagoriciennes recyclées par Platon. L'idée de fortune qui renvoie à une transcendance n'a pas de sens ; si fortune il y a, c'est relativement à une série de causalités matérielles réductibles à un processus de connaissance. Démocrite en appelle à la raison, qu'il considère comme un instrument fiable et oppose aux croyances – notamment celle à un arrière-monde. Les dieux n'existent pas et il n'y a rien à craindre de ce qui n'existe pas. De ce côté-là, les hommes peuvent se dispenser d'une occasion de déplaisir.

Troisième moment : seul à l'origine du vrai, indépendant de toute tutelle transcendante, l'individu soucieux de parvenir à la sérénité se préoccupera du bon usage de ses désirs et plaisirs. Car ces puissances ne représentent aucun danger en elles-mêmes, mais seulement dans la mesure où elles troublent l'âme du sage. Il s'agit donc de ne pas désirer n'importe quoi ni n'importe comment et de ne pas viser n'importe quel type de plaisir. Ceux qui aliènent, momentanément ou durablement, sont à éviter. Pas d'intempérance, pas d'excès, pas de démesure, pas d'abandon aux pulsions animales, le plaisir ne se réduit pas à la trivialité d'une animalité débridée, mais à la sculpture de soi et à la construction de son autonomie. Seule et authentique jubilation : prendre plaisir à soi-même.

Car la joie que vise l'entreprise de Démocrite – elle traduit le terme *euthymia* – renvoie à la tranquillité de l'âme, à son bon ordre, mais aussi à la gaieté, à la bonne humeur, à la bonne disposition tout autant qu'à la santé morale. Non loin se trouvent l'absence de trouble, l'harmonie avec soi, l'équilibre, le bien-être, la congruence, la quiétude, le bonheur. Toutes les traductions évoluent dans ces eaux et confirment l'eudémonisme et l'hédonisme de la position abdéritaine. La fermeté d'âme – une autre acception possible – à laquelle invite Démocrite définit en fait le plaisir subtil du commerce pris à soi-même par un individu qui ne craint rien et peut donc, dans l'indifférence absolue à l'endroit des lois, n'obéir qu'à soi-même et vivre librement.

8

Stratégies de l'hédonisme. L'hédonisme comporte une partie bien souvent oubliée. L'aspect positif de recherche du plaisir éclipse la plupart du temps son corrélat : l'évitement du déplaisir. Or peut-être même existe-t-il plus de satisfactions induites par l'évitement d'une occasion de souffrir, d'avoir de la peine, de craindre ou d'être angoissé, que par la quête positive d'une jubilation identifiée comme telle. Ce plaisir négatif suppose la possibilité de ressentir une réelle satisfaction à ne pas souffrir. L'absence de trouble comme génération de joie compte pour beaucoup dans les éthiques eudémonistes et hédonistes grecques.

Démocrite assigne à l'augmentation du savoir une fonction thérapeutique. Son travail encyclopédique – on le surnommait « la Science » – ne visait pas l'accumulation des connaissances pour elles-mêmes mais dans le but de parvenir à produire des causalités rationalistes et immanentes afin que les inquiétudes et les craintes disparaissent. Ecarter les dieux et leurs colères, leurs damnations et autres punitions suppose un travail sur la laïcisation de la pensée : voir dans les enchaînements de causes et d'effets immanents la raison de ce qui advient, permet d'éviter nombre de déplaisirs. Ne plus avoir peur de la foudre, du tonnerre, des orages, des éclairs, des tremblements de terre, des raz de marée, des éruptions volcaniques et autres passages de comètes exige une réduction scientifique et positive de ces événements : le savoir y contribue, la science également.

On évite également les occasions de trouble en se tenant le plus loin possible des affaires publiques et privées. Loin de Démocrite l'idée qu'il faudrait être un bon époux, un bon père et un bon citoyen pour parvenir à la jouissance de soi ! Au contraire : s'occuper des affaires de la cité, s'investir dans la politique, se préoccuper des choses de l'administration, mais aussi faire des enfants, définissent autant d'activités qui conduisent indéfectiblement au désagrément, aux ennuis, au trouble. Le sage se dispensera de tous ces colifichets sociaux et trouvera sa raison d'être en lui-même.

Partisan d'une franche et nette métaphysique de la stérilité, Démocrite invite à ne pas procréer : l'éducation est impossible à réussir. C'est une tâche au-dessus des forces de quiconque. Aucun ne peut s'en acquitter correctement. Or une éducation ratée, plus encore lorsqu'il s'agit de ses propres enfants, voilà une véritable raison de désagréments ! Les enfants sont la source d'ennuis, de craintes, de peurs et d'angoisses pour les parents. Leur santé, leur avenir, leur vie, tout devient poids sur les épaules du père ou de la mère.

Faut-il lire, en regard de cette profession de foi célibataire, le fragment dans lequel Démocrite met en perspective la masturbation et la relation amoureuse ? Car le philosophe des simulacres conclut à l'égalité d'effets de l'une et de l'autre pratique. Les conséquences de cette théorie de la désillusion restent à la discrétion de chacun. Pour ceux que démange trop le prurit familial, le philosophe invite à adopter l'enfant d'un autre et conclut que de la sorte on connaîtra le plaisir de choisir l'individu qui convient le mieux à nos fantasmes génétiques...

De même, l'aspirant philosophe tiendra à la plus grande distance les passions qui travaillent le corps et l'âme puis génèrent des troubles considérables comme l'envie, la jalousie ou le ressentiment. Autrui ne constitue pas la mesure de soi, il s'agit de viser des objectifs plus élevés. Un quidam vaut moins, en termes d'idéal, qu'un objectif haut placé comme la vie bienheureuse. Démocrite définit l'idéal : passer sa vie de façon la plus heureuse possible et la moins morose. Sans se mesurer à l'autre, mais toujours à l'aune de cet idéal.

9

Et puis rire... Ne rien craindre ni personne – ni dieux ni maîtres ; ne pas entreprendre au-dessus de ses forces et de ses moyens ; connaître ses limites et viser le réalisable ; ne pas perdre son âme dans des plaisirs dont la satisfaction entraîne sûrement l'insatisfaction ; désirer le plaisir de la communauté heureuse avec soi-même ; ne pas procréer, ni engendrer ; ne jamais s'engager dans les affaires de la cité ; ne pas laisser prise aux passions, aux pulsions qui déséquilibrent ; ne pas désirer plus que ce qu'on a, ni s'abîmer dans l'envie impossible à satisfaire ; consentir aux joies offertes par l'existence tant qu'elles augmentent l'adhésion avec son être ; définir l'utile et le nuisible par le contentement et la gêne ; s'exercer à chasser de soi les peines rebelles ; viser la joie... voilà le mode d'emploi d'un hédonisme qui propose un plaisir fin, subtil, élégant : celui, suprême, de l'autonomie – au sens étymologique.

Alors le rire peut advenir. Le grand rire libérateur de qui comprend que la joie appelle l'adhésion au réel, la célébration du corps, l'amour du vivant immanent et concret, la passion pour ce monde, le seul. Sur le théâtre de Démocrite, les jeunes vierges rient, les anciennes aussi, les philosophes et les portefaix, les boulangers et leurs petits pains, les apiculteurs et leur miel à embaumer également. Rire des enfants et des esclaves, du philosophe incarnant l'antithèse d'Héraclite qui, dit-on, répondait au spectacle du monde par les pleurs.

L'iconographie occidentale a abondamment opposé le rire de Démocrite, le poète à l'écriture claire, aux larmes d'Héraclite, l'acariâtre surnommé « l'Obscur ». Et, de Diogène de Sinope à Friedrich Nietzsche, d'Aristippe de Cyrène à Michel Foucault, on retrouve, comme un trait commun aux matérialistes, hédonistes et autres grands subversifs de l'histoire des idées, cette capacité de rire du monde comme il va. Seuls rient ceux qui prennent le monde au sérieux, justement parce qu'ils le prennent au sérieux. Gardons-nous comme de la peste des philosophes incapables de rire...

III

Hipparque et « la vie la plus plaisante »

1

Un disciple atypique. En théorie, les philosophes abdéritains se distinguent par un certain nombre de traits caractéristiques, dont le matérialisme atomiste. Rien ne permet de classer Hipparque dans les disciples de Démocrite, ce qu'avance pourtant l'édition Diels-Kranz reprise par Jean-Paul Dumont. Car la méconnaissance dans laquelle nous nous trouvons à l'endroit de cet homme ne permet pas de savoir qui il était, ce qu'il a fait et quels rapports il entretenait avec le philosophe d'Abdère. Les seuls détails dont nous disposons se trouvent dans une mention de Diogène Laërce qui permet de conjecturer sa présence auprès de Démocrite lors de sa mort, sa qualité de pythagoricien et son écriture d'un traité intitulé *Sur la joie ou le bien-être.*

Toutefois, cela suffit pour qu'une apparente contradiction surgisse : comment un pythagoricien pourrait-il être également un abdéritain ? Car Pythagore enseigne très exactement le contraire de Démocrite : le dualisme, la déconsidération du corps, l'idéalisme, le spiritualisme, l'ésotérisme, l'immortalité de l'âme, la métempsycose, la métensomatose, l'idéal ascétique, le renoncement et autres vertus qui rapetissent. Comment un disciple du philosophe du Nombre pourrait-il aussi sacrifier au penseur de l'Atome ? On n'en saura rien puisque seul demeure un texte qui, effectivement, permet d'intégrer Hipparque au corpus des auteurs hédonistes et vaut à son auteur un classement dans les disciples de Démocrite.

Le traité d'Hipparque pourrait procéder des imitations, un genre extrêmement pratiqué à l'époque antique où l'on n'entretient pas le culte de la propriété littéraire, la passion du droit d'auteur ou la religion de la nouveauté, qui ont amené l'usage contemporain des citations entre guillemets. En ces temps où se reconnaissait l'autorité d'un maître, on s'autorisait volontiers de ses thèses pour écrire un ouvrage à sa manière tout en le signant de son nom sans encourir l'accusation de plagiat. Les pseudos abondent et il faut démêler l'écheveau : un texte signé Platon n'est pas forcément de lui mais procède sûrement de son inspiration, malgré l'ensemble des distorsions effectuées par la subjectivité de l'épigone.

2

Vade-mecum hédoniste. Le bref texte d'Hipparque semble plus proche de la sagesse populaire que de la philosophie à proprement parler. Des sentences nous parviennent, signées de Démocrate *(sic)* et habituellement présentées comme de la main de Démocrite. J'ai peine à croire que la hauteur de vues philosophiques du penseur d'Abdère se double d'un exercice sentencieux de morale moralisatrice. Un *à la manière de* Démocrite, mais avec moins de talent, me semble plus probable qu'un texte signé de lui : les aphorismes dispensent un catéchisme à l'usage du plus grand nombre dans lequel on invite à dire le vrai plutôt qu'à mentir, à préférer le bien au mal, à se méfier des méchants, à obéir aux lois, à dédaigner les biens de ce monde, à penser avant d'agir, à pratiquer le repentir, à chérir l'amitié, et autres petites maximes au service des grandes vertus.

Démocrite ? Peu probable... D'autant que ces aphorismes pourraient tout aussi bien être signés par un homme de la rue, un quidam sans formation philosophique ou l'une de ces belles âmes qui font que l'on intronise les prêtres doués pour le sermon. L'éthique abdéritaine mérite mieux, et l'absence de fragments essentiels sur ce sujet ne doit pas conduire à prendre pour des lanternes philosophiques ces vessies antiques sans grand intérêt. Dans ce contexte d'imitation, de manque éthique, d'épigone maladroit, de sagesse populaire présentée comme une morale en bonne et due forme, les pages d'Hipparque se doivent lire à la manière d'un pense-bête hédoniste consignant ce qu'il faut faire, penser et croire pour parvenir à la vie la plus plaisante.

D'abord, envisager l'existence tel un grand voyage. Quiconque connaît tant soit peu les conditions du voyage dans l'Antiquité mesure la métaphore à sa juste valeur ! Les bateaux sont mal calfatés, les côtes jamais lointaines, les vagues dangereuses, le cabotage offre la meilleure assurance en cas de naufrage, certes, car on ne sait guère nager, mais les embarcations transformées en planches flottant au gré des flots semblent chose fréquente... Sur terre, ça n'est guère mieux : il faut compter avec les voleurs, les pillards, les détrousseurs de bourse. Dans tous les cas de figure, l'aventure guette...

Comme dans un périple, on doit donc s'attendre à tout : l'existence ne coïncide pas toujours avec un voyage d'agrément. Hipparque donne les détails : le corps est périssable, les maladies menacent, et elles sont nombreuses ; l'âme aussi connaît ses affections, et pas des moindres. Entre dysenterie et impiété, rétention urinaire et illégalité, le chemin paraît étroit pour qui s'aventure dans la vie avec le désir d'éviter la vallée de larmes ! Les désirs et les pulsions assaillent la chair ; certains relèvent de l'exaction pure et simple, du crime, ainsi de l'inceste, du parricide, sinon de l'infanticide. Quand on ne risque pas ces périls, les catastrophes naturelles nous guettent : les inondations et les sécheresses, la peste et la famine...

Face à ce tableau, les biens paraissent rares et qui plus est périssables, passagers. De la même manière, les hommes vivent une existence limitée dans le temps, finalement très courte en regard de l'éternité. Autant transformer ce moment passé sur la planète en occasions de jubilation. Comment ? Par exemple en jubilant de tout ce qui nous arrive et se place sous le signe du bien, en jouissant de ce moment, en adhérant à cet instant. Prendre conscience de la richesse d'un instant précaire mais heureux, savoir qu'il est une grâce dans une existence majoritairement placée sous le signe de la négativité, voilà une recette facilement applicable et directement pourvoyeuse de joie. Cette énergie positive permet de supporter plus facilement les mauvaises surprises de l'existence.

Le souci de ce qui est doit se doubler d'un refus de ce qui pourrait être. Ne pas se contenter d'être et envisager l'avenir, parier et tabler sur les potentialités d'un futur possiblement extraordinaire génère trop de déconvenues. Le désespoir advient si l'on a espéré, la déception surgit parce que l'on a attendu ; leçon de sagesse : ne pas espérer, ne pas attendre, faire avec... Toute philosophie hédoniste invite à une concentration sur la seule modalité présente du temps : elle invite à ne pas laisser à la nostalgie ou à la futurition un quelconque pouvoir sur soi.

Autre leçon à même de générer la joie : dans le négatif, chercher et savoir trouver les raisons de découvrir une positivité : les coups du sort nous privent de notre fortune ? très bien, voilà autant de soucis en moins, d'inquiétudes évitées, de craintes épargnées. Ils nous enlèvent notre pouvoir ? parfait, la situation nouvelle nous dispensera de fréquenter des parasites, considérables dans les lieux de puissance et d'argent. Ils nous enlèvent des amis ? excellent, qui sait en effet si ce n'étaient pas de futurs ennemis ainsi heureusement hors jeu...

On tâchera également de ne pas se prendre pour le centre du monde. Eviter la paranoïa, dirait-on dans les termes d'aujourd'hui. Car on se plaint souvent que des catastrophes nous arrivent à nous seuls, or elles s'abattent sur tout le monde et de toute éternité. La mort, la vieillesse, la trahison, les revers de fortune encombrent les récits d'historiens et les annales depuis la plus haute Antiquité. Pour quelles raisons s'imaginer que le pire élit prioritairement notre domicile et épargne celui des autres ? Car le négatif se partage inéquitablement, mais personne n'y échappe. On gagnera de la sorte à mesurer sa douleur à une douleur plus grande que la nôtre.

Se plaindre ne sert à rien, pleurer non plus, gémir encore moins. La joie procède également du spectacle de la misère d'autrui – Lucrèce s'en souviendra – : il existe une satisfaction à voir que le mal agit ailleurs que chez soi et nous épargne. Passion mauvaise, certes, mais efficace : il ne s'agit pas de se réjouir de ces misères accablant autrui, mais de constater le mouvement du monde et la nécessité qu'un jour il en aille de nous comme des autres. Mais en attendant la catastrophe, puisqu'elle tarde, sachons nous réjouir de la paix, du calme avant la tempête.

Hipparque fournit donc réellement un vade-mecum de la pensée hédoniste : aimer ce qui advient ; ne pas se perdre dans le passé ou le futur ; jouir de l'instant présent ; transformer le négatif en occasion de positivité ; éviter la vision égocentrée du monde et des choses ; mesurer sa peine à celle d'autrui. A quoi il ajoute la pratique de la philosophie comme occasion de purification, de sagesse et de réconciliation de soi avec soi, avec les autres et avec le monde. En nous souciant des splendeurs de la philosophie, nous établissons avec la trivialité du monde une distance utile et nécessaire pour créer une vie heureuse et joyeuse.

IV

Anaxarque et sa « nature éprise de jouissance »

1

Couper et cracher sa langue... De la même manière qu'Hipparque le pythagoricien tient des propos vaguement inspirés du matérialisme de Démocrite, Anaxarque, surnommé « le Bienheureux », se trouve classé dans les disciples du philosophe d'Abdère bien qu'on en fasse également un sophiste, un cynique, un pyrrhonien... A l'époque, il est vrai, la manie classificatrice n'est pas la même qu'aujourd'hui et un philosophe se fabrique sans problème sa petite pensée personnelle en effectuant des copiés-collés à l'aide de morceaux empruntés à différentes doctrines. On prélève ce qui présente de l'intérêt pour soi sans se soucier de mériter l'étiquette de disciple orthodoxe : la pensée appartient à tout le monde et le syncrétisme, s'il conduit à la sagesse, mérite le respect.

Même remarque pour bon nombre de philosophes de l'Antiquité, les zones d'ombre et les interrogations paraissent plus nombreuses que les savoirs clairs et précis, les informations certaines et les vérités sur Anaxarque. On le sait natif d'Abdère, lui aussi. Il a vraisemblablement été le disciple de Démocrite – encore un présocratique d'occasion ! De même il a accompagné Alexandre dans sa conquête de l'Asie et a rencontré, lui aussi – mais qui écrira un jour l'histoire de ces philosophes inconnus ? –, les gymnosophistes indiens, auprès de qui il a pris des leçons. Pour le reste, à part deux ou trois anecdotes, rien n'a subsisté. Anaxarque le Bienheureux a emporté dans sa tombe, elle aussi inconnue, les secrets de ce surnom désirable !

Une fois encore l'anecdote ramasse la philosophie du personnage, du moins son tempérament, sa nature. Deux d'entre elles racontent un homme qui ne s'en laisse pas compter et préfère, à la manière de Diogène, sa liberté à la compagnie ou à l'affection des grands, son autonomie à la proximité complice des gens de pouvoir et d'autorité. Le trait de caractère entretient peut-être de manière très lointaine un rapport avec le désir abdéritain de se libérer des craintes et des angoisses, conjecturons donc un désir d'une thérapie matérialiste de se créer une souveraineté inoxydable, fût-ce au prix de l'insolence cynique.

Ainsi, en présence de Nicocréon de Salamine, un tyran de Chypre qui menace de le punir de ses frasques en le faisant broyer dans un pilon, Anaxarque répond que le satrape peut bien lui infliger ce châtiment, mais qu'il ne punira que le corps, la matière du philosophe, pas lui-même, ni sa réalité, ni sa vérité. Au même qui lui cherche des noises et menace de lui couper la langue, il se la tranche avec les dents et la lui crache au visage. Même si l'on prête également l'anecdote à Zénon d'Elée, retenons que l'histoire fait d'Anaxarque un homme que le pouvoir n'effraie pas, que les puissants n'impressionnent pas, qui ne craint pas l'autorité et qui, autonome, jouit de sa liberté comme du bien le plus précieux.

2

Le philosophe bienheureux. Seuls les personnages béatifiés par l'Eglise méritent habituellement cette qualité, en attendant les délices de la sainteté catholique, apostolique et romaine. Mais d'Anaxarque d'Abdère il paraît difficile aujourd'hui de dire en quoi, comment et pourquoi il fut nommé *Bienheureux*. Certes, il jouit de lui-même en électron libre, ce qui, à l'évidence, procure une réelle jouissance, mais les preuves manquent de son activité hédoniste. Le surnom suppose vraisemblablement la rédaction d'un traité sur le sujet, ou des propos et saillies allant dans ce sens, ou encore des reparties échangées sur ce sujet avec des comparses, mais rien n'est certain. Une anecdote laisse pourtant entrevoir une ébauche de réponse et permet de conjecturer que cet homme qui transfigure le monde en un vaste théâtre produit par les songes et la folie faisait résider le bonheur – ou la joie, ou le plaisir – dans la capacité de ne se laisser affecter par rien qui provienne de l'extérieur.

Ainsi – car on le présente également comme le maître de Pyrrhon, figure emblématique du scepticisme –, Anaxarque se serait un jour perdu puis enfoncé dans un marécage alors que Pyrrhon passait par là. Le philosophe de la suspension du jugement, du doute, fidèle à son indolence philosophique et à son indifférence existentielle, aurait laissé Anaxarque à sa mésaventure, passant son chemin comme si de rien n'était... Au lieu de se fâcher, se vexer ou d'en prendre ombrage, le Bienheureux loue l'impassibilité, le flegme et la grande sagesse de Pyrrhon parti ailleurs – brosser ses petits cochons, comme il le faisait volontiers.

Posons donc que l'hédonisme d'Anaxarque, comme de nombreux eudémonismes grecs – ceux d'Apollodore de Cyzique, de Nausiphane de Téos ou de Diotime de Tyr par exemple, mais sur lesquels rien ne subsiste sinon un souffle, une phrase, un souvenir... –, faisait résider le souverain bien dans l'impassibilité, la capacité de ne pas se laisser affecter par le monde, ses petitesses et ses mesquineries. Très probablement, la joie philosophique consiste à vivre au-dessus des contingences habituelles, à côté des préoccupations du plus grand nombre, dans un autre endroit que sur la scène triviale du quotidien de l'homme de la rue. Plaisir d'être et d'exister comme une individualité solaire, libre, indépendante, autonome, inaccessible aux violences venues d'ailleurs : un tyran, le corps, le désir, le social, la nature ou la famille. Le plaisir définit dès lors la jouissance de soi comme une souveraineté réalisée, conquise et radieuse.

DEUXIÈME TEMPS

Usages thérapiques du verbe : la sophistique antiphonienne

V

Antiphon et « l'art d'échapper à l'affliction »

1

Réparation aux sophistes. Sous le régime d'écriture platonicien de l'histoire de la philosophie, les sophistes paient depuis plus de vingt-cinq siècles le tribut considérable d'une mauvaise réputation et d'une définition fautive. Le terme même de *sophiste* souffre d'une polysémie contradictoire – comme beaucoup qui proviennent de la discipline : être *philosophe*, voire l'être en *idéaliste* ou en *matérialiste*, sinon se rendre au *Lycée* ou aller au *Jardin*, vivre en *épicurien*, se réclamer de l'*hédonisme*, supporter de manière *stoïque*, réagir en *sceptique*, se comporter de manière *cynique*, voire *sensualiste*, *pragmatique* ou *utilitariste*, ne parlons pas d'arpenter en *péripatéticien* ou de se faire *socratiser*, ce qui correspond très exactement au contraire d'une histoire d'amour *platonique*, voilà autant d'occasions d'attirer faux sens, contradiction et mésinterprétations.

Pour le plus grand nombre – en vertu d'ailleurs de

l'une des acceptions du dictionnaire –, le terme *sophiste* qualifie l'amateur d'arguments captieux ; la *sophistication*, une opération qui vise à tromper par un ajout d'apparence à même de dissimuler la vérité ; la *sophistiquerie* désigne l'excessive et fautive subtilité ; Littré ajoute même une *sophisterie* disparue des usages. Dans tous les cas, on doit fouiller la définition pour trouver son acception première et la référence aux philosophes de l'Antiquité grecque. D'ailleurs, la plupart du temps on hésite à reconnaître aux sophistes la qualité de philosophes et l'on parle de penseurs ou de rhéteurs, autant de manières de cautionner la notice rédigée sous le regard de Platon qui les considère avec la même aménité que les atomistes d'Abdère : des ennemis et rien d'autre. Pas même des adversaires à respecter et critiquer en ne déformant pas leurs thèses. Non : des ennemis, vraiment, le terme convient...

Pourtant, l'ensemble des dialogues de Platon se place sous le signe de cette pensée, sans laquelle il n'aurait pas été le même : les sophistes inventent, du moins autant qu'on peut en juger, ils formulent d'une manière précise les thèses essentielles contre lesquelles l'auteur du *Phédon* lutte de manière réactive : le relativisme, l'individualisme, le perspectivisme, l'homme mesure de toute chose, le réalisme empirique, le matérialisme phénoméniste, l'immanence moniste, l'économie d'un arrière-monde, l'usage agonique de la rhétorique, le scepticisme politique, le refus du culte de la loi, la démocratisation de la culture, la descente du philosophe dans l'arène publique. Et ils ne seraient pas des philosophes ?

Qu'on n'oublie pas l'extraction aristocratique de

Platon, elle explique beaucoup de choses, notamment son mépris des sophistes, qui font payer leurs leçons. En effet, presque tous proviennent de la classe moyenne et aucun ne dispose, comme Platon, de revenus familiaux lui permettant de vivre sans travailler ni monnayer ses talents et savoirs. Platon déteste la médiation du salaire, comme tous les individus assez fortunés pour se permettre de mépriser la trivialité de l'argent. Itinérants, originaires de milieux modestes, les sophistes disposaient de ce seul moyen pour assurer leur subsistance.

Platon n'aime pas les pauvres obligés de travailler ; pas plus il n'apprécie les philosophes qui acceptent d'aller au contact du public afin de lui donner les moyens de se former verbalement et intellectuellement, sur fond et forme, lui permettant d'envisager l'accès aux fonctions des charges de la démocratie grecque. Ce que Platon déteste également chez les sophistes, c'est qu'ils démocratisent la culture et le savoir, qu'ils interviennent dans des endroits publics, qu'ils ne choisissent pas leur auditoire et ne le confinent pas dans un endroit coupé du monde – l'Académie par exemple – et acceptent une interaction avec lui sur le principe des questions et des réponses : se mélanger à la plèbe, au tout-venant, aux petits, aux non-nobles, travailler à ciel ouvert !, autant de péchés mortels pour le philosophe au sang bleu.

Sur les sophistes, la version platonicienne a triomphé et l'on a longtemps dénié à ces philosophes le droit même au titre – comme avec Démocrite. La classification conventionnelle les transforme en présocratiques – penseurs qui annoncent et préparent, encore incomplets, pas finis, tel un genre d'apéritif philosophique. En fait, les chronologies témoignent, tous les sophistes pensent et agissent en contemporains de Socrate : certains comme Protagoras d'Abdère (492-422 av. J.-C.), Gorgias de Leontium (485-380 av. J.-C.) et Prodicos de Céos (470 av. J.-C. ?) sont nés avant Socrate (469-399 av. J.-C.), d'autres après, tels Hippias d'Elis (443-343 av. J.-C.), Critias d'Athènes (455-403 av. J.-C.) ou Thrasymaque de Chalcédoine (459 av. J.-C.- ?), mais tous professent en exacts contemporains du philosophe à la ciguë...

2

L'antithèse de Socrate. Antiphon d'Athènes avance masqué : zones d'ombre sur ses dates – on ignore celle de sa naissance, et celle de sa mort, qui a fait l'objet de longues recherches, a récemment été fixée à 411 av. J.-C. –, sur sa biographie, sur son personnage même puisqu'on s'est longtemps demandé si ce nom ne cachait pas deux identités, avant de conclure à l'existence de deux personnes : un sophiste et orateur, notre Antiphon, et un rhéteur dit « de Rhamnonte ». La multiplicité des activités du personnage qui a touché à tous les domaines, l'état lacunaire des supports, les obscurités là aussi concernant l'engagement dans un coup d'État en faveur de l'oligarchie, l'apparente contradiction avec les thèses des fragments politiques sur la concorde, tout contribue à épaissir le mystère plutôt qu'à lever des voiles...

Retenons, pour ce qui nous intéresse, un Antiphon

nettement opposé à Socrate et prenant le contre-pied du faune contesté sur le lieu même de son enseignement. Pour lui débaucher quelques élèves, disent les malveillants... Antiphon reproche à Socrate de vivre en parangon de l'idéal ascétique : manger de mauvaises nourritures, boire de pitoyables breuvages, marcher sans chaussures, ne pas porter de tunique et vivre en toutes saisons avec le même manteau sale faisant office de couverture, de protection contre les intempéries, de couchage, ne pas prendre d'argent à ses élèves, et se contenter de cette existence de clochard, voilà un maître de misère plutôt qu'un maître de joie...

On s'en doute, Socrate répond qu'il enseigne la vertu, que l'essentiel réside ailleurs, qu'Antiphon a tort de croire le bonheur dépendant de ce que l'on boit, mange, des vêtements portés ou des drachmes tenues serrées dans sa bourse. Le sophiste enseigne la liberté et la facilitation de l'existence que représente l'argent, non pas comme fin, mais comme moyen de s'affranchir des contingences et de créer sa liberté. Le Socrate de Platon – probablement loin du Socrate historique ! – affirme mépriser l'argent. On se doute qu'il porte, ici comme ailleurs, la parole de Platon...

D'autant qu'Antiphon ne fait pas de l'argent la condition du bonheur, ni même une voie d'accès possible. Le bonheur, c'est la vie harmonieuse avec soi-même, la paix, la sérénité, la tranquillité de l'âme qui ignore le trouble. En fait, extrapolons un peu : si l'argent gagné au travail sophistique permet de s'affranchir de douleurs, de peines ou de souffrances, puis d'accéder à cet état dans lequel on vit en concorde avec soi-même – l'expression est de lui –, alors pourquoi pas ?

Cette fameuse concorde s'obtient lorsque l'on est gouverné par une seule pensée indemne de contradictions. L'âme doit éviter les tensions multiples et les combats entre plusieurs motifs. Quand elle subit la loi des guerres intérieures, le psychisme se trouve fragilisé et le corps en subit les conséquences, d'où des fragilités, douleurs, souffrances et malaises. Matérielle et mortelle comme le corps, l'âme se travaille, se soigne, se calme. Modalité subtile et atomique de la chair, on y accède possiblement par le langage, le verbe, la parole, la voix. De manière extravagante, Antiphon d'Athènes, au Ve siècle avant l'ère chrétienne, invente une thérapie qui ressemble étrangement à la psychanalyse...

3

L'invention de la psychanalyse. A ma connaissance, Freud ne cite jamais Antiphon d'Athènes, qui pourrait pourtant bien passer pour le précurseur de la discipline créée à Vienne au début du XXe siècle. Qu'on en juge : après avoir eu recours à des libelles d'un genre publicitaire, Antiphon a ouvert près de l'agora de Corinthe un genre de cabinet dans lequel il reçoit des patients qu'il soumet à un traitement qui repose sur la parole. D'abord il écoute dans un tête-à-tête, puis suit une thérapie verbale. Le contenu de cette conversation vise la disparition de la souffrance qui a amené le patient au domicile du philosophe. Les détails de cette médication de l'âme par le verbe étaient sûrement consignés dans son livre *L'Art d'échapper à l'affliction*, mais cet ouvrage n'a pas été retrouvé...

On reconnaissait au sophiste un immense pouvoir de persuasion, une puissance de feu verbale considérable. On imagine quel thérapeute il pouvait être. Son option matérialiste, moniste, immanente lui permet de concevoir qu'on peut accéder à la cause profonde du mal, située dans la matière atomique du patient, à l'aide de la parole qui fabrique des représentations utiles pour agir sur le corps et infléchir les logiques de souffrances psychiques, donc corporelles. Les principes de la psychanalyse se trouvent ici ramassés d'une manière étonnante.

Pire, ou mieux, Antiphon donne aux rêves un rôle cardinal dans l'économie de cette thérapie. Il propose en effet de les interpréter. A sa manière, il aurait pu faire du rêve la voie royale qui mène à ce qu'on n'appelait pas encore l'inconscient, mais qui se dissimule dans les atomes psychiques avant de contaminer les atomes somatiques. Sept siècles avant *La Clé des songes* d'Artémidore d'Ephèse, Antiphon pratique une onirocritique qui procède de l'exégèse rationnelle et s'appuie sur l'exercice d'une pure et simple logique des causalités bien entendues. Loin de l'inspiration, de la transe ou du recours à la magie irrationnelle, la méthode du sophiste renvoie à l'analyse, la conjecture, la recherche des enchaînements, la rationalité la plus classique appuyée sur une théorie des causes et des effets. A quoi s'ajoute le talent de l'interprète pour produire du sens.

Antiphon ne propose pas la vérité du rêve, mais

une vérité de celui-ci, la sienne. En l'occurrence – mais je conjecture... – on peut imaginer une interprétation infléchie dans le sens de la thérapie : l'analyste avançait probablement une lecture utile pour conduire l'entretien thérapeutique. La crainte que le rêve n'annonce une nécessité implacable en faisait un matériau sensible dans la fabrication des afflictions et des souffrances. Nul doute que le sophiste, habile rhéteur, doué pour les mots, mobilisait tout son art pour désamorcer la puissance négative du rêve en en don nant une lecture cathartique... Car, selon ses dires, la divination se résume à la conjecture d'un homme doué de bon sens.

Inventeur de la psychanalyse, il l'est aussi du parangon lacanien – disons plutôt de l'analyste recourant à l'humour ou à l'ironie en cas de nécessité. Qu'on en juge : un paysan soigne mal ses truies que, de son domicile, Antiphon voit maltraiter et mal nourrir. L'une d'entre elles dévore un jour ses petits. Le porcher s'en ouvre au philosophe et craint un mauvais présage. Antiphon lui rétorque qu'il peut se réjouir que la truie affamée n'ait pas dévoré ses enfants à lui, le porcher, et qu'il peut donc s'en trouver fort aise...

4

L'ennemi des lois. Le divan le lassa, il ne trouvait pas l'activité à la hauteur de ses ambitions, et il devint vraiment philosophe sophiste. Après avoir créé la psychanalyse de toutes pièces, pour ne pas être en reste de trouvailles dignes de rester dans l'histoire des idées, il invente l'individu moderne, l'hédonisme libertaire et l'humanisme égalitariste. Autant de traits de génie qui justifient certainement l'oubli total dans lequel les auteurs d'histoires des idées, mais aussi les philosophes de profession, confinent cette figure majeure de la sophistique, certes, mais aussi de la philosophie grecque dans sa totalité...

L'ensemble de ces propositions s'articule autour d'une idée claire et nette : la nature et la loi – *physis* et *nomos* – s'opposent de manière radicalement antinomique. L'une contredit et contrarie l'autre. Prendre parti pour la première implique qu'on rejette la seconde ; et vice versa. Toutes les lois entravent l'autonomie et la liberté individuelle : tradition, coutume, habitude et lois positives, voilà autant de bornes à l'expansion individuelle, seule mesure des jugements et de l'action, de la théorie et de la pratique. Antiphon énonce une vérité majeure : il choisit le camp de la nature et se veut l'ennemi des lois !

Antiphon distingue sphère privée et sphère publique, avant d'en appeler à l'obéissance aux lois pour la première. En présence de témoins, réglons notre conduite et notre comportement sur elle ; en revanche, seul, contentons-nous d'obéir à notre caprice sans rendre de comptes à personne. La loi civile, d'institution, oblige et contraint, alors que la loi naturelle relève du principe de nécessité : l'une réduit la liberté, l'autre la rend possible, l'ouvre et en permet le déploiement. Les objectifs de l'action sont la vie, le plaisir et l'utile confondus dans une même énergie. La proposition antiphonienne appelle une transvaluation : préfère la nature à la loi pour faire surgir la liberté...

L'obéissance aux lois est antihédoniste, elle génère des douleurs, en augmente certaines, en crée d'autres. Ainsi, au tribunal, les offensés qui se défendent subissent l'affront des offenseurs prêts à tout, y compris à mentir, travestir la vérité, user de faux témoignages, pour faire triompher leur point de vue fautif ; à la barre, il ne s'agit pas de vérité et d'erreur, de bien et de mal, mais de capacité ou d'incapacité de séduction verbale ; de la même manière, les enfants dont les parents sont mauvais et qui donnent tout de même de l'affection n'en sont pas pour autant récompensés ; toute prospérité du vice induisant les malheurs de la vertu, Antiphon conclut au fonctionnement pervers des lois civiles ou morales, qui n'effacent pas la souffrance. Parfois même elles l'amplifient. La légalité et la moralité obligent à supporter des maux qu'on devrait ne pas subir, elles contraignent à des peines et n'évitent pas le déplaisir.

L'obéissance aux lois ne paie pas : paradoxalement, le droit sert rarement la victime et plus souvent le coupable. En effet, les procédures judiciaires garanties par le droit et la loi laissent la victime se faire accuser une fois de plus par le coupable qui, la plupart du temps, pratique le déni et veut sauver sa peau à n'importe quel prix, y compris celui de la vérité. Pire : ces mêmes procédures nécessitent un déballage qui met à égalité le délinquant et l'innocent, auxquels on donne un semblable crédit *a priori*, dans la plus absolue des injustices morales.

Elles obligent les victimes à démontrer qu'elles le sont effectivement et que le dommage leur a bien été infligé. Pour sa part, le coupable dispose de tous les moyens, les meilleurs et les pires, pour se sortir de ce mauvais pas : faux témoignages, mensonges, mythomanie, contrevérités, dénégations, travestissements, affabulations. Face au culot du menteur, l'individu de bonne foi a perdu : si la preuve de la culpabilité reste à faire et que rien n'accuse véritablement le coupable, le droit ne dispose pas des moyens de lui rendre justice.

Le recours aux témoignages – une garantie théorique *a priori* – induit à son tour des désagréments et génère pratiquement des inimitiés. Le déballage, la vie privée fouillée, mise sens dessus dessous, les reproches recuits réactivés pour la circonstance, autant d'occasions de tourner le dos à la vérité et d'ajouter de la négativité à la négativité. Le jeu d'attestations et de dépositions crée des inimitiés dangereuses qui génèrent des désirs de vengeance. Dans un retournement de situation pervers, aider les uns équivaut à nuire aux autres...

De fait, en sophiste rompu aux ficelles de la parole rusée, du verbe efficace, de la rhétorique efficiente, Antiphon sait que ce n'est jamais la vérité qui triomphe, mais le discours le plus habile, le plus trompeur. Le mensonge parfaitement pratiqué produit des effets supérieurs, en termes d'efficacité triviale, à la véracité la plus rigoureusement respectée. D'où l'offre de ses compétences de philosophe à des particuliers qu'il assistait auprès des institutions politiques ou judiciaires – l'assemblée du peuple et le tribunal. Thérapeute par le verbe, Antiphon agit en médecin individuel, mais aussi en praticien social. L'ennemi des lois met sur pied une philosophie politique radicalement individualiste : elle célèbre l'individu transformé en mesure de l'idéal.

5

L'hédonisme libertaire. Antiphon préfigure d'une certaine manière – mais soyons prudents sur la logique des précurseurs... – l'individualisme moderne, car il pose et définit l'individu en termes d'antinomie radicale avec la société, ce qui indique qu'aucune résolution conciliante n'est envisageable. La plupart du temps, le tout triomphe au détriment des parties et les subjectivités se trouvent diluées dans la collectivité. Le philosophe sophiste défend la cause de l'individu et attaque la communauté, coupable de fabriquer des sujets dociles et formatés pour se soumettre à l'ordre collectif.

L'éthique individualiste et antisociale suppose une option nettement hédoniste. Elle génère d'ailleurs la situation hédoniste. Car le plaisir surgit dès l'inscription de son existence dans le registre de la nature, au moment même de la déclaration d'indépendance à l'endroit des lois sociales. *Physis* contre *nomos*, lois naturelles contre lois civiles, autonomie et liberté d'agir contre soumission, sujétion et dépendance à l'endroit d'une transcendance juridique, d'une morale normative, voilà l'impératif catégorique de l'hédonisme antiphonien...

Les plaisirs véritables ne se trouvent pas du côté de l'artifice culturel ni de l'ordre sociétal. La civilisation ne donne pas la mesure hédoniste. Car la richesse asservit, les honneurs obligent et la famille entrave. Les biens de ce monde scintillent comme de faux bijoux, de fausses valeurs. La jubilation n'a rien à voir avec les artifices proposés par le social pour soumettre et posséder les individualités asservies et aliénées. On ne trouve pas de plaisir à accumuler de l'argent, à thésauriser, à placer ses économies dans une institution banquière ou financière. Antiphon se moque d'un avare qui refuse d'aider un ami, enfouit son trésor dans un jardin, et qui, après s'en être trouvé dépossédé, regrette de n'avoir pas prêté la somme demandée qui serait restée en sa possession. Ironique, il conclut que l'argent enterré dans un jardin, placé à la banque ou prêté à un ami existe tout aussi peu substantiellement et n'est qu'une virtualité dont il faut rire...

Les honneurs ? Pour quoi faire ? A quoi bon consacrer son existence à concourir, gagner des prix d'éloquence ou de rhétorique, de poésie ou de gymnastique ? La vie se trouve-t-elle changée dans son essence si l'on est connu ou reconnu lorsque l'on traverse la place publique, l'on se déplace dans les rues de la cité ou que l'on s'attarde à l'étalage du poissonnier ? Les rubans, médailles et titres rendent-ils l'existence plus douce, plus agréable ? Ou tout cela n'est-il que vanité et poursuite du vent ? Antiphon conclut à l'inutilité de perdre son temps et son énergie dans pareils faux-semblants.

De la même manière, les prétendus plaisirs de la famille et de la génération d'une descendance s'amoindrissent dès que le temps passe et que l'on constate la disparition progressive de sa liberté et de son autonomie dans les activités de couple et familiales. Le souci de soi, seul objectif du philosophe, devient impossible quand nous sommes requis par le souci d'autrui. Ces plaisirs entraperçus – être au bras d'une belle femme, connaître les joies d'un amour naissant – s'évanouissent vite avec les déplaisirs afférents aux joies de la conjugalité et de la procréation.

Ces faux plaisirs procurent une satisfaction de surface, momentanée et d'apparence, mais ils se paient bien vite de déplaisirs qui les annulent et installent la négativité en maîtresse des lieux et des circonstances. Riche, reconnu, marié et père de famille, l'individu renonce à sa liberté et à la construction de soi en regard des vertus réelles, et des voies qui conduisent à la sagesse. La pratique philosophique suppose une individualité protégée de ce qui l'entame et la menace. La sagesse s'obtient dans le refus des colifichets sociaux et la concentration de son énergie sur une sculpture de soi utile pour générer la jubilation vraie et le plaisir authentique.

Car la vie mérite d'être vécue ; il n'y en a qu'une ; les occasions de déplaisirs, de souffrances et de peines sont trop nombreuses pour qu'on n'ajoute pas au tragique de l'existence par son impéritie, son incompétence ou son ignorance de ce qui doit être fait. Dans un monde sans grandeur, sans noblesse, submergé par la mesquinerie, marqué par la fragilité et la fugacité, face aux chagrins nombreux et aux innombrables occasions de souffrances physiques et psychiques, alors qu'il faut supporter le poids du social et la prégnance du collectif dès le plus jeune âge, la philosophie procure un salut, elle offre une médication efficace.

Il s'agit de vouloir la concorde avec soi-même. La thérapie le permet, le refus des lois aussi, l'indexation de sa pensée et de son comportement sur ce qu'enseigne la nature également. On réalise cette paix en connaissant les lois qui régissent cette fameuse nature. La satisfaction surgit lorsque l'on a compris qu'il faut maîtriser la nécessité via le savoir. La liberté procède de cette opération. Et le plaisir agit comme marqueur de la conformité de l'action avec la nature, il révèle la moralité des actes et des intentions qui y président.

6

En finir avec les Barbares. Cette éthique individualiste élargit la politique à l'éthique qu'elle appelle, exige et nécessite. La collectivité se réduit à la somme des individus qui la composent. Il n'existe aucune transcendance fabriquée par le lien ou la liaison et que générerait l'agrégat des subjectivités. Pas de mystique communautaire chez Antiphon, mais une immanence qui récuse toutes les fables grecques appuyées sur le *nomos* : l'indexation de la pensée dominante sur la loi civile permet de distinguer des citoyens et des esclaves, des êtres de première catégorie et des individus de seconde zone, en un mot – plutôt deux... – : des Grecs et des Barbares. Antiphon promulgue une égalité absolue entre tous les hommes, quels que soient le sol, leur sang et leur race. Une obscénité pour le Grec d'alors !

Prompts à fustiger celui qui ne parle pas leur langue, décrétée seule et unique, mais se contente de bruits inaudibles et incompréhensibles – rappelons qu'étymologiquement, le terme « barbare » définit celui qui bredouille des onomatopées incompréhensibles –, les Grecs récusent quiconque n'est pas des leurs. Loin de l'image d'Epinal d'un Grec cosmopolite, citoyen du monde, tolérant, démocrate – la démocratie grecque concerne moins d'un dixième de la population : les citoyens, à l'exclusion des femmes, des étrangers, des métèques... –, les Hellènes sont rien de moins que des nationalistes au petit pied. D'où le coup de tonnerre à l'apparition d'un Antiphon en plein siècle de Périclès !

Fidèle à sa logique d'opposition nature-culture, Antiphon en appelle au bon sens et souligne que les différences établies entre les hommes génèrent des inégalités, que seules les paroles péremptoires transforment un individu en valeur ou non-valeur, que rien ne permet d'opposer un homme à un autre et surtout de décider de la supériorité du premier sur le second, en vertu de sa langue, de son lieu d'habitation ou de son lignage hypothétique. Pour sa part, la nature enseigne l'égalité absolue de tous : les besoins sont les mêmes chez l'homme et la femme, le riche et le pauvre, le Grec ou le Dalmate, le citoyen et le métèque, le philosophe et le portefaix.

Fustigeant la passion grecque des grandes familles et des vertus transmises par le sang, opposé à la notion de bien né, Antiphon invoque la faim et la soif, les besoins de toit et de sécurité, semblables chez tout un chacun. Son option individualiste annonce la généalogie de ce que plus tard on appellera un droit naturel en vertu duquel, par-delà les lois positives, au-dessus d'elles et malgré elles s'il le faut, la dignité des humains impose une obligation éthique radicale : mon existence éthique comme individu m'oblige à la reconnaissance de mon semblable comme tel. La concorde avec moi-même seule rend possible la concorde avec autrui ; l'individualisme hédoniste fonde une politique libertaire et jubilatoire qui, en retour, rend possible cet individualisme hédoniste. Jamais fragments de philosophie antique n'ont porté autant de potentialités pour les siècles suivants...

TROISIÈME TEMPS

L'invention du plaisir : la jubilation d'Aristippe de Cyrène

VI

Aristippe
et « la volupté qui chatouille »

1

Le philosophe en jupe. Aristippe de Cyrène passe pour être le philosophe emblématique de l'hédonisme, rude tâche et fâcheuse réputation dans un monde qui considère incompatible de philosopher et d'être adepte du plaisir, que la philosophie exclut la volupté comme objet ou que la jubilation rend impossible toute forme de pensée, encore moins de sagesse. Philosophe hédoniste : voilà depuis plus de deux dizaines de siècles un oxymore pour l'ensemble de la profession, qui suppose que la discipline oblige à l'ascétisme, contraint à l'austérité, et qu'on ne saurait légitimement se réclamer de son univers aseptisé si l'on rit, boit, mange, aime, danse, chante – tout simplement si l'on vit...

Se réclamer d'Aristippe appelle ce lieu commun : il est le philosophe du plaisir et, comme tel, on ne saurait perdre de temps à chercher chez lui matière à réflexion. Du simple fait de sa réputation, on travaillerait en vain à chercher des textes, des pages, des ouvrages, des témoignages utiles pour aller au-delà des clichés retenus contre les cyrénaïques. Ces philosophes importants sont logés à la même enseigne que les cyniques, montrés comme des amuseurs, des buveurs, des fêtards, des joyeux, et tout ce qui permet d'en faire des comiques, mais surtout pas des penseurs. Aristippe en jupe, parfumé sur l'agora, amateur de bordel, lui, l'un des rares philosophes dont la cave valait la bibliothèque, cet homme serait un philosophe au même titre que Parménide ou Héraclite ? Allons...

Ecarté, refusé dans la cour des grands, ignoré, Aristippe subissait cette mauvaise réputation qui, comme souvent, procède de fantasmes, d'imaginaires débridés et de délires surgis dans l'âme des étroits, des petits et des mesquins dès qu'il est question de plaisir. Le mot même jette un froid et rend hargneux les tristes sires mal dans leur peau. Car comment aurait-on pu parler correctement d'Aristippe et des siens pendant des siècles puisqu'il n'a pas existé de doxographie en langue française avant celle que j'ai établie en 2002 dans *L'Invention du plaisir* ? Présocratiques, sophistes, sceptiques, épicuriens, stoïciens, et même cyniques, disposent des leurs depuis parfois bien longtemps – ne parlons pas des excellentes éditions de patrologie grecque et latine : mais les cyrénaïques, point...

De sorte que la réputation – déplorable bien sûr... – a fait obstacle au désir et à la volonté d'honnêteté qui supposent la lecture des fragments, le mouvement vers la source. Certes, l'édifice cyrénaïque évoque les chantiers archéologiques grecs d'aujourd'hui : fûts dispersés, triglyphes et métopes à demi enfouis dans le sol, escaliers effondrés, pierres disjointes et éparpillées, la terre et l'herbe grillée recouvrent ce qui fut splendeur et majesté jadis et gît désormais semblable à un champ de ruines, un puzzle auquel des pièces majeures manquent pour toujours. Mais ce qui reste permet de réfuter les allégations mauvaises et de restaurer Aristippe de Cyrène dans la dignité d'un penseur authentique et digne de ce nom.

La preuve, le silence dans lequel Platon tient le nom d'Aristippe et son travail, même si son ombre plane sur nombre de pages des dialogues. Qui est ce Philèbe, par exemple, qui donne son nom à tout un dialogue ? Et pourquoi consacrer un texte entier à la question du plaisir pris à réfuter les thèses cyrénaïques, sans une seule fois citer le nom du philosophe ? Autre preuve de son importance cardinale, son statut dans l'élaboration de la pensée d'Epicure : sans Aristippe et sans le matérialisme atomiste des abdéritains, la pensée du Maître du Jardin n'aurait pas été possible, ni même sa propre conception du plaisir. Lui non plus ne le cite pas... Pas plus qu'Aristote n'aurait rédigé son *Ethique à Nicomaque* sans l'existence d'Aristippe en amont. Là encore, le nom fait défaut... Un même individu sur lequel Platon, Aristote et Epicure se taisent quand ils traitent la question du plaisir, ne saurait être tout à fait mauvais ! On ne déchaîne pas tant de mépris, de haine, de jalousie, d'envie sans du même coup apporter la preuve qu'on dit vrai...

2

Le triangle subversif. D'où la nécessité de revenir sur le régime d'écriture platonicien de la philosophie – et de son histoire ! Car je tiens que le fils de la sage-femme, le travesti parfumé et le pétomane onaniste constituent trois pointes acérées avec lesquelles se dessine un véritable triangle subversif. Mais on n'aperçoit pas – ou difficilement – quelle belle figure sort de l'obscurité si l'ombre de Platon recouvre l'ensemble. Socrate lui-même souffre de ses médiateurs : en voulant son bien malgré lui, voire contre lui, ils figent pour l'éternité une fiction qui prend le pas sur la réalité. Pire : une fiction que tous prennent désormais pour la réalité. Car Socrate coïncide très exactement, aux yeux du plus grand nombre, à ce qu'en disent Platon et Xénophon. Même Aristophane, dans *Les Nuées*, se moque d'un Socrate platonisé, le nez perdu dans le ciel idéal des coucous...

A la manière de Zarathoustra, Socrate évolue tel un *personnage conceptuel*, une figure, un prétexte, une création de l'esprit, loin de son modèle de chair et de sang auquel on associe un discours possiblement opposé à celui du personnage historique. De la même façon, Diogène et Aristippe fonctionnent comme des personnages conceptuels : l'un exprime le cynisme, l'autre l'hédonisme. Leurs figures, à la manière de personnages de théâtre, semblent les servir, mais la plupart du temps elles les desservent. Paradoxalement, je dirais que Diogène n'était pas cynique, ni Aristippe hédoniste, si l'on se cantonne aux malentendus et aux approximations la plupart du temps associés aux mots et aux noms propres réduits à des caricatures.

De sorte qu'on a tort de cantonner Diogène et Aristippe dans le rôle de petits socratiques, voire de socratiques mineurs. A la manière de Socrate, et à égalité, ces deux-là concentrent une puissance de feu considérable en tant que tels. Pas utile de les associer à une autre cause que la leur : le fait divers provocateur, le trait d'esprit, la saillie ne doivent pas cacher une authentique épaisseur philosophique. Socrate souffre d'un excès de textes fautifs cannibalisant sa véritable identité ; Diogène et Aristippe subissent l'excès inverse, le défaut de documents à même de restaurer leur vrai visage et de restituer la formidable énergie de leur propos.

3

Parfumé sur l'agora. Fidèle à mon principe que l'anecdote est la voie royale qui mène à l'épicentre d'une pensée, je voudrais revenir sur le parfum pas si innocent que ça du Cyrénaïque. Car bien souvent on tourne le dos à Aristippe philosophe au nom de ce genre d'histoire prise au pied de la lettre, sans recul. En revanche, si l'on décode le sens, la signification, le message transmis par le philosophe avec ce fait équivalant à un trait d'esprit, à une fusée, alors on obtient une théorie, on débouche sur un discours cohérent, sensé et digne de commentaires critiques.

L'anecdote antique équivaut à l'aphorisme dans

l'ordre des idées. La théâtralisation de la philosophie manifeste une façon alternative de pratiquer la discipline qui s'appuie habituellement sur le cours, ésotérique ou exotérique, et la dispensation d'un enseignement à partir de paroles consignées, sur le mode du pense-bête, dans des rouleaux qui traversent les siècles. On peut donc philosopher dans une école, à l'ombre d'un maître qui parle, à partir de textes ; mais également dans la rue, sur l'agora, en regardant un philosophe qui, pour des raisons d'efficacité ramassée, quintessenciée, s'exprime moins avec la parole et les mots que dans des gestes et autres scénographies, pensés pour produire des effets pédagogiques.

Que dit donc cette anecdote d'un Aristippe parfumé sur l'agora ? Plus que l'apparente provocation du détournement d'un artifice féminin par un philosophe mâle. Bien sûr, ce comportement signifie également le mépris des convenances, l'indifférence à l'endroit du jugement d'autrui, la méthode ironique, la théâtralisation ludique et autres options chères aux philosophes du triangle subversif, mais il n'est pas indifférent qu'il soit question, dans cette histoire, d'odeur, de nez et du registre habituellement associé à cette partie du corps : ne pas pouvoir blairer, sentir, piffer, avoir dans le nez et autres expressions courantes...

Car la déconsidération ou l'oubli du nez dans l'histoire de la philosophie méritent une étude à eux seuls ! On chercherait en vain des réflexions, même modestes, ou des analyses dignes de ce nom concernant des odeurs, des parfums, des senteurs dans les ouvrages de philosophie consacrés au jugement de goût, à l'esthétique, à l'analyse des sentiments, émotions et perceptions artistiques. Tout pour l'œil ! Et une complaisance également à l'égard de l'oreille, car ces deux organes mettent le monde à distance, au contraire du goût, du toucher et de l'odorat qui supposent la chair et le corps dans sa totalité.

L'image et le son disposent d'un statut intellectuel dénié aux flaveurs, odeurs et perceptions tactiles : la bouche, le nez et la peau, pas seulement la pulpe des doigts, déjà tellement restrictive, supposent les muqueuses et les sécrétions. Mais surtout, ces trois sens témoignent de l'animalité qui subsiste en l'homme : toucher, renifler, flairer, mâcher, avaler, déglutir, toutes opérations qui appellent la digestion et la défécation, la soumission aux nécessités naturelles. Le nez est l'organe des bêtes qui chassent, tuent et mangent.

Il rappelle également la station quadrupède, le mufle collé à la terre, les narines ouvertes et l'aspiration haletante d'un mammifère qui cherche la trace d'un autre animal : pour s'en protéger, s'en défendre ou partir à l'attaque. Dans les sentes herbues, où l'œil fonctionne mal, l'odeur ne trompe pas : traces d'urines, d'excréments, de glandes marqueuses de territoires, autant de signes et signaux pour trouver et prendre sa place dans un monde où règne la violence et où la mort guette en permanence, en vertu des logiques de prédateurs dans l'ordre naturel. Plus tard, quand il se relève, cesse de marcher à quatre pattes et devient bipède, l'ancêtre de l'homme libère ses mains, développe son cerveau, construit un cortex à ajouter au cerveau reptilien ; il sent moins bien et l'olfaction perd de son acuité. En revanche, sa vue se développe :

il voit mieux. L'œil élaboré remplace le nez primitif ; l'odeur disparaît au profit de l'image, idem pour le toucher que supplante l'ouïe.

De sorte que les cinq sens font l'objet d'une hiérarchie chez les philosophes officiels : on accorde aux sens nobles un statut inverse de celui des sens ignobles. Va pour les premiers, auxquels on associe sans vergogne des pratiques élaborées et des techniques subtiles qui génèrent l'art des images et des sons, la peinture et la musique, toutes activités relevant sans conteste de l'esthétique – dont l'étymologie rappelle la capacité de... sentir. En revanche, on chercherait en vain, dans les ouvrages de philosophie, un éloge de l'olfaction, du goût ou du toucher, encore moins une célébration d'activités artistiques associées : personne ne reconnaît l'œnologie, la science des parfums, la gastronomie comme des disciplines relevant des beaux-arts à part entière.

En déambulant parfumé sur l'agora, Aristippe renvoie à toutes ces considérations : il revendique son animalité et n'oublie pas qu'il procède de la nature ; il invite tout un chacun à faire de même et à se souvenir de sa généalogie imparfaite ; il attaque de manière ironique les platoniciens amateurs d'idées pures et les renvoie aux parfums, réalités impures parmi les impuretés ; il revendique l'artifice habituellement associé au féminin, donc, à l'époque, à la passivité, péché cardinal chez les Grecs ; il souligne que toutes les occasions de se réjouir sont bonnes, y compris celles que fustige le social ; enfin, il habilite les sens, tous les sens, comme des moyens de parvenir aussi bien à la connaissance qu'aux vérités factuelles, subjectives et relatives – encore une pierre dans le jardin de Platon...

4

Ludique, agonique et comique. Tant qu'on refusera à l'anecdote la même puissance théorique et la même charge intellectuelle que le dialogue, le traité, la démonstration, tant qu'on contestera au jeu de mots, au trait d'esprit, à la provocation, aux gestes le pouvoir d'enseigner, on se condamnera à ne pas comprendre la pensée des cyniques ou des cyrénaïques. Car ceux-là, nombreux pourtant, procèdent autant de la philosophie présocratique que les sophistes ou le matérialisme abdéritain : contemporains de Socrate, formant une école, une sensibilité cohérente, ils pourraient figurer aux côtés des philosophes certifiés conformes par les docteurs et gardiens du temple. Au lieu de cela, petits socratiques, ils croupissent dans les bas-fonds de l'histoire des idées où il faut aller les chercher afin de les remettre en lumière.

L'ensemble des anecdotes concernant Aristippe de Cyrène signifie la même chose : elles constituent une formidable machine de guerre antiplatonicienne. Dans un esprit ludique et comique, donc, elles recourent à une méthode agonique pour parvenir à des fins philosophiques. La petite histoire se propose une édification personnelle. De plus, parce qu'elle marque les consciences et les mémoires, elle relève des savoirs mnémotechniques qu'à l'époque on maîtrisait à la perfection. L'absence de livres, du moins leur extrême rareté, le nombre réduit des gens capables de les lire, obligent à des exercices qui permettent de mémoriser des quantités considérables d'informations. A cette époque, selon ces techniques perdues, d'aucuns connaissaient par cœur la totalité des vers d'Homère. Je pose l'hypothèse que ces anecdotes qu'on ne sait plus lire avaient les mêmes fonctions que d'autres exercices mnémotechniques contemporains.

Platon a opté pour le dialogue, qui se laisse plus facilement décoder par les contemporains ; Aristippe a choisi la théâtralisation de ses théories bien qu'il ait également écrit. Car on lit parfois que tel ou tel n'a rien rédigé, quand en fait on n'a rien retrouvé de ce qu'il avait publié. Le combat qui oppose Platon à ses adversaires directs – le matérialisme et l'hédonisme, Démocrite et Aristippe, l'atome et le plaisir – autorise une lecture différente de l'œuvre de ces deux philosophes : et si Platon, réactif, n'avait écrit et pensé que pour réfuter ces deux pensées jamais citées mais qui le préoccupent apparemment toujours ?

Car jamais Aristippe de Cyrène n'est cité dans l'œuvre complète du philosophe, disons-le socratique, pour une fois, sauf une exception : et pour une perfidie... Platon raconte la fin de Socrate, il décrit ses derniers moments, souligne l'absence du philosophe de Cyrène à ses côtés, sa résidence à Egine, non loin, et laisse entendre, donc, qu'il aurait pu être présent... La perfidie de la dénonciation se retourne contre Platon car elle donne la preuve irréfutable qu'il connaissait Aristippe, son nom certes, mais aussi, obligatoirement, ses thèses, son enseignement, ses idées. Taire un philosophe qu'on combat équivaut à le brûler, comme Platon souhaitait agir avec les œuvres de Démocrite. Le platonisme se pose donc comme un antihédonisme caractérisé.

On lira donc les anecdotes, toutes les anecdotes, moins dans le sens futile ou léger que dans la perspective d'autant d'histoires à décoder dans le combat antiplatonicien – idem pour Diogène sur lequel je reviendrai. Sur le théâtre cyrénaïque, on rencontre donc Aristippe aux prises avec une perdrix, un âne, puis un mulet, des filles de joie, certaines bien avenantes, d'autres ayant beaucoup servi, des légumes à éplucher, en l'occurrence une salade, un crachat, une suite au bestiaire avec un dauphin, un cheval à dompter, mais aussi une tempête, une table bien garnie, des courtisans et des courtisanes, mais aussi, on s'en souvient, du parfum, des danses et une robe... Autant d'occasions pour les doctes et les sérieux de snober le personnage !

D'où la nécessité de pratiquer une herméneutique érudite et de partir à la recherche des significations perdues. Ainsi l'on découvrira, derrière ces saynètes philosophiques, autant de morales, de vérités, d'enseignements, d'invites, de propositions sérieuses : l'excellence de l'indifférence à l'endroit de l'argent et des richesses ; la condamnation des honneurs et de la considération d'autrui ; la récusation de toutes les puissances, hormis celle qu'on obtient sur soi ; la nature sotériologique de la philosophie ; le rôle cardinal de l'éducation dans la structuration d'un tempérament philosophique ; la nécessité d'impérieusement dompter les énergies animales en l'homme ; l'inégale valeur des existences ; le ridicule de valeurs factices

– ainsi l'orgueil sportif ; la critique de l'intempérance alcoolique ; le refus de toutes les formes d'attachement, quelles qu'elles soient ; la déconsidération de la paternité, etc.

Une fois interprétées, ces histoires montrent toutes qu'il y a loin entre l'idée de faute communément associée à Aristippe et sa réalité. Car la mauvaise réputation de l'hédoniste (hier comme aujourd'hui) en fait un personnage coucheur, collectionneur de femmes, bâfreur, buveur, amoral, immoral, intempérant, jouissant sans conscience à la manière d'un animal dépourvu de tout sens moral et de toute considération pour autrui. Cette caricature réjouit ceux qui prétendent de la sorte pouvoir se dispenser d'une analyse, d'une critique et d'un réel travail de réflexion sur un corpus auquel ils refusent même le droit d'en être un. Sur la scène socratique se joue une pièce aussi sérieuse que dans les traités, dissertations, exposés et autres formules reconnues par la profession...

5

Proxénète de la sagesse ? L'argent, voilà le premier casus belli ! Car à la manière des sophistes, ses contemporains, Aristippe prenait de l'argent pour ses leçons... Ce qu'un platonicien n'aurait pu supporter puisque Socrate, leur figure emblématique, leur VRP malgré lui, n'exigeait pas d'émoluments pour dispenser sa sagesse. Pire : il refusait l'argent qu'on lui donnait – il retourna ainsi celui qu'Aristippe lui fit porter un jour... On n'aura pas la cruauté de demander comment Socrate s'y prenait pour mettre des bettes et des raves dans l'assiette de Xanthippe, sa célèbre mégère, et de Lamproclès, Sophronisque et Ménexène, ses trois fils... Mais mendier, obtenir de l'argent sans rien donner d'autre que sa compassion, vaut-il mieux que prendre de l'argent en échange d'un travail ? Voire...

Aristippe ne déteste ni n'aime l'argent. Au contraire des professionnels de la détestation qui ne parviennent pas à avouer ce qu'ils aiment secrètement, le Cyrénaïque considère l'argent comme un moyen, en l'occurrence de ne pas se compliquer l'existence, de ne pas se la rendre plus difficile qu'elle n'est déjà, et non comme une fin permettant de jouir de sa quête et de son accumulation. En homme libre, il n'est aliéné ni par le fait d'en avoir, ni de n'en pas avoir. Il considère pareillement la richesse et la pauvreté, deux états qui contraignent, entravent la liberté et rendent impossible une véritable autonomie. Devoir quémander équivaut à se soucier de ses biens : l'existence est trop courte pour perdre du temps à ces activités dont on peut se passer.

Des anecdotes montrent Aristippe sur le pont d'un bateau alors que la tempête s'annonce, jetant par-dessus bord son argent, au grand dam des spectateurs de cette scène incongrue ! Est-ce le geste d'un homme cupide ? D'autres le surprennent au moment où il reçoit la rétribution de ses leçons et le questionnent : il avoue apprendre ainsi à ses disciples qu'il vaut mieux utiliser l'argent à des fins thérapeutiques – la philosophie pratiquée comme art de se rendre la vie heureuse – qu'à de plus vils desseins. En compagnon d'Antiphon le sophiste, précurseur de la psychanalyse, il invente le prix de la cure – devant quoi personne ne regimbe aujourd'hui, pourvu que la transaction s'effectue non loin d'un divan...

En homme libre, il recherche le juste milieu – comme presque tous les philosophes de l'Antiquité. L'affectation de misère équivaut pour lui très exactement à l'étalage de ses richesses. Ni le clochard ni le riche ne constituent les modèles d'Aristippe. Dans la guenille dépenaillée il ne voit pas plus de vertu que dans le vêtement de brocart et de soie. Si vraiment l'argent ne compte pour rien, du moins pour pas grand-chose, ce qu'il croit, qu'il serve donc à ce à quoi on le destine : dispenser des désagréments – leçon hédoniste sur l'évitement des déplaisirs...

6

Récuser toutes les attaches. Le fonds éthique d'Aristippe se montre dans son rapport à l'argent : refuser tout ce qui attache, contraint et entrave. L'amour de l'argent, au même titre que l'affectation de pauvreté, occupe l'esprit à des tâches inutiles. Ces faux desseins consument une énergie utile pour mener d'autres travaux. Aristippe écarte tout ce qui ne conduit pas à ce projet : en éthicien intégriste, il ne s'embarrasse pas des activités inutiles pour parvenir au souverain bien, le plaisir. Ainsi fait-il joyeusement son deuil des mathématiques, de la physique, de l'astronomie et de toutes les activités scientifiques dans lesquelles on perd un temps fou. Nihiliste en termes d'épistémologie, il concentre tous ses efforts sur la morale. Elle, et elle seule.

Chez Aristippe, donc, pas besoin d'être géomètre et l'on peut entrer dans son édifice sans disposer de papiers scientifiques en bonne et due forme ; pas plus on ne sacrifie aux chiffres, aux nombres tels qu'ils apparaissent dans le *Timée* comme concepts opératoires majeurs de la cosmogonie platonicienne. Aucune réminiscence pythagoricienne, pas un soupçon d'emprunt aux matérialistes d'Abdère chez qui la physique atomiste débouche sur une morale quiétiste – une leçon retenue par Epicure – : non, la pensée du Cyrénaïque vise de manière exclusive une éthique de la jubilation à laquelle on parvient en se créant liberté.

Sa position à l'endroit de l'argent nous enseigne sa méthode : se tenir à bonne distance, loin des excès, refuser les extrémités et trouver son bonheur dans une pratique mesurée des plaisirs. Avec les femmes, il agit de même : ni trop, ni trop peu. A tort on s'en priverait ; pareillement, on se tromperait d'y consacrer l'essentiel de son temps. Ni moine bénédictin ni libertin dépravé, mais philosophe radieux et solaire : autant dire homme libre, capable de jouir d'un moment heureux s'il ne se paie pas d'un déplaisir à venir.

Leçons de quelques anecdotes : Aristippe sort d'un bordel et se fait tancer pour y être entré, il rétorque que le problème n'est pas d'y mettre les pieds, mais de ne pas savoir en sortir ; à qui lui reproche de recourir à des courtisanes ayant beaucoup servi, il répond qu'aux bateaux ayant effectué nombre de traversées on demande une seule chose, qu'ils nous conduisent à bon port ; à l'un qui lui fait remarquer qu'il vit avec une fille de joie en étant sa chose, il rétorque qu'il possède Laïs mais n'est pas possédé par elle ; enfin, il conduit un jour trois prostituées dans sa chambre avant de les laisser à la porte, jugeant le renoncement autant signifiant que le passage à l'acte. Dans tous les cas, Aristippe enseigne la défiance à l'endroit de la chair non pas pour elle-même mais parce qu'on perd sa liberté avec ces histoires charnelles. L'eumétrie, une fois de plus...

Avec l'argent, les femmes, mais aussi avec le pouvoir, Aristippe entend trouver la bonne distance. A Socrate qui, si l'on en croit Xénophon, discute avec lui de la nécessité d'être un bon citoyen, le philosophe libertaire signifie une fin de non-recevoir : ni bon époux, ni bon père – il considérait sa progéniture comme le crachat qui sort de lui et n'a pas plus d'importance que ça... –, il ajoute à son portrait qu'il ne saurait être un bon citoyen. Dans l'Athènes dite démocratique, on ne plaisante pas avec ces choses-là. Le vertueux Socrate, défenseur des devoirs du citoyen face à Aristippe qui les récuse, paie de sa personne pour avoir philosophé contre la cité...

Aristippe se désengage des affaires collectives, dans lesquelles il estime qu'on perd son temps, son énergie, autant de biens précieux mieux utilisés pour se parfaire, se construire autonome et indépendant des mots d'ordre collectifs. En présence de l'alternative proposée par Socrate : suivre ou guider, commander ou obéir, être maître ou esclave, Aristippe répond ni l'un ni l'autre. Il lui paraît odieux de suivre autant que de guider, seul lui importe de cheminer en solitaire sur la voie qui conduit au bonheur. Une autre pierre dans le jardin platonicien où l'on entraîne le philosophe à devenir roi – voire l'inverse...

7

Heureux qui comme Ulysse... L'essentiel consiste à jouir de l'instant, à demander au présent ce qu'il peut donner, et rien d'autre. Savoir vivre en quelque sorte. De même être capable de profiter de l'instant propice, le fameux *kaïros*, cette pointe de temps, cette densité dans la durée, ce moment sans double et sans espoir de retour pendant lequel il s'agit de prendre ce qui doit être pris et de saisir ce qui doit l'être, sans quoi, avant ce sera trop tôt, après trop tard. L'hédonisme célèbre l'instant et se défie du passé ou du futur : aller chercher ailleurs que dans cette dimension ponctuelle du temps les occasions de jubiler, voilà une erreur.

De la même façon, on se trompe en cherchant les occasions de plaisir ailleurs que là où elles se trouvent : se contenter de celles qui arrivent suffit. On aliène son indépendance d'esprit et sa liberté d'agir en partant à la chasse de ce qu'on risque de ne pas trouver. Revenir bredouille génère trop d'occasions de frustration au regard de la logique hédoniste, car le temps perdu ne se rattrape jamais. Aristippe déplore que la plupart ne sachent trouver la jubilation là où elle se trouve : dans l'adhésion à l'instant, dans l'expansion de soi limitée au présent dont il faut profiter comme d'une opportunité ne se représentant pas. Le péché païen consiste à manquer le présent.

De sorte qu'Ulysse fonctionne comme un modèle. Pour quelles raisons ? On ne sait. Peut-être parce que Platon en fait un contre-modèle, un repoussoir, en le présentant dans *Hippias* comme un menteur – à cause des mythes et des fables homériques ? Mais surtout parce que le héros de l'*Odyssée* se soucie du présent, vit dans l'instant et pratique au jour le jour sans perdre de vue son objectif : le retour à Ithaque. De même parce qu'il sort victorieux de toutes les aventures lisibles comme des métaphores de la négativité à l'œuvre dans le simple fait d'être. Ulysse est fidèle aux promesses qu'il se fait, il manifeste des vertus sublimes : l'endurance, l'obstination, le courage, la capacité de solitude, la maîtrise de soi, autant de qualités socratiques...

Pas plus qu'Ulysse ne se laisse enchaîner par l'amour, le désir, le sexe ou les femmes : il refuse les avances de Calypso qui lui promet l'éternité s'il accepte de vivre avec elle sur l'île d'Ogygie, puis construit un radeau en quelques jours avant de prendre la mer et de réaliser son projet – rejoindre l'endroit où Pénélope l'attend. Rien ni personne n'entrave son désir, aucune péripétie n'arrête son mouvement. Il agit selon son bon plaisir, en acteur de son destin, en volonté déterminée que les dieux et leurs colères n'impressionnent pas.

8

Le bon plaisir d'Aristippe. Quid de ce bon plaisir d'Aristippe ? Difficile de donner une réponse univoque sur la définition théorique du plaisir. Les textes changent avec le temps : ce qu'affirme Diogène Laërce trois siècles après le Christ diffère parfois des fragments prélevés dans la doxographie stoïcienne – Cicéron essentiellement – ou dans la patrologie grecque ou latine : Lactance, Grégoire de Nazianze, Augustin même pratiquent à dessein la caricature : ils récusent Aristippe dans sa totalité, coupable d'être un maître de jouissance pour trop d'humains sur la planète, puis d'avoir justifié et légitimé le stupre, la luxure, le vice bestial et grossier. Les subtilités manquent. Les documents relèvent souvent de la polémique et, les contextes faisant défaut, les quelques fragments subsistant sur cette question invitent à la plus grande prudence. Reste cette certitude : l'hédonisme du Cyrénaïque et son invention d'un plaisir digne de ce nom, positif, cinétique, dynamique et solaire.

Ainsi du flou concernant le corps aristippéen, on ne sait à quoi il ressemble : est-il fait de matière seulement ? animé par un principe spirituel : une âme immatérielle, ou matérielle ? corruptible ou incorruptible ? Le désintérêt avoué du philosophe pour les questions scientifiques interdit dans son œuvre une physiologie, une pathologie, une anatomie, une médecine permettant de mieux aborder la question. Quand certains textes parlent de l'égalité de tous les plaisirs, d'absence de différences entre ceux du corps et ceux de l'esprit, quand un autre assure de la supériorité des jubilations corporelles sur toutes les autres, que peut-on croire ? que faut-il penser ?

Rien ne permet de l'affirmer qui s'appuie sur un document, mais on peut avancer l'hypothèse que, chez

Aristippe, le corps est l'âme, et vice versa ; que la dichotomie platonicienne paraît même dénuée d'existence, du moins dépourvue d'enjeux semblables aux nôtres, nous qui vivons aujourd'hui formés par l'imaginaire dualiste chrétien. De sorte que les plaisirs de l'âme et ceux du corps artificiellement distingués nomment de semblables jubilations, car ressenties, vécues et perçues par la même identité corporelle, la même subjectivité charnelle. Car Aristippe ne cesse, rappelons-le, de faire des cinq sens les modalités de la connaissance et les voies d'accès à la certitude – elle-même conjecturale et relative au sujet qui perçoit et restitue sa perception.

Ce plaisir corporel fournit la mesure de l'idéal hédoniste : il désigne ce vers quoi il faut tendre ; au même titre que le déplaisir signale ce qu'il faut à tout prix éviter. Ces mouvements naturels perdus par l'enfant après une éducation mal faite, il s'agit de les réactiver. La négativité coïncide avec la douleur, la souffrance, la peine, le mal. Tout est bon qui conduit le philosophe dans la direction de la jubilation, si elle ne se paie pas d'une aliénation. Aucun plaisir cyrénaïque ne doit s'obtenir au prix d'un déplaisir présent ou à venir, celui-ci surgissant dès que la liberté de l'individu se trouve entamée. La jouissance d'Aristippe coïncide avec celle d'un libertaire qui ne met rien au-dessus de la liberté, y compris, et surtout, le plaisir...

9

Jouissance avec conscience. Aux antipodes de la critique classique opposée de tout temps à l'hédonisme, la jouissance ne se joue pas contre ou malgré la conscience : car la première nécessite la seconde pour être véritablement. La jouissance des bêtes – lire ou relire Lactance ! – n'a jamais intéressé Aristippe. A quoi d'ailleurs ressemblerait un plaisir auquel la conscience, la raison, la culture et la réflexion ne donneraient aucune forme ? Que serait une jouissance non sculptée par l'intelligence ? Une décharge nerveuse parcourant les muscles d'une grenouille décérébrée, un spasme perdu dans le cosmos, une inutile dépense diluée dans l'azur...

Le plaisir auquel aspire Aristippe est donc voulu, désiré, choisi, maîtrisé, fabriqué par ses propres soins. Il ne déborde pas celui qui le fait advenir et ne l'emporte pas plus loin que lui, il le laisse en deçà de son être, toujours habitant de sa propre demeure. La véritable jubilation consiste à n'être ni consumé ni brûlé par les plaisirs, mais réchauffé par eux. La débauche corporelle et l'orgie dans lesquelles se diluent la conscience, la raison, et se perd le corps n'intéressent pas plus Aristippe que Platon. L'hédoniste ne se prive pas de l'instrument lui permettant la construction de son plaisir : la conscience, claire et lucide, veillant et en place, toujours active, parfaite et efficace.

D'où une définition dynamique du plaisir : on ne l'éprouve pas dans la pure et simple absence de troubles, comme l'enseigne Epicure deux siècles plus tard. Il n'est pas négatif mais positif, actif. Aristippe qualifie ce moment spécifique dans lequel on ignore le trouble, d'état intermédiaire : ni plaisir ni déplaisir, un entre-deux que rien ne suffit à nommer plaisir. Ne pas être malheureux n'équivaut pas à être heureux ; ne pas souffrir n'est pas jouir ; l'absence de négativité ne fait pas une positivité. La destruction des désirs ne constitue pas une manière de créer du plaisir – sinon Platon et les chrétiens relèveraient de l'hédonisme ! En revanche, se rendre disponible au présent et lui demander autant d'occasions actives de connaître les signes caractéristiques du plaisir – *la volupté qui chatouille agréablement les sens,* pour le dire comme Cicéron – , voilà une définition de l'hédonisme. Pure présence disponible au monde, capacité d'accueil des voluptés et des joies, adhésion au réel, autant de façons de se guérir des souffrances psychiques, tâches auxquelles Aristippe assigne la philosophie.

Dans le capharnaüm de fragments cyrénaïques, quelques-uns permettent de distinguer le bonheur du plaisir : le second est ponctuel, local et isolé ; particulier, il est choisi pour lui-même ; corporel, il se déplie et déploie dans l'instant ; il suppose la pratique exercée du *kaïros* ; sa dimension est subjective, personnelle, active et instantanée ; sa fabrication est sensuelle, au sens premier du terme ; nomade, arbitraire et subtil, il appelle et nécessite la partie fine de la raison ; mesuré, libertaire, eumétrique enfin, il suppose une densité, un genre d'arc électrique, une illumination de la chair.

En revanche, le bonheur se constitue de la somme

des plaisirs passés et futurs. Si la dimension temporelle de la jouissance coïncide avec l'instant, celle du bonheur en appelle aux trois constituants du temps dans son ensemble : passé, présent, futur. Le souvenir d'un plaisir, l'attente et le désir d'un plaisir sont autant de façons de générer une joie qui structure et constitue le bonheur. A sa manière, Aristippe définit l'hédonisme comme la méthode de l'eudémonisme, la méthode et le vecteur, son média, sa puissance, l'occasion du transport des forces. En inventant le plaisir, il formule une idée définitive et indépassable.

10

Les cyrénaïques existent-ils ? La tradition qui préside à l'écriture de l'histoire de la philosophie occidentale englobe sous l'épithète *cyrénaïques* une série de noms, d'œuvres, de fragments, de réputations, d'anecdotes et de thèses extrêmement contradictoires. Au point qu'on se demande – c'est mon hypothèse – si le terme ne sert pas plus sûrement à rassembler artificiellement des individus ayant pour seul point commun d'être nés à Cyrène – aujourd'hui région libyenne –, plutôt qu'à qualifier des philosophes dont le corpus rassemble des visions du monde semblables, proches, redevables seulement de quelques évolutions ou transformations.

Déjà on tremble à l'idée qu'Aristippe de Cyrène père, qui a engendré Aristippe le Métrodidacte en deuxième génération – et Arétè (Vertu !), sa fille –, puisse ne pas être le philosophe que l'on dit ! Certains historiens de la philosophie concluent en effet que l'absence d'Aristippe de Cyrène dans l'œuvre de Platon prouve l'inexistence des thèses cyrénaïques au moment où il écrit son *Philèbe*, un dialogue pourtant exclusivement consacré à la question du plaisir ! On a vu combien cet oubli procédait plus sûrement d'une perfidie idéologique volontaire que de l'inexistence d'un corpus digne de ce nom à l'époque.

En revanche, les fragments témoignent, ce qui subsiste sous la rubrique des philosophes cyrénaïques ressemble à une auberge espagnole : Aristote, pas le Stagirite, mais le natif de Cyrène, Antipatros, Aristoxène, Denys le Transfuge, Hégésias, Annicéris, Théodore l'Athée, tous proviennent des plateaux verdoyants et arrosés de la Cyrénaïque, certes, mais qu'ont-ils en commun ? Qu'enseignent-ils qui constitue une école structurée, cohérente et digne de ce nom ? Malheureusement rien. Pire : Hégésias, par exemple, passe pour être un pessimiste-né, un désespéré de première classe à la rhétorique efficace et perfide, au point qu'on lui doit une épidémie de suicides qui décidera Ptolémée à interdire son enseignement. On voit mal comment Hégésias et les siens peuvent être dits cyrénaïques, sinon pour une raison géographique, la seule acceptable !

On doit conclure que, pas plus Aristippe ne se réjouissait d'avoir engendré des enfants – il s'entendait mal avec les siens et, on l'a vu, ne les tenait guère en estime... –, il n'aurait aimé faire école avec des disciples fidèles et zélés. Car l'hédonisme souffre mal la cristallisation de sa dynamique dans un enseignement figé, immobile, mort. La vitalité de cette sensibilité qui revendiquait la subjectivité et le relativisme oblige à reconnaître la postérité dans les infidélités, les transformations, les réajustements, les reformulations, les usages libres de son patronyme et de ses anecdotes. Aristippe fait école en durant, cité en signe de complicité et de bienveillance dans les œuvres de quelques philosophes comme un point de ralliement, une occasion de connivence. Son influence réelle reste à écrire...

QUATRIÈME TEMPS

Plaisir du désir résolu : la constellation cynique

VII

Diogène
et « jouir du plaisir des philosophes »

1

Les aboiements du concept. Cyrénaïques et cyniques partagent nombre de positions idéologiques et philosophiques. Sur le fond antiplatonicien, comme sur la forme théâtrale, subversive, joyeuse et ludique, ils se trouvent indistinctement gratifiés de mêmes anecdotes qui prouvent leur parenté intime. La distinction entre les deux écoles paraît souvent arbitraire, schématique, plus à même de faciliter l'entrée d'une pensée vivante dans une case que de rendre compte honnêtement de sa saveur et de ses arabesques. La doxographie les montre se connaissant, se parlant, côtoyant les mêmes tables, fréquentant les mêmes cours ou les mêmes figures, sinon les mêmes anonymes : un efféminé, un bossu, un marchand de poisson, un débardeur, un chauve ou des pirates, et tout le petit monde d'Athènes.

L'ennemi commun reste Platon, le Commandeur

aux velléités pyromanes. Et nombre d'histoires retenues sur le compte de tel ou tel s'éclairent à la lumière du contexte antiplatonicien. D'une certaine manière, le combat se mène contre l'idéalisme de Platon au nom de son prétendu maître, Socrate, l'homme libre, le magicien du verbe, le parleur fabuleux, le faune ironique qui arpente les rues de la cité en interrogateur facétieux et n'a cure de visiter les profondeurs de cavernes hypothétiques. Antisthène, Diogène et Aristippe communient dans la même exécration théorique et physique de Platon. Dès qu'ils le rencontrent, ils le critiquent, le moquent, le fustigent, l'agressent – ce à quoi ce dernier répond sur le même registre, quand ce n'est pas à lui que l'on doit la déclaration des hostilités... Diogène demande – et je me réjouis que pareil mot fût prononcé – *à quoi peut bien servir un philosophe ayant passé toute sa vie dans cette activité sans jamais inquiéter personne...*

Les protagonistes du triangle subversif partagent donc un antiplatonisme déconstruit par une geste qui comprend l'humour, l'ironie, les railleries, les jeux de mots et autres facéties verbales construites sur les homophonies. Antisthène le premier, le père fondateur de l'école cynique – dit « le Vrai Chien » –, affirmait en pur nominaliste qu'il voyait bien des chevaux, certes, mais pas de caballéité platonicienne. L'idée de cheval n'existe pas car seule sa réalité est. Plus tard, et sur le même principe, d'aucuns affirmeront que le concept de chien n'aboie pas. Car dans un monde d'idées pures, la vie manque quand triomphent fantômes, fantasmes et fictions...

Plus tard, le disciple Diogène – dit « le Chien

Royal » – effectue de semblables variations sur le même thème. D'où l'anecdote du philosophe à la lanterne qui a beaucoup fait pour – et contre ! – la réputation du Cynique ! Chevelu, barbu, pieds nus, besace au côté et bâton à la main, le manteau double enveloppant son corps vaguement puant, non loin du tonneau – une amphore plutôt, le tonneau étant une invention gauloise... – où il passe toutes ses nuits, Diogène chemine dans les rues d'Athènes, en plein jour, une lanterne à bout de bras, effectuant des moulinets, braquant l'objet dans la direction des passants et ajoutant qu'il cherche un homme...

On sait Diogène capable de traîner un hareng au bout d'une ficelle pour mériter son statut de disciple d'Antisthène, d'élever un fromage à la dignité d'objet philosophique, de donner des leçons de détachement à l'aide d'une écuelle sortie de son sac puis jetée au fossé de l'histoire, d'en appeler à des cornes et au syllogisme pour se moquer des pratiques logiciennes du Grand Ennemi, de chausser des gants de boxe ou de sortir en marche arrière de la palestre pour prouver l'excellence d'une position philosophique, mais pour les cyniques comme pour leurs frères cyrénaïques, les contextes manquent souvent et l'on reste alors à l'écume de l'anecdote. Or tout ceci fait sens, l'histoire de la lanterne plus qu'une autre.

En effet, Diogène cherche moins un homme en particulier, tel qu'il pourrait le trouver ou le reconnaître dans la foule, qu'il ne quête ironiquement l'homme de Platon, l'humanité quintessenciée – car, bien sûr, on ne rencontre pas plus d'idée que de forme intelligible, on risque aussi peu de tomber nez à nez avec un concept qu'avec un hippogriffe ou un centaure ! Pas plus que n'existe l'Homme digne de mériter ce nom grâce à ses qualités développées, travaillées et sublimées... L'idéal n'existe pas, on ne le trouve jamais – d'où la quête infructueuse à la lanterne. En revanche, celle-ci éclaire autant de particuliers et de singularités que possible : le menuisier, le rhéteur, le musicien, le sportif, le percepteur ou le sycophante.

Le même Platon fait les frais d'une autre facétie cynique un jour qu'il pérore en public et définit l'homme, encore lui, comme un bipède sans plumes. Sans se démonter, ni se départir de son sérieux, Diogène lui balance un poulet plumé dans les jambes, qu'il annonce comme son *homme* – obligeant le philosophe des idées pures à repréciser son concept, et à ajouter : aux ongles plats... N'empêche, l'ambiance philosophique ne manquait pas de piquant sur l'agora d'Athènes ! On fustigeait alors les idées pures, l'idéalisme et l'intellectualisme platonicien avec de meilleurs arguments que des discours à n'en plus finir.

2

Eloge du poisson masturbateur. On imagine mal Platon se masturbant sur la place publique ! Lui qui vantait les mérites de toutes les pruderies possibles et imaginables, n'aurait pas manqué, dans une cité gouvernée selon ses bons principes, de mettre Diogène au cachot, voire de lui offrir un cratère rempli de ciguë. Car le philosophe cynique, on le sait, l'anecdote a traversé les siècles, agissait ainsi en public et usait de son braquemart tel un objet philosophique. Mais qu'on se rassure, c'était pour la bonne cause : l'édification des citoyens !

La leçon aurait pu se donner avec moins de théâtre, d'emphase ou de rouerie ironique, mais les conclusions resteraient les mêmes : il s'agissait de faire l'éloge de la *physis* contre le *nomos*, de donner la voie à suivre pour pratiquer en bon philosophe à même de comprendre la nécessaire indexation de son comportement sur la nature, de récuser la culture, de prendre modèle sur les animaux et d'écarter les objurgations de la loi, de la morale, du bien et du mal, du vice et de la vertu promulguées par l'ordre social et reprises en chœur par le plus grand nombre. Un poisson en fit un jour la démonstration.

Dans le port d'Athènes, de Sinope ou de Corinthe, Diogène avisa en effet – un gode ? une morue ? une barbue ? une raie ? un mulet ? – un poisson qui, tenaillé par le désir, se frottait contre une pierre ; il s'en trouva aussitôt mieux, capable dès lors de reprendre le cours normal de ses activités philosophiques. (Renseignements pris, le poisson ne se masturbe pas, mais la femelle dépose un frai recouvert par la semence d'un mâle, donnant lieu à une fécondation, mais on n'est pas chez Aristote, il ne s'agit pas d'ichtyologie mais de métaphore...)

D'où, quelque temps plus tard, l'onanisme que l'on sait. Diogène déplore en effet qu'on ne puisse satisfaire son désir sexuel avec la même innocence et la même simplicité que l'animal marin. Ou que les hommes, ses congénères, qui apaisent leur faim ou leur soif en prélevant des olives sur l'arbre ou en se rafraîchissant à la fontaine quand l'envie les prend. Leçon de sagesse : là encore suivre la nature, refuser la culture, ne pas se soucier des convenances, mais surtout, se moquer du regard et du jugement d'autrui, première condition pour parvenir à une véritable sagesse. En bons disciples, Cratès et Hipparchia s'exécutent et, en guise de travaux pratiques, s'accouplent sur la place publique et contribuent à la geste cynique, déjà riche en événements...

Que dit l'anecdote, essentiellement ? Qu'on ne saurait trouver son bonheur en suivant la voie tracée par le *nomos*, qu'il faut en revanche suivre les invites naturelles, et puis assumer la solitude du travail philosophique qui condamne au regard désapprobateur du plus grand nombre, incapable de comprendre pourquoi, comment tel ou tel geste surgit dans le cours habituel d'un monde où tous, en esclaves, se contentent d'obéir aux injonctions de la société. En citoyen du monde, mais plus encore en habitant de l'univers, du cosmos, Diogène révèle l'un de ses secrets hédonistes : le bonheur est affaire de solitude, et il se paie de la mécompréhension des spectateurs non engagés dans ce cheminement rude.

3

Un matérialisme cannibale. En revendiquant nettement la voie ardue, le cheminement raide et rapide pour parvenir à la vertu, le cynisme s'installe du côté de l'austérité et des philosophies qui usent de l'ascèse comme d'une méthode pour parvenir au vrai. L'ascèse n'est pas l'ascétisme : elle suppose l'effort, la tension, le travail, la volonté, de redoutables exercices pour parvenir à la maîtrise de soi. Et les belles âmes, pressées de confondre l'hédonisme et de l'identifier à la voie facile, à l'abandon, à la détente, aux avachissements, concluent que l'ascèse et l'hédonisme s'excluent, l'un rendant l'autre impossible. Erreur majeure, car l'hédonisme suppose l'ascèse, il y contraint. Le cynisme montre cette voie et affranchit tous ceux qui pensent obtenir le plaisir par l'abandon à leurs désirs, quand il en est d'abord et surtout la maîtrise, la domination, la conduite. L'hédonisme oblige à la force et répugne à toutes les faiblesses.

Le corpus cynique reste flou. On dispose d'une poignée infime de fragments qui permettent des conclusions sur ce sujet. Tout juste des conjectures, des hypothèses, des suppositions. Un étrange texte de Diogène Laërce – écarté *sans explication* par la critique universitaire d'un revers de la main dans une note cursive comme ne relevant pas authentiquement du corpus... – met en scène un Diogène vantant les mérites de la consommation de chair humaine ! L'anecdote pourrait passer : onaniste et pétomane, le philosophe ajouterait sans difficultés le cannibalisme à ses talents, mais la justification pose problème...

Car Diogène affirme dans ces quelques lignes un matérialisme mal vu dans la tradition philosophique : il soutient le principe, fort peu platonicien mais dans les cordes du matérialisme, que tout est dans tout et partout. De sorte que le pain, la viande et les légumes ne se distinguent pas aussi nettement qu'on pourrait le croire *a priori*, car dans le pain on trouve de la viande, dans les légumes du pain. Plus, et mieux : tous les corps s'interpénètrent par le biais des *particules invisibles* – l'expression s'y trouve... – qui empruntent des tracés et passages ouverts par les pores. L'ensemble s'unit sous forme de vapeur. Comment mieux professer un matérialisme dans les règles ?

Manger son prochain devient donc un exercice philosophique : rien d'impossible, d'abord parce que d'autres peuplades agissent de la sorte sur la planète, mais aussi parce que tout se retrouve et que l'économie générale du monde s'en trouve préservée. La matière du cadavre de mon prochain se trouve recyclée, pas perdue, modifiée, transformée et remise dans le grand jeu des particules en mouvement. Le cannibalisme – ou l'omophagie – devient un argument en faveur de l'atomisme ; l'inverse étant d'ailleurs tout aussi vrai... Plus antiplatonicien, on ne fait pas !

De cette manière, Diogène raconte un corps, son corps, le corps. Pas d'âme, pas de chair séparée, une seule et même matière, celle qui supporte l'exercice philosophique et la pratique ascétique. Le corps est l'âme, agir sur l'un suppose solliciter l'autre. Se rouler dans le sable l'été, dans la neige l'hiver, voilà des pratiques qui visent à endurcir la carcasse, certes, mais également l'âme. En travaillant sur ses muscles, sa peau, son souffle, en agissant sur sa nourriture et en pratiquant de manière frugale, en s'exerçant à la dure à s'aligner sur les leçons d'endurance et de sobriété données par les animaux – les grenouilles et les souris, qui ont l'affection de Diogène... –, le philosophe se crée liberté, il se fabrique en démiurge de lui-même.

Dans cet ordre d'idées, Diogène se retrouve paradoxalement à faire l'éloge de Médée, habituellement mal vue et réduite au parangon de femme hystérique, aveuglée par la jalousie, vengeresse, capable, afin de laver l'affront d'un banal adultère, de tuer sa rivale et d'égorger ses propres enfants pour leur interdire l'héritage. Loin de la condamnation morale habituelle, Diogène célèbre la magicienne apparentée à Circé comme une femme sensée qui transfigure les corps faibles, usés et fatigués des hommes dont elle s'occupe en individus forts et vigoureux, par l'exercice de la palestre et de l'étuve. Là où d'aucuns voient dans ses activités les seuls chaudrons dans lesquels elle cuit certains hommes pour en rajeunir d'autres, Diogène célèbre l'empire sur soi via la sollicitation de son corps.

Corps et âme réconciliés dans, par et pour l'effort, le philosophe cynique invite à une maîtrise radicale de soi : ses désirs, ses instincts, ses pulsions, il s'agit chaque fois de parvenir à l'empire sur soi. Pour ce faire, il invite également à une purification des plaisirs : certains sont à bannir, à fuir comme la peste, d'autres surviennent très précisément à ce moment de l'opération qui consiste à se garder des passions mauvaises. D'où une diététique non pas des désirs, comme plus tard chez Epicure, mais des plaisirs eux-mêmes. De la négation de certains plaisirs surgit un autre plaisir, plus fin, plus subtil, plus dense : seul le philosophe peut le connaître.

4

Plaisirs de l'avoir, plaisirs de l'être. La mise en regard de certains textes permet de mieux comprendre le fonctionnement intérieur de la pensée cynique. Certes, Antisthène assimile le plaisir au souverain mal, il invite à se garder de toutes les jouissances quelles qu'elles soient, il stigmatise la volupté identifiée à la mollesse. Mais en même temps, il pratique le bordel et se justifie en disant que lorsqu'il ressent le besoin de plaisir sexuel, il résout le problème en prenant la première venue – pour le plus grand bonheur des laides et des disgracieuses habituellement négligées... Mettre en perspective ces deux informations évite le contresens, le malentendu ou l'incompréhension qui surgissent si l'on distingue bons et mauvais plaisirs.

Les mauvais plaisirs, ceux de l'homme du commun, procèdent de l'avoir : se marier, faire des enfants, fonder une famille, courir après l'argent, guigner les honneurs, aspirer aux richesses, viser des réputations, espérer des renommées, fréquenter des puissants ou des gens en vue, voyager, faire de la politique, autant de vices, de perversions et d'objectifs qui pourrissent l'existence. La recherche de ces fausses valeurs conduit à coup sûr au désenchantement, à la désillusion, aux regrets. Fictions, poudre aux yeux, plaisanteries, fariboles et compagnie...

En revanche, les bons plaisirs, ceux du philosophe, entretiennent une relation directe avec l'être. Lesdits philosophes, d'ailleurs, peuvent goûter aux mêmes plaisirs que les autres – ainsi des filles de joie flétries d'Antisthène, mais aussi des gâteaux ou des bonnes tables associés parfois à Diogène de Sinope – mais autrement, dans un autre état d'esprit que l'homme du commun. A ceux qui lui reprochent de passer du temps dans ces lieux, comme nombre de philosophes décidément grands consommateurs de maisons closes, Diogène rétorque que le soleil entre bien dans les latrines sans pour autant cesser d'être lui-même, et surtout en ne se souillant pas...

Le vrai plaisir consiste à se moquer du plaisir – disons-le autrement : le plaisir du philosophe implique le mépris de celui du quidam. L'authentique suppose la joie incessante, l'absence de chagrin, la paix de l'âme, la sérénité, l'esprit joyeux et autres preuves dynamiques de la jubilation en acte. Les frelatés augmentent la peine, creusent le désir et alimentent le besoin sur le principe de l'éternel retour du pire. A qui lui dit que *vivre est un mal*, Diogène répond : *non, pas vivre, mais mal vivre.* Puis il donne ses recettes pour une existence réussie.

Plaisirs triviaux contre plaisirs subtils, la distinction naît à cette époque, elle reste d'actualité : l'hédonisme renvoie à la construction des jubilations, il exige la fabrication délicate d'édifices élaborés pour parvenir à des émotions ouvragées. Doit-on préciser qu'il est le contraire de l'obéissance aux instincts les plus bas des animaux et suppose l'inverse de la soumission aux mots d'ordre grégaires du moment ? – les nôtres renvoyant au consumérisme qui traverse les siècles et se métamorphose selon les besoins. La philosophie seule permet de faire le tri, de distinguer les plaisirs qui aliènent de ceux qui libèrent et prouvent la signature joyeuse d'un travail réussi sur soi.

CINQUIÈME TEMPS

Sauvés par la polémique : trois mousquetaires hédonistes

VIII

Philèbe
et « la vie heureuse »

1

Lutteur et dramaturge. Si Diogène Laërce dit vrai sur Platon – et aucun argument ne témoigne en sens inverse... –, le philosophe participa à une compétition de lutte aux Jeux isthmiques et débuta dans l'existence en écrivant des vers, certes, mais aussi des tragédies. Je tiens que sa formation initiale de lutteur et son tropisme pour le théâtre ne le quittent pas pendant la durée de son magistère à l'Académie. Et conséquemment qu'il écrit bien souvent ses dialogues en homme de scène et pense en catcheur, malgré l'avis de la tradition qui lui est acquise...

Ses dialogues supportent en effet la mise en scène sans difficulté. Les décors réduits au minimum, l'action quasi inexistante, les personnages transformés en porte-parole d'une thèse simple, voire simpliste, l'un endossant le rôle du bon – la plupart du temps Socrate –, les autres celui des méchants, le bien triomphant sur le mal, l'intelligence sur l'imbécillité : tout témoigne pour un Platon auteur moderne, dramaturge à succès confortablement applaudi sur les scènes contemporaines...

En gardant à l'esprit cette idée que Platon pense en sportif fasciné par le mode agonique et rédige en polémiste mauvais joueur animé par le souci de remporter des combats d'autant plus faciles qu'il fabrique ses adversaires très en dessous de sa mesure pour en triompher facilement, on saisit quelles précautions on doit observer quand on s'interroge sur les interlocuteurs de Socrate, son prête-nom pour l'éternité, son esclave conceptuel à jamais. Philèbe et Protarque, qui lui servent de sac à boxe sur lequel il s'excite sans ménagement, n'entretiennent que très peu de rapports avec des philosophes hédonistes dignes de ce nom...

Avertis par ces précautions d'usage, on gagnerait à regarder Gorgias, Protagoras et autres sophistes d'un autre œil ; même chose avec Alcibiade, et bien sûr Socrate, confisqué par Platon pour le meilleur et pour le pire. L'écart entre la figure historique réelle et ce qu'après Deleuze j'appellerai le *personnage conceptuel* accuse une profondeur insondable. L'absence de détails sur tel ou tel laisse croire que le philosophe de l'Académie professe des paroles d'évangile : prenons plutôt le travestissement platonicien pour un écran de fumée dommageable interposé entre réel et fiction. Avec une personne, il crée un personnage ; à l'aide d'une figure, il construit un comédien : sur la scène philosophique, Platon fabrique des tragédies avec Socrate et bien souvent des comédies, voire des bouffonneries avec les autres acteurs...

Quid de Philèbe, donc, qui donne son nom au dialogue du philosophe – lutteur chargé d'incarner le Plaisir ? Et Protarque ? L'histoire des idées ne conserve pas le nom de ces deux-là, au contraire d'autres interlocuteurs plus ou moins célèbres mis en scène dans les dialogues. L'étymologie aidant, Philèbe désigne l'amateur de jeunes gens et Protarque, le chef, le gouverneur. L'ironie de Platon sourd manifestement dans le choix de ces deux noms de baptême, car l'un donne son nom au dialogue, certes, mais apparaît une fois pour dire qu'il disparaît aussitôt, quant à l'autre, il s'effondre au fur et à mesure de l'échange avec Socrate et montre moins un tempérament de guide qu'une nature insignifiante...

Philèbe part-il courir les garçons ? Dans ce cas, il mérite la qualité d'hédoniste en préférant l'action jubilatoire à la conversation sur le plaisir... Protarque mène-t-il un combat digne de ce nom ? Aucunement. Socrate peut bien dérouler ses arguments, enchaîner ses digressions, finasser dans l'analyse, jeter de la poudre aux yeux en sériant, distinguant, définissant, en opposant, il effectue une performance d'acteur en jouant le rôle du rhéteur, du dialecticien, du philosophe qui emporte l'adhésion avec une facilité déconcertante. Avec un absent et un indigent, l'hédonisme ne présente guère de risque. La réfutation annoncée s'apparente plutôt à un règlement de comptes. Le *Philèbe* montre un Socrate qui ajuste une balle entre les deux yeux de Protarque avant, grand seigneur, de se dispenser d'appuyer sur la détente...

2

L'hédoniste assassiné. Protarque joue de bout en bout le rôle du niais. Ses interventions pèsent une dizaine de lignes dans un dialogue de cent cinquante pages. Et ses prises de parole brillent par un ridicule consommé : il ne comprend pas, fait répéter, répète lui-même, il interroge pour être certain d'avoir compris, il laisse les questions sans réponse, répond à côté, ou trop tard. Quand il prend la parole, il acquiesce, consent, valide, dit son accord : *bien sûr, certainement, à l'évidence* – son registre n'excède pas l'assentiment béat. Si l'hédonisme s'incarne dans pareilles potiches, nul doute qu'on aspire à son contraire...

L'esprit d'Aristophane semble plus manifeste que celui de Platon... En imbécile consommé, en proie idéale, il endosse la thèse hédoniste dès le début du dialogue et termine en faisant du plaisir le plus grand des imposteurs. Entre deux, il balance, évoluant au gré des flots, ballotté par le verbe socratique – du moins platonicien. Le philosophe de l'idéal ascétique se donne le meilleur rôle pour éviter l'échange, le dialogue et le débat. En choisissant un personnage conceptuel indigent, on coefficiente sa thèse d'indigence. Mais le procédé montre ses limites !

Socrate évolue dans un décor où les autres tiennent un rôle égal à celui d'une table ou d'une chaise. Curieusement, il porte les vêtements des ennemis de Platon : les sophistes. La psychologie n'a pas nommé cet étrange et récurrent complexe qui consiste à reprocher à autrui ce qu'on refuse de se reprocher à soi-même. Dommage, car cette pathologie sature le quotidien des délinquants relationnels – nombreux. Platon souffre de cet étonnant symptôme en prêtant à son porte-parole les traits qu'il reproche à Gorgias, Protagoras et les siens : une passion maladive pour la forme, une obsession de la rhétorique pour elle-même, une manie de la finasserie dialectique, un évitement du sujet et une concentration sur des problèmes adjacents.

La confiscation socratique de la parole s'effectue au détriment du sujet : le plaisir. Socrate passe effectivement un temps fou à disserter sur des digressions inutiles pour l'avancement d'une réflexion sur le sujet. Tant de pages sur le semblable et le dissemblable, le fini et l'infini, le limité et l'illimité, tant de digressions sur les intervalles et les degrés entre ces occurrences dualistes, tant de dissertations indigestes sur la cause, de classifications arbitraires, de séries, de premier, deuxième et troisième genre, tant de détails sur les espèces et les caractères – qu'on comprend le silence de Protarque assistant à un cours pontifiant, en forme de démonstration de puissance verbale formelle et d'efficacité sophistique.

Béat, niais, sot et silencieux, Protarque doit également composer avec la défense – virtuelle ! – d'une thèse réductrice et caricaturale. Il incarne l'impératif catégorique hédoniste : le plaisir s'identifie au bien. De sorte qu'il témoigne pour la vie heureuse. Le plaisir y apparaît comme autre que la suppression ou la disparition de la douleur. Selon Philèbe le plaisir n'est pas négatif, sur le modèle exploité plus tard par Epicure, mais positif : il suppose la recherche active des satisfactions et la construction de la jubilation. Le souverain bien, le bon et le plaisir avancent identifiés et identifiables.

Pour quelles raisons faut-il qu'au lieu de discuter cette thèse Socrate, embauché sur scène par Platon, caricature l'option hédoniste pour se contenter, d'une manière très attendue et habituelle du côté des anti-hédonistes, d'en appeler aux animaux, figures emblématiques de la jouissance sans conscience, brute et brutale, bestiale, instinctive, inhumaine ? Dès qu'un tenant de l'idéal ascétique entend parler de plaisir, il en appelle aux animaux de la basse-cour, aux bœufs et aux chevaux comme y invite la fin du dialogue... Qui, parmi les philosophes hédonistes de l'Antiquité, contemporains de Platon ou antérieurs, a défendu cette thèse du rut animal pour qualifier l'excellence de la jouissance ? Personne, sinon les polémistes soucieux d'éviter la lecture des textes et la considération d'arguments dignes de ce nom.

3

Au-delà de la caricature. Platon force le trait, et le sait. Boxeur, lutteur et polémiste de mauvaise foi, ici comme ailleurs il caricature des positions philosophiques qu'il connaît pour éviter de les critiquer sérieusement, et ne laisse pas leur chance aux interlocuteurs de défendre réellement leur position. La probité intellectuelle ? Va pour les autres... Car Platon connaît Aristippe de Cyrène, pour ne parler que de lui. Sa perfidie témoigne contre lui car, on l'a vu, dans le *Phédon* il mentionne le nom du philosophe pour signaler son absence aux côtés de Socrate, et sa présence non loin, à Egine – il aurait donc pu être là sans problème... Et lors d'un voyage en Cyrénaïque, Platon a certainement croisé Aristippe ou les siens. De toute façon, à la cour de Denys de Syracuse – où l'auteur de *La République* envisage un roi-philosophe selon son goût... –, le philosophe hédoniste et l'ancien sportif échangent assez de saillies et de plaisanteries acerbes ! On sait qu'ils se connaissent...

Comment les hommes peuvent-ils faire l'économie des thèses dans une configuration comme celle-ci ? Un dialogue consacré exclusivement au plaisir, et pas un seul mot, pas une seule référence, aucune citation, nul renvoi permettant d'identifier l'hédoniste emblématique au Cyrénaïque ? Pourquoi pas Aristippe en lieu et place de Philèbe ou Protarque, à la manière de Protagoras ou Gorgias, figures historiques avérées enrôlées dans la théâtralisation platonicienne ? On ne saura pour quelles raisons Démocrite le matérialiste et Aristippe l'hédoniste, les deux grands ennemis théoriques de Platon, ne figurent nulle part dans l'œuvre comme des interlocuteurs à la hauteur...

Enfermés dans cette caricature, ces hédonistes de pacotille – Philèbe et Protarque – ne méritent pas une seconde de peine, évidemment... S'ils doivent endosser le reproche de célébrer la bête comme modèle philosophique ; s'il leur faut rester cois devant l'habileté dialectique et retorse de leur interlocuteur chargé de ses plus beaux atours sur scène ; s'ils servent tout juste à faire rire, ou sourire, le spectateur, le lecteur du dialogue ; s'ils oscillent entre l'absence, identifiable à la lâcheté, au refus du combat, et l'imbécillité crasse, l'impéritie intellectuelle, comment accorder encore une parcelle de son temps à examiner leur cas ?

4

Un pamphlet en costume de scène. Le *Philèbe* semble un pamphlet habillé en costume de scène. Rien d'autre. Car les thèses cyrénaïques méritent une analyse, une critique, un examen digne de ce nom. Le corpus aristippéen permet en effet des confrontations sur les définitions du plaisir, certes, mais aussi sur la méthode – la scénographie du geste ou celle du verbe –, la connaissance – sensuelle ou intellectuelle –, la nature du réel – matériel ou immatériel –, les fins de la sagesse – pratique ou théorétique, voire mystique –, le corps – ami ou ennemi –, le dualisme – vérité ou erreur –, l'intersubjectivité – célibataire ou communautaire –, la politique – refuser ou soutenir le pouvoir –, et autres questions sur lesquelles Platon et Aristippe proposent deux mondes irréductibles.

Sur le seul plaisir, une discussion pouvait s'engager réellement et de manière féconde. Le sous-titre du dialogue laisse d'ailleurs croire qu'elle aura lieu. En vain. Platon envoie Socrate dire qu'il existe deux modes d'existence, enfermant dès lors Protarque mandaté par Philèbe dans le piège d'une définition étroite de l'hédonisme : une vie de plaisir et une vie de réflexion. En laissant le maître du jeu réduire la question à ce manichéisme pratique pour mener le débat

– plutôt pour assassiner l'interlocuteur –, Protarque se retrouve contraint de porter des habits qui ne lui appartiennent pas.

Après avoir opposé ces deux genres de vie et abandonné le premier à son vis-à-vis, Socrate retourne la situation en récusant l'alternative, mais pour son compte seulement. Car il débusque un troisième genre de vie qui récuse l'opposition entre plaisir et réflexion et suppose le mélange, puis il avoue sa préférence pour cette option, laissant Protarque mariner dans l'expectative, avant de constater son ralliement avec armes et bagages. La formulation de cette alternative contraint le philosophe hédoniste à défendre la thèse d'une vie de plaisir qui exclut toute réflexion – piège efficace et redoutable, dans lequel tombe son adversaire, évidemment...

Socrate maîtrisant la situation et conduisant son interlocuteur par où il veut, il lui reste à abandonner l'alternative à son contradicteur fantoche et à se garder du piège tendu par ses soins : ainsi il opte pour une tierce vie qui pourrait tout aussi bien être celle des hédonistes. Quel tenant de la philosophie du plaisir a effectivement intérêt à laisser croire qu'il connaît ce seul maître et ignore la raison, la mesure, le calcul, l'équilibre ? Une vie de plaisir sans la mémoire et l'intelligence, la réflexion et l'analyse qui le permettent, reste lettre morte. Brèche dans laquelle Socrate s'engouffre, laissant Protarque Gros-Jean comme devant !

5

Tabassage d'un bouc émissaire. Aux antipodes d'une opposition qui laisse le choix entre deux impossibilités (une vie de plaisir sans réflexion, une vie de réflexion sans plaisir), un hédoniste digne de ce nom, un véritable adversaire de Platon, sur une scène philosophique réelle et non truquée, récuserait le manichéisme, écarterait le dualisme réducteur et revendiquerait pour son compte cette option d'une vie tierce. Il ne se laisserait pas voler son idée en regardant filer le malin, goguenard et hâbleur : il engagerait des discussions sur les parts respectives à laisser au plaisir dans une vie de réflexion, et vice versa ; il disserterait sur les plaisirs qui empêchent la réflexion, ceux qui naissent de la conversation, de la recherche et du travail de l'intelligence ; il n'opposerait pas comme Socrate les bons plaisirs, en relation avec l'âme, l'infini, l'illimité, et les mauvais, associés au corps, au fini, au limité ; il interdirait le renvoi systématique de l'hédoniste dans les basses-cours et les étables...

Auteur d'une série de livres, de dialogues, de diatribes, de chries consacrés à la vertu, à l'éducation, à Socrate, à la fortune, aux exilés, aux naufragés, etc., Aristippe aurait-il consacré autant de temps à l'analyse, la réflexion, la pensée et l'intellect s'il concluait sommairement à l'excellence d'une vie d'étalon ou de taureau ? Se serait-il excité sur les définitions du plaisir – catastématique, dynamique et positif –, interrogé sur les modalités de la connaissance – perspectivisme et relativisme –, penché sur le sujet de l'apparence et de la vérité – subjectivité et individualité – s'il faisait du cochon un modèle éthique ? Je ne crois pas...

En interdisant aux hédonistes de défendre leur thèse, en leur prêtant une inconsistance théorique *a priori*, en les caricaturant, en les enfermant dans des pièges rhétoriques fabriqués sur mesure, en ne reconnaissant pas la grandeur, l'excellence et la qualité philosophique de ses interlocuteurs, en les réduisant à des personnages ridicules, en usant de sophistiqueries mises au point pour des combats falsifiés et gagnés d'avance, Platon montre un visage bien différent de ce que la tradition rapporte. Celui qui voulait brûler les œuvres de Démocrite en pensant se dispenser ainsi de s'attaquer aux thèses et conclusions du matérialisme abdéritain, procède pareillement avec les hédonistes cyrénaïques. Le lutteur choisit ses adversaires parmi les gringalets – les personnages conceptuels du dialogue – pour éviter de rencontrer à armes égales un concurrent de sa catégorie – Aristippe de Cyrène – : le refus du combat trahit le manque de probité. Le passage à tabac d'un bouc émissaire ne saurait tenir lieu de combat en bonne et due forme : Platon excelle dans les reconstitutions à sa main, sur scène, avec des sbires et des sicaires à son service. Un homme de théâtre, un autre, le dira plus tard : *à vaincre sans péril on triomphe sans gloire...*

IX

Eudoxe
et « l'objet de désir pour tous »

1

Un disciple hétérodoxe de Platon. D'aucuns imaginent que le Philèbe de Platon cache moins Aristippe de Cyrène et les thèses cyrénaïques qu'Eudoxe de Cnide (395-343 ?/408-356 av. J.-C.) et ses options hédonistes. Les preuves manquent pour identifier véritablement et à coup sûr l'interlocuteur visé par Platon. D'ailleurs, peut-être le personnage conceptuel cache-t-il un mixte recouvrant une synthèse des positions hédonistes qui préoccupent les esprits dans l'Athènes du moment... Le plus drôle est qu'Eudoxe passe pour un ami, un disciple de Platon... Précisons.

Eudoxe rencontre d'abord les sophistes, comme tout un chacun ne peut les éviter en Grèce où ils déplacent les foules et ne passent pas inaperçus. Pauvre, originaire de Cnide, en Asie Mineure, Eudoxe effectue le voyage pour rencontrer des philosophes. Trop démuni pour habiter la ville, il loge au Pirée et vient chaque jour à Athènes pour écouter les performances de Protagoras et de quelques autres – Prodicos peut-être également... Quatre kilomètres aller, autant pour le retour, Eudoxe a le temps de méditer en chemin les enseignements entendus, les diatribes proposées ou les sujets du jour.

Lorsqu'il devient un sage accompli, après des voyages en Egypte, il excelle dans un nombre considérable de domaines : mathématiques, astronomie, politique, législation, médecine, ingénierie. Incontournable sur les nombres irrationnels, les grandeurs incommensurables, il fait également autorité en matière de mouvement des astres, après avoir inventé des instruments de mesure et de calcul lui permettant de donner raison aux arguments théoriques du *Timée* de Platon sur les relations entretenues par les planètes. Voyageant autour de la terre, il prend des notes, rédige en géographe, pense en ethnologue et réagit en homme curieux de tout.

Sa pensée procède d'un nombre tout autant considérable d'influences. L'école qu'il ouvre tient du matérialisme démocritéen sans pour autant renier la cosmogonie platonicienne. On imagine quel disciple problématique il fut pour un Platon quelque peu chef de bande ! Les relations entre les deux hommes connaissent des hauts et des bas. Au début de leur rencontre, Platon ne donne pas à Eudoxe toute la place que ce dernier estime mériter dans l'Académie. Après son périple vers l'Orient, où il rencontre le pharaon, Eudoxe devient une figure incontournable de la pensée athénienne. Platon lui donne du pouvoir, au point qu'il dirige l'école pendant que l'auteur de *La République* tâche de convertir Denys de Syracuse, en Sicile – là où il rompt des lances avec Aristippe de Cyrène... –, à la philosophie. Avant d'être vendu comme esclave pour tout paiement de son talent !

Peut-être Platon fut-il convaincu du talent d'Eudoxe lorsque de retour de son voyage égyptien il donna une leçon – de géométrie, mais aussi une leçon humaine... – en lui apprenant comment répartir une assemblée en demi-cercle dans un banquet. Les détails de l'anecdote manquent, mais nul doute que le philosophe malin vexa le penseur installé dans sa superbe, avant de devenir un allié plus utile en ami qu'en adversaire ou ennemi. Du refus de jeunesse à la direction de l'Académie, l'épisode de géométrie appliquée compte peut-être comme une occasion de réconciliation...

2

Un platonicien hédoniste ! Platonicien et hédoniste ! La performance mérite le détour... A l'évidence, le platonisme d'Eudoxe ne peut être orthodoxe : pas de dualisme manichéen, pas de haine du corps doublée d'une célébration de l'âme, pas de passion pour la pulsion de mort, pas de déconsidération de la chair sensuelle, mais une position ontologique et métaphysique en rupture. Ce que l'on sait d'essentiel pour comprendre l'articulation de ces deux options philosophiques *a priori* contradictoires consiste en la négation par Eudoxe de la séparation entre un monde sensible et un monde intelligible.

Pour le philosophe hédoniste, la Forme est immanente aux choses sensibles. Elle ne réside pas hors sa matérialité, mais en elle. Nulle participation du sensible terrestre à l'intelligible céleste, nulle dégradation de l'idée dans la matière, nulle transcendance des principes généalogiques, mais une lecture qui avance d'un pas en direction d'Aristote. Car l'auteur de la *Métaphysique* ne renierait pas la considération de la Forme comme une qualité potentielle de la Matière. En affirmant tout simplement cette option métaphysique, Eudoxe restaure la réalité dans ses prérogatives. Dès lors, il peut installer son éthique hédoniste sur une fondation digne de ce nom.

Aussi, faut-il s'étonner que les thèses hédonistes d'Eudoxe de Cnide soient connues seulement par quelques lignes... d'Aristote justement ? Le Stagirite n'a pas consacré de longs développements au plaisir : quelques lignes dans la *Métaphysique* (B.1. 996. A.29), guère plus dans la *Rhétorique* (I.1. 1370. A. 1372. B). En revanche, il écrit dans l'*Ethique à Nicomaque* de quoi prendre connaissance des positions de ce disciple hétérodoxe de Platon, sous forme de quatre thèses somme toute assez simples, sèches et aucunement développées.

La postérité a retenu d'Eudoxe son tempérament mesuré. De sorte que des lecteurs d'Aristote évitent de voir dans son apologie de l'hédonisme un plaidoyer pro domo. Sa sincérité plaidant pour lui, d'aucuns lisent dans sa défense désintéressée du plaisir identifiable au souverain bien une preuve de la validité de cette proposition. Rien en effet ne permet de trouver dans la biographie du philosophe matière à discréditer sa pensée : pas de travestissement en femme, pas de parfum sur l'agora, pas de bombances extravagantes – il reste un platonicien présentable aux familles.

3

Maigre butin dans l'escarcelle philosophique. Voici donc les quatre brèves thèses hédonistes d'Eudoxe : le plaisir est un bien, car tous les êtres, raisonnables ou non, tendent vers lui ; la peine et la souffrance valent pour tous comme des repoussoirs et des affections à éviter, il s'ensuit que leur contraire, le plaisir, est un bien ; le plaisir est une fin en soi, il vaut pour lui-même et n'a pas besoin d'un objet associé pour mériter qu'on aille vers lui ; enfin, le plaisir ajouté à une activité juste ou tempérante rendant ce bien plus désirable, le bien ne pouvant être augmenté que par lui-même, le plaisir est vraiment un bien. Voilà, c'est tout...

Certes, on aurait aimé un développement, des précisions, des analyses, des commentaires. A l'évidence, l'archéologue de la pensée hédoniste aspire à de moindres débris que ceux-là, car il paraît difficile de reconstituer une position hédoniste sans plus de détails. De même que le plongeur chanceux aperçoit, mais à peine, une amphore ou un cratère, une pièce de monnaie ou une statue votive, le lecteur découvre un corpus hédoniste, mais réduit à la portion congrue. A classer du côté des pensées qui célèbrent la joie, la jouissance, mais comment ? Sous quelles formes ? Selon quelles quantités ? Dans quelles limites ? On n'en saura rien...

Dans le dédale aristotélicien, on suit le commentaire critique effectué par le Stagirite des arguments de Speusippe, un platonicien pur jus défenseur du corpus orthodoxe. Dans le détail des ombres portées, on peut lire que Speusippe affiche une nette opposition à l'hédonisme – en platonicien qui se respecte. En revanche, Aristote affirme sa plus grande proximité avec Eudoxe. Non qu'il confesse un hédonisme franc et net, mais bien plutôt parce que l'*Ethique à Nicomaque* propose un eudémonisme moins ennemi de l'hédonisme qu'il n'y paraît.

Aux yeux d'Aristote, le plaisir n'est pas un mal en soi, ni un bien en soi, mais relativement à l'activité à laquelle on l'associe : évidemment, le plaisir de nuire à son voisin reste indéfendable, en revanche celui de philosopher se définit comme le meilleur. En fait, quel hédoniste réel affirmerait le contraire ? Sûrement pas Aristippe de Cyrène, ni les autres qui installent le plaisir au sommet et en font le souverain bien, incapables qu'ils seraient de payer leur jubilation d'une joie mauvaise ou d'une passion méchante. Eudoxe hédoniste et Aristote eudémoniste combattent dans des camps voisins. Pas vraiment amis, certes, mais aucunement ennemis. De toute façon, du même côté de la barricade devant laquelle Platon campe sur ses positions antihédonistes...

X

Prodicos et « la félicité »

1

Fortune du « Y ». La philosophie antique utilise de manière récurrente un *topos* sur les trois genres de vie : la vie théorétique de recherche désintéressée, la vie d'action politique et la vie chrématistique, consacrée aux affaires. Tous les auteurs qui recourent à cette tripartition hiérarchisent les fins qui commandent le choix du genre de vie. Qu'est-ce qui permet à l'homme de parvenir le plus sûrement au bonheur ? Sappho, Pindare, Archiloque, Anacréon, Tyrtée, Théocrite s'y collent, Platon également, qui s'inscrit dans cette histoire en séparant les vies consacrées à l'âme, au corps ou aux richesses : vie contemplative, vie de jouissance, vie active – avant d'opposer finalement une existence dévolue à la pensée, à la réflexion, et une autre tendue vers l'action, le théorétique et le pratique.

En écho à ces classifications, les philosophes dissertent sur le « Y » ionien (car le « Y » correspond au epsilon grec continental en Asie Mineure) pour ce qu'il représente de symbolique : deux bras, deux possibilités, un choix, un embranchement, un carrefour. La lettre propose un symbole, un moyen mnémotechnique, un pense-bête, un truc philosophique : au point de jonction, tout paraît encore possible, au-delà, deux directions se dessinent, avec la conséquence des écartements de plus en plus manifestes. Au début, rien de net ni de très tranché ; puis, au fur et à mesure, la différence s'accroît de plus en plus nettement. *In fine*, deux univers...

Dans la perspective de ce jeu d'esprit, les penseurs grecs opposent bien souvent une vie de plaisir et une autre consacrée à la sagesse. D'une part les prospérités de la vertu, de l'autre les malheurs du vice. De manière radicalement opposée, dans le plus pur des manichéismes d'école, on installe face à face deux modes d'existence : l'un donne au corps toute sa puissance, l'autre se construit sur la célébration et le bon usage de l'âme. Cas de figure idéal – comme si dans le quotidien les choses se présentaient d'une manière aussi séparée ! –, ce dispositif rhétorique invite à la réflexion, il permet de confronter des points de vue, il entame un travail qui appelle des affinements et des précisions. Prodicos de Céos fournit l'un des plus célèbres exercices de ce genre...

2

Sous des peaux de bêtes. Prodicos de Céos – Ve siècle av. J.-C. – figure habituellement dans la nébuleuse des philosophes sophistes aux côtés des Protagoras – dont il fut l'élève –, Gorgias et autres noms moins célèbres. Avec sa thérapie verbale, son invention de la psychanalyse, son talent et ses méthodes pour l'évitement du déplaisir, Antiphon d'Athènes relève incontestablement de l'archipel hédoniste. Mais Prodicos ? Personne ne l'a jamais classé dans le camp des philosophes du plaisir et de la jubilation. Les travaux consacrés aux sophistes le présentent tel un penseur austère, ascète, et la plupart des glossateurs reproduisent ces lieux communs. Pourtant...

Pourtant les commentateurs font peu de cas d'une poignée – infime certes, mais ils existent – de renseignements au regard desquels l'adoubement hédoniste ne semble pas une hérésie caractérisée... Une ou deux anecdotes le laissent penser, trois ou quatre fragments, quelques considérations circonstanciées, une réputation transmise par les doxographes. Peu, bien sûr, mais assez pour qu'en l'absence de textes pour ou contre on induise malgré tout une tendance, un penchant, un léger tropisme...

Qu'on en juge : des témoignages rapportent sa manière d'enseigner. En premier lieu, on retient sa voix grave, sourde, bourdonnante, son débit singulier, l'ensemble rendant même ses propos presque inaudibles – difficile pour mener à bien une carrière de rhéteur habile, de sophiste doué ou de parleur émérite ! Ensuite, une image : dans le cagibi servant de débarras prêté par Hipponicos, Prodicos enseigne Pausanias, Agathon – excusez du peu, on retrouvera tout ce beau monde dans les dialogues de Platon – , mais dans une posture abracadabrante : sous une pile de fourrures, enveloppé de couvertures...

Pareilles affectations de luxe, de mollesse – un péché grec –, d'abandon, de négligé font moins penser au cours d'un Athénien austère, thuriféraire des vertus ascétiques, de la rigueur et de la vertu vertueuse qu'à la mise en scène d'un acteur qui n'a jamais caché par ailleurs son goût pour l'argent et les facilités qu'il procure. Sous des peaux de bêtes, dans la chaleur moite d'une couche où il traîne, Prodicos ne ressemble en rien à l'ascète célébré par le parangon hellène. Philostrate, qui rapporte ces anecdotes dans ses *Vies des sophistes,* le déclare nettement : Prodicos s'adonnait aux plaisirs. On ignore lesquels, mais le portrait se précise...

Le praticien amateur de jouissances se double d'un théoricien dans la manière sophiste. Prodicos passe effectivement pour exceller dans la définition, le travail sur les acceptions verbales. Il soignait ce qui avait trait aux coïncidences entre ce que la modernité nomme les signifiants et les signifiés. La postérité conserve l'un de ses objets, et il s'agit... du plaisir. Qu'il divise en sens multiples avant de leur faire correspondre des termes réellement appropriés : la joie, le délice ou le bien-être, que les traductions déclinent également sous les termes *volupté, délectation*, autant de navigations possibles dans les eaux hédonistes.

3

Le malentendu d'une bonne réputation. En fait, Prodicos échappe aux classements déshonorants grâce à un malentendu, à savoir la bonne réputation qu'on lui prête à cause d'un morceau d'anthologie de son cru présenté sous l'appellation *Le Choix d'Héraclès,* comme s'il constituait en lui-même un ouvrage programmatique du philosophe. Fi des fourrures ou des couches profondes et molles ! Oubliées les couvertures sous lesquelles il se prélasse ! Négligée la réputation de s'adonner aux plaisirs ! Ecarté d'un revers de la main le propos qui rapporte son goût pour l'argent ! Prodicos écrit un texte dans lequel on peut voir un éloge de la Vertu – cela suffit ! Ces pages peuvent aussi se lire tel un pur exercice de style, un support rhétorique, un exercice de sophistique ? Peu importe, laissons ça, et enrôlons le philosophe dans la cohorte des professeurs de vertu, des vendeurs de morale. De cette réputation il ne se remit pas...

Rien dans les lignes qui demeurent n'autorise à conclure que Prodicos tient pour un terme ou pour un autre : la vie de plaisirs facile ou la vie vertueuse et austère. Car en lisant *Les Mémorables* de Xénophon qui en rapporte l'esprit sans qu'on puisse accéder à la lettre et sans, surtout, qu'on connaisse les conditions d'écriture, le contexte, on découvre plutôt un genre de prosopopée, une allégorie, une formule à même de rendre possible la controverse, le débat. Car la prosopographie permet de mettre en scène une personne qui incarne une idée et porte un discours – Boèce s'en souviendra. Ici, deux femmes qui représentent et symbolisent Jouissance et Vertu ; et l'allégorisme file le procédé jusqu'à produire un ensemble cohérent. Dans ces pages se jouent la rhétorique et ses procédés chers à la tradition sophistique, et plus particulièrement à Prodicos, connu pour exceller dans ce genre d'exercice.

Le texte a connu une fortune considérable dans la période antique, et au-delà. Il parle simple et clair, en noir et blanc, il réduit le complexe et le divers à deux unités opposées nettement identifiables, il supprime le détail, la finesse, la subtilité au profit d'une artillerie lourde : pas de concepts, d'idées, de démonstrations en longueur ou en quantité, pas d'enchaînements méthodiques, logiques, pas de déductions, mais un face-à-face entre deux thèses facilement ramassées. Vie d'abandon à la facilité des plaisirs et vie de tension vers la construction d'un destin.

Prodicos ne prend pas parti, il ne se montre pas partisan d'une thèse plutôt que d'une autre. Il expose, oppose, il raconte. Mais on retient de lui une posture prescriptive, comme si les sophistes excellaient dans la morale moralisatrice ! Comme s'ils s'étaient fait connaître en avançant, tel Platon, des catéchismes, des évangiles, des sagesses pratiques ! Que faire de cette mention dans la *Souda*, sous la rubrique Prodicos, d'une mort à Athènes, condamné à boire la ciguë sous l'accusation, comme Socrate, d'avoir corrompu la jeunesse ? On n'en sait pas plus sur cette question, ni si l'anecdote est vraie, ni ce que sa fausseté recouvrirait... Mais pour un philosophe à la bonne réputation, la punition paraît sévère !

4

Choisir entre deux femmes. Que dit cette prosopopée ? Que se cache-t-il derrière cette allégorie ? Au dire de Xénophon, Prodicos met en scène deux femmes au moment même où Héraclès quitte l'enfance, entre dans l'adolescence et doit effectuer les grands choix qui permettent de s'orienter dans l'existence et de conduire sa vie dans une direction plutôt que dans une autre. Ce moment cardinal correspond au point où le tronc du « Y » va s'ouvrir, se fendre et laisser pousser deux branches tendues vers le ciel dans des directions opposées. Une vie, deux existences possibles...

Félicité ou Vertu. Dès le premier moment de l'opposition, le commentaire et l'analyse de cette figure laissent passer cette évidence : la félicité n'est pas vertu, ni vertueuse, ni forcément morale ; de même, la vertu paraît tourner le dos à la félicité, sa pratique n'entraîne aucune jubilation. L'une ou l'autre : jouir des plaisirs de la vie ou souffrir en chemin vers l'excellence. Pas l'une et l'autre : trouver une jubilation certaine à pratiquer en regard des vertus. L'exercice rhétorique pris comme tel, sans la discussion sophistique qui l'accompagne certainement, ne laisse pas place à l'argumentation, il oblige à prendre position, à élire.

Quid de ces deux femmes censées incarner des idées-forces ? L'une, la Vertu, manifeste une fière allure : port noble, grâce réelle, teint d'une grande pureté, regard plein de pudeur, maintien réservé et vêtement blanc, bien sûr... L'autre, la Félicité, ne parvient pas à cacher sa nature : imbibée des plaisirs de la chair, sensuelle, voluptueuse et affligée de mollesse, maquillée pour paraître plus blanche, plus rose, elle force son attitude pour donner l'impression d'une droiture défaillante, ses yeux brillent d'un éclat provocant, sa toilette découvre plus de choses qu'elle n'en cache et, en prédateur femelle, elle ne cesse de regarder partout autour d'elle. Voilà pour les personnages, les acteurs en jeu.

Les rôles maintenant : Félicité et Vertu aperçoivent Héraclès en même temps, mais la première accélère le pas pour parvenir la première sur sa proie. La seconde reste à son rythme, calme, sûre d'elle, déterminée, arrivant à son heure. Et Félicité de tenir au jeune garçon le discours convenu de l'hédonisme le plus simpliste : l'existence doit être tout entière tendue vers les plaisirs ; le bonheur se trouve simplement avec des moyens fort aisés ; les problèmes comptent pour rien ; la satisfaction immédiate seule importe. Suivent alors des recettes simplistes : rechercher les plats les plus élaborés, les vins les plus fins, les voluptés les plus sensuelles, les spectacles et les concerts les plus charmants, les parfums les plus captieux, les sensations les plus denses, les garçons les plus excitants, les lits les plus adaptés aux exercices associés... Elle propose de s'occuper de tout si d'aventure le jeune garçon s'abandonne à elle, non sans prendre le soin de préciser que ses ennemis la nomment Dépravation...

Noble, parfaite, Vertu parvient alors à la hauteur d'Héraclès affranchi par la première arrivée. Soit la première a couru, soit la seconde marche lentement, ou s'est arrêtée en route, mais vu la longueur de la prosopopée, la synchronisation mérite un ajustement... La voilà donc auprès de l'adolescent. Elle lui propose l'autre branche de l'arbre grec : la valeur seule importe ; la méthode appelle et suppose le travail, l'effort, la souffrance, la peine ; il s'agit donc de pratiquer dans l'excellence : réaliser des exploits nobles et grandioses, honorer les dieux pour obtenir leurs faveurs, mériter l'affection de ses amis par des actions appropriées, gagner la reconnaissance de la cité en ayant effectué des actions de bravoure, travailler pour mériter des récompenses, apprendre la guerre pour avoir le droit à la liberté, exercer son corps pour qu'il nous obéisse. Travail, famille, patrie – et mérite !

On ne voit pas Héraclès choisir, il ne discute pas, on ne le surprend pas en train de demander des détails, de quémander des explications auprès de Félicité ou de Vertu : aussitôt apparues, aussitôt disparues. Le texte propose seulement ces deux versions à la manière de l'avers et du revers d'une même médaille : comment réaliser le bonheur ? Que faire de son existence ? Qu'est-ce qu'une vie bonne ? A l'évidence, Héraclès part au bras de la Vertu, sinon comment plus tard manifester les qualités qu'on lui connaît : la bravoure, la force, la détermination, le courage, l'intelligence, la sagacité, l'énergie, l'héroïsme ? Etouffer des serpents au berceau, occire des oiseaux cannibales, trucider des centaures, détourner des fleuves, combattre des monstres, capturer des bêtes furieuses, mais aussi conduire son char à merveille, tirer à l'arc en maître, chanter et jouer de la lyre, voilà un palmarès étonnant à mettre au seul compte de la Vertu.

Vraiment ? Car la biographie d'Héraclès le montre également se tenant bien à table, avalant du vin en quantité et ne refusant pas la gaudriole, autant dire partant peut-être aussi au bras de Félicité qu'il n'aurait pas pour autant nommée Dépravation ! La leçon ? Refuser l'enfermement dans les termes de l'alternative, récuser l'obligation d'un choix exclusif de l'autre mode d'existence, vouloir les deux vies : il faut imaginer Héraclès bigame...

SIXIÈME TEMPS

Sous le signe du pourceau : l'épicurisme gréco-romain

XI

Epicure et « le plaisir suprême »

1

Physiologie de la philosophie. Bien avant Nietzsche, qui expérimente et théorise cette évidence dans la préface au *Gai savoir*, Epicure affirme qu'on philosophe avec un corps et qu'on ne devient pas sage à partir de n'importe quel état corporel. Une physiologie de la philosophie, en plein IVe siècle avant notre ère, voilà un trait de génie remarquable – un de plus – de la part d'un philosophe qui parvient à cristalliser seul une pensée qui, malgré l'aspect fragmentaire dans lequel elle nous est parvenue, pèse d'un poids considérable en matière de résistance au régime d'écriture platonicien, chrétien et idéaliste de la philosophie occidentale. Voilà un corps glorieux, au sens païen du terme !

Tout en signalant que la sagesse ne procède pas de n'importe quel corps, Epicure ajoute : ni dans n'importe quel peuple. De sorte qu'il annonce également une autre idée forte de notre modernité, l'importance généalogique des conditions d'exercice d'une œuvre, son contexte, ce qui la rend possible sans que pour autant elle s'y réduise. Le marxisme a effectué jusqu'à la nausée ces exercices de réduction de l'idéologie, de la pensée, de l'art aux conditions économiques du moment. Il réagissait, en un excessif mouvement de balancier, à la manie de la *philosophia perennis*, aux théories du génie ou du miracle.

En écoutant Epicure, il faut donc prendre en considération le corps qui pense une proposition théorique, puis l'incarne dans des conditions historiques précises. L'idée, on s'en doute, agit efficacement aux antipodes d'un platonisme qui efface la biographie, dissimule le corps à la manière d'une pièce à conviction gênante, récuse le moment historique ou géographique pour ne prendre en considération que les idées pures, le ciel intelligible et la causalité idéale – chiffres, nombres, idées, formes... Le réel épicurien procède de la terre, d'un réel incarné, d'une causalité phénoménale réductible à des enchaînements rationnels.

Du corps, donc : la théorie atomiste propose une explication de la pensée qui s'appuie exclusivement sur une physique simple. Le mouvement des atomes dans le vide. L'ensemble des événements qui constituent la réalité relevant de cette causalité matérielle, il en va évidemment de même pour la réflexion, la parole, le langage, la philosophie. Le tout suppose des agencements singuliers de composants singuliers, eux-mêmes singulièrement constitués. Des atomes plus fins que d'autres, plus volatils, plus rapides dans leur chute, des vibrations, tourbillons, maelströms et autres danses baroques, des chocs, des rencontres, des déclinaisons, des agrégations : la pensée d'un homme suppose son corps, sa chair, son âme, l'ensemble exprimant en des mots différents une même réalité atomique et matérielle.

La pensée épicurienne provient donc du corps d'Epicure. L'idée paraît aujourd'hui banale, surtout après la démonstration neurobiologique avérée de l'homme neuronal ou freudienne de l'homme libidinal, mais quatre siècles avant l'ère commune, elle déchire le ciel philosophique à la manière d'un éclair notable et durable. La chair pense, le corps réfléchit, la matière élabore, les atomes cogitent. Et ces processus complexes se fomentent dans l'enveloppe d'un être réductible à son nom. L'identité d'un philosophe coïncide très exactement avec sa physiologie, sa biologie, son anatomie.

Que sait-on de ce corps philosophique ? Son mauvais état, sa fragilité, son ignorance, la vie durant, de ce que Nietzsche appelle la *Grande Santé*. Malade, chétif, malingre, incapable d'excès immédiatement dommageables à sa carcasse d'hydropique, ses ennemis lui reprochent de n'avoir pas quitté sa litière pendant des années par fainéantise, flemme congénitale ou paresse conceptuelle quand il y demeurait cloué par la douleur, crucifié par la souffrance. Faut-il s'étonner qu'un pareil homme construise un système plaçant au-dessus de tout l'art de ne pas souffrir ? D'échapper aux afflictions ? De connaître le plaisir de l'absence de troubles ?

Métrodore, le disciple aimé associé à son souvenir dans son propre testament par le Maître du Jardin, a consacré un ouvrage à la physiologie du philosophe intitulé *Sur la faible constitution d'Epicure.* Livre perdu, malheureusement, lui aussi, mais dans lequel vraisemblablement on pouvait trouver une mise en perspective de ce fait et du contenu de la sagesse épicurienne. Epicure lui-même était l'auteur d'un *Sur la maladie et la mort* – perdu aujourd'hui... L'œuvre comme sublimation et compensation, la pensée sommée de donner les moyens de vivre heureusement une existence *a priori* placée sous le signe de la douleur, les livres, l'enseignement et la pratique associés dans le dessein de construire une thérapie, une médication, une médecine de l'âme, donc du corps : y a-t-il plus vrai comme justification d'une vision philosophique que sa visée sotériologique ? On pense pour vivre, survivre – malgré tout...

Epicure vit de pain et d'eau, voire d'un quart de vin par jour. A l'un de ses disciples qui lui propose des provisions pour faire la fête, il demande – on connaît l'anecdote – un petit pot de fromage... Le jour venu, le festin se construit autour du présent modeste. Sa diététique entendue comme une éthique, et vice versa, lui permet cahin-caha de mener une existence bien remplie jusqu'à l'âge de soixante-douze ans. Cloué au lit une quinzaine de jours, les derniers, par une crise de pierre (ah ! Montaigne, fidèle jusqu'au zèle !), il prend un bain, réunit ses amis, boit un peu de vin, effectue ses recommandations sur la suite à donner à son école, puis meurt, tranquillement, calmement, loin des extravagances associées bien souvent aux morts de philosophes dans la doxographie antique. Fin du philosophe, début de la légende...

2

Sale époque, sale réputation. Ce corps délabré interagit avec une époque elle aussi mal en point. La chair n'est rien sans son inscription dans une époque. Epicure procède également d'elle : natif de l'île de Samos, non athénien donc, il débute avec le handicap de provenir de la périphérie culturelle ; son père instituteur connaît la culture dominante, certes, mais sa fonction trahit une position dominée car son travail revient habituellement à des esclaves spécialisés ; sa mère récite les prières rituelles et va de maison en maison, de lieux sacrés en lieux sacrés, son fils l'accompagne ; il arrive à Athènes, non pas en conquérant qui souhaite la Cité rêvée, mais en exilé, les colons de Samos ayant été chassés de leurs terres, avec l'obligation d'accomplir sa période militaire.

Pauvre, exilé, provincial – si l'on peut utiliser ces termes et commettre l'anachronisme... –, tenu à l'écart des écoles philosophiques athéniennes et dominantes (platonisme, aristotélisme), Epicure ne sacrifiera pas, on s'en doute, aux fantasmes platoniciens : la supériorité d'Athènes, l'aristocratisme viscéral, l'élitisme réactionnaire, le conservatisme politique, l'ésotérisme pédagogique, le spiritualisme dualiste, le théisme architectonique, la société politique fermée, immobile, le conseil au prince, le philosophe-roi et autres breloques d'un Platon surnommé par Epicure « Tout en or » et constamment récusé, le contenu de sa philosophie témoigne.

L'époque vaut le statut social du penseur : pas fameuse... Athènes ayant perdu la bataille de Chéronée (338), elle voit son hégémonie contestée, puis disparaître. Alexandre mort (323), ses généraux se disputent le leadership. Manque de travail, pas de chantiers pour gérer la misère et la pauvreté généralisée, déportation dans les colonies d'individus vite devenus vagabonds, errants, mendiants et délinquants, engagement de racailles diverses dans les troupes mercenaires qui, pour une poignée de lentilles, assassinent leurs congénères : la Grèce va vers sa fin, d'ailleurs après Epicure la philosophie cesse d'être grecque et devient romaine.

Epicure crée son école, constitue sa doctrine et l'enseigne dans ce contexte : physiquement fragile, socialement déclassé, évoluant dans un moment politique décadent, il achète le Jardin, en périphérie d'Athènes, comme il évolue en périphérie des philosophies officielles, et le transforme en enclave de résistance. Se changer plutôt que changer l'ordre du monde, l'idée deviendra formule sous la plume de Descartes : elle triomphe dans le projet épicurien. Quand le monde s'effondre, lorsque la culture ancienne disparaît, aux heures de crépuscule, les aurores s'annoncent : l'épicurisme s'épanouit dans une époque en ruine. La construction de soi comme seule et unique réponse à la désintégration d'un monde, voilà qui fait songer à d'autres périodes de l'histoire...

Inventeur de nouvelles possibilités d'existence, créateur de vertus neuves, propagateur d'idées novatrices, révolutionnant la philosophie, la pensée, descendant sur terre et pour tous une pratique officielle naguère confisquée par les élites, synthétisant les courants subversifs et alternatifs – l'atomisme abdéritain, l'hédonisme cyrénaïque, l'ascèse cynique, l'antiplatonisme militant –, Epicure ne pouvait que déplaire. De son vivant il a dû faire face à une mauvaise réputation carabinée : Timon le premier l'associe à un porc. L'image durera, popularisée par la quatrième *Epître* d'Horace, avec son *pourceau épicurien.* Dans les ruines de Boscoreale, on retrouvera des porcelets votifs sur des gobelets en argent. A Herculanum, dans la villa de Pison, on exhumera un semblable mammifère... L'iconographie associe la plupart du temps cet animal rose et rondelet aux disciples d'Epicure.

Pour quelles raisons ? Grégoire de Nysse affirme que l'animal, à cause de sa complexion physiologique, ne peut lever la tête et contempler le ciel. Impossible pour lui, donc, d'être un animal platonicien capable d'une ascension dialectique le transformant en une bête extatique tournée vers la contemplation des idées pures ; il demeure une grossière créature condamnée à fouiller de son groin la terre la plus sale, couverte d'immondices et répugnante tant il se repaît des excréments dans lesquels il patauge. Dans le bestiaire philosophique, le porc est confiné à la terre, au bas monde, au réel, à l'immédiat.

Selon la perspective néopythagoricienne d'un Platon, lors des réincarnations, les âmes damnées – d'une certaine manière, celles des libertins, des jouisseurs, de ceux qui ont usé de leur corps comme d'un ami complice – iront hanter un animal intempérant : le cochon. Le *Timée* explique même comment le mésusage, de son vivant, des parties du corps nécessaires à la réflexion et à la méditation, modifie la physiologie, attire les parties basses vers le sol, les pattes se raccourcissent, le cerveau atrophié se retrouve près de la terre, le museau s'allonge, le groin contraint à un abord essentiellement olfactif, donc animal, du monde.

3

Une philosophie cochonne ? Epicure l'ascète, trahi par son corps, contraint de faire de nécessité vertu, peut-il vraiment être ce monstre que l'on a dit ? Car les variations sur le thème de la bestialité ne se sont pas fait attendre. La légende d'un philosophe monstrueux naît de son vivant. A l'évidence, les stoïciens préparent le terrain, eux qui travaillent à l'affinement du sol chrétien, tant et si bien que leur dolorisme entre en symbiose et constitue la religion de la pulsion de mort que l'on sait. La patrologie stigmatise à l'envi l'épicurisme comme une philosophie de la jouissance grossière, bestiale, triviale. Au mépris de la vie du philosophe et de son enseignement, les deux fonctionnant en étroite relation.

Qu'on en juge : il a écrit des lettres licencieuses – en fait rédigées par Diotime le stoïcien ; il couche avec toutes les femmes de son école ; il prostitue son propre frère ; il collectionne les prostituées et ne résiste pas à la tentation libidinale ; il pille la philosophie des autres – l'atomisme de Démocrite d'Abdère, l'hédonisme d'Aristippe de Cyrène ; il n'est pas un citoyen athénien – quelle horreur ! ; il fréquente les puissants ; il profère des obscénités en permanence ; il vomit deux fois par jour à cause des excès de table ; il dépense des fortunes au quotidien pour la nourriture ; il pratique en sectaire, la nuit ; il déteste tous les autres philosophes ; il n'a jamais égorgé, écorché puis mangé des enfants en bas âge, certes, mais on le reprochera aux chrétiens quand leur tour de calomnies viendra.

Pour bien calomnier, il faut travestir la réalité, la tordre, lui infliger de légères distorsions, partir du vraisemblable, s'arranger pour qu'il semble véritable. Une hypothèse possible, une volonté de nuire, une perversion, il suffit de peu pour lancer le bruit, construire la réputation, nuire véritablement, profondément. Car quelques-uns de ces reproches procèdent de faits avérés, certes, mais mal interprétés à dessein.

Ainsi, le Jardin accueille des femmes, au contraire des tenants de la philosophie officielle, elles sont considérées comme les égales des hommes ; cela suffit pour les imaginer moins philosophant que servant de repos aux guerriers après la méditation : un pas suffit pour transformer le patron du Jardin en proxénète, et pourquoi pas de son propre frère ; certes, des sommes importantes étaient consacrées au budget de nourriture, mais il s'agissait des factures de l'école, pas de celles d'Epicure personnellement ; pour expliquer qu'il engloutisse lui-même autant de victuailles, il faut bien inférer les vomissements permettant les orgies de table ; le Jardin était isolé, à l'écart d'Athènes où la nuit vient vite, même en été : aurait-il fallu cesser de philosopher le jour tombé ? Ami des puissants ? Quand, où, avec qui ? Lui n'a pas à son actif, au contraire de Platon, une pratique courtisane auprès d'un Denys du moment...

Plus juste : Epicure n'était effectivement pas un citoyen de choix, athénien bien né, mais un fils de pauvre, originaire de Samos, une petite île satellite et inféodée ; de même il n'a pas brillé dans la référence à ses prédécesseurs anciens sur le mode de la révérence, certes, mais par ailleurs on lui reproche d'avoir aussi truffé ses manuscrits de citations ; ces textes perdus, on ignore s'ils témoignaient dans le sens d'une explication avec tel ou tel – Démocrite ou Aristippe par exemple ; il avait également la dent dure, dit-on, pour les membres de la corporation philosophique, mais il s'agit d'une pratique agonique habituelle dans ce milieu où les écoles se vivent moins sur le mode de la coexistence que de la compétition : vivre en platonicien, en cynique, en stoïcien ou en épicurien, engage d'autres intérêts que ceux des pures pratiques théorétiques...

Proxénète, voleur, buveur, bâfreur, coureur, étranger, grossier, opportuniste, obscène, débauché, caractériel, voilà beaucoup de défauts pour un seul homme ! Trop pour que tous s'épanouissent dans une seule carcasse connue pour être fragile, faible et maladive... Loin des couches molles remplies de femmes, des tétines et vulves de truie farcies arrosées des meilleurs crus de Falerne, des gitons, des courtisanes dévêtues et des doigts dans la gorge pour mener à bien les orgies dignes du Trimalcion de Pétrone, Epicure affirme théoriquement et vit pratiquement un hédonisme ascétique dont le détail pourrait convenir aux moines des ordres les plus austères...

Le crime profite aux tenants de l'idéal ascétique, platoniciens et stoïciens, bientôt réunis dans la construction du christianisme : ils visent le monopole sectaire de la philosophie et voient d'un très mauvais œil le recrutement important d'Epicure et de ses écoles où l'on se presse en nombre pour s'engager dans une sécession d'avec le monde politique dans lequel officient les tenants de l'Académie et du Portique. D'autant que le succès du philosophe de son vivant durera longtemps, puisqu'il existe encore des pratiques épicuriennes au IIe siècle après Jésus-Christ en Asie Mineure. Soit cinq cents ans d'une pratique ininterrompue – voilà de quoi tenter la méchanceté de plus d'un philosophe abonné aux thèses des maisons concurrentes ! Jalousies humaines, trop humaines...

Réduire l'épicurisme à une philosophie du ventre, donc du bas-ventre, tient plus aux propos tenus par Athénée dans les *Deipnosophistes* que de la réalité : sinon, que faire des éloges appuyés d'Epicure pour la prudence, la mesure, la pratique de la philosophie, l'amitié, le rire, autant de variations sur le thème de la douceur de vivre et du pur plaisir d'exister qui mettent en scène et en jeu bien plus que des plaisirs grossiers, animaux et triviaux : dans cette éthique exigeante, le vouloir tient la part essentielle. Par lui se construit, via la raison, la réflexion, l'analyse, le raisonnement, le savoir, la culture, le jugement, un plaisir digne de ce nom. Rien à voir avec celui des cochons...

4

Quatre, c'est-à-dire trois ou sept. Singulièrement on ne voit jamais la chose soulignée dans la littérature universitaire et savante : l'étymologie du patronyme du philosophe le signale – *epikouros*, celui qui secourt, *epikourein*, secourir, *epikouria*, secours, assistance –, Epicure paraît destiné ou déterminé par son nom propre à travailler au salut : le sien, puis, par la même occasion, celui des autres... Littré précise que le mot qualifie celui qui, à la guerre, subvient aux besoins de nourriture, constitue les troupes de secours, les renforts, les auxiliaires en appoint afin de préserver les autres d'un danger particulièrement menaçant. Comment entamer une carrière de philosophe hédoniste sous de meilleurs auspices ?

Appuyé par l'onomastique, poussé par un inconscient qui le déterminerait à son insu, dirait la psychanalyse – un René Major par exemple pour qui, même ignorée par son propriétaire, la signification du patronyme détermine le contenu de l'existence... –, Epicure part en guerre contre tout ce qui génère peur, crainte, douleur, souffrance. L'ensemble de son œuvre procède de ce seul souci : éradiquer la négativité et définir la positivité comme réalisation de cette paix de l'âme et du corps. Rien d'autre. L'épicurisme part au combat pour attaquer les mythes, les croyances, les fictions, les religions, les dogmes, les lieux communs, les illusions et autres bovarysmes consubstantiels à toutes les époques. Excellent dans la médecine préventive, Epicure soigne sur le mode chinois, en faisant le nécessaire pour éviter l'apparition du mal. Garder la santé, ne pas la perdre, paraît plus facile que la recouvrer. Un bon thérapeute écarte les causes du mal en sachant qu'ainsi il génère le bien, jamais vraiment très loin, aucunement inaccessible.

Le premier, il semble inventer cette philosophie exclusivement entendue comme une médecine, une thérapie de l'âme et du corps. A l'évidence les fragments laissés par les abdéritains, les cyniques, les cyrénaïques et une poignée de philosophes hédonistes, ne suffisent pas pour élaborer une théorie cohérente et conséquente du philosophe-médecin, mais l'idée traverse l'ensemble de la philosophie antique – et persiste après la fin de ce monde chez une poignée de penseurs pragmatiques et existentiels, Montaigne, Schopenhauer ou Nietzsche par exemple. Le philosophe ne produit pas des concepts ou des pensées pour le plaisir de les voir fonctionner de manière ajustée, comme une mécanique intelligente et bien huilée, mais il vise l'incarnation, la production d'effets concrets dans une vie bien réelle, celle de tous les jours.

Pour appuyer la métaphore du philosophe-thérapeute, la tradition parle du *Tétrapharmakon* épicurien, du quadruple remède. L'extrapolation se fait à partir d'un genre de potion magique antique confectionnée à partir de quatre ingrédients : cire, suif, poix et résine. On imagine plus un excipient qu'un composé réellement efficace sur le terrain de la pharmacopée, mais, bon... Il se fait que ce quadruple remède n'existe pas explicitement dans le corpus d'Epicure. A nul endroit particulier le philosophe n'énonce ces quatre temps fabriqués pour faciliter la mémorisation d'une œuvre tout entière. Quand on croit le voir apparaître, il se noie au milieu d'une recette de sept propositions, ailleurs de trois...

Dans les trois lettres qui restent d'Epicure, le philosophe livre déjà sa pensée sous forme synthétique, afin que ses destinataires – Pythoclès, Hérodote et Ménécée – puissent disposer d'une quintessence, d'un résumé facile à mémoriser. Des trois cents rouleaux écrits par le Maître du Jardin, il reste donc ces trois missives et quelques aphorismes connus, comme *Maximes capitales* et *Sentences vaticanes*. Faut-il donc consentir également à cette extrême réduction de quintessence qu'est le quadruple remède ? Ne risque-t-on pas de ne laisser que les arêtes acérées d'une pensée organisée comme une machine simpliste, voire simplette, et de voir les mécanismes fins disparaître dans l'opération synthétique ?

En fait, ce Tétrapharmakon se trouve nettement exposé chez Philodème de Gadara, aux IIe-Ier siècles av. J.-C., dans son texte intitulé *Contre les sophistes,* puis gravé par Diogène sur le fameux mur d'Œnanda, en Asie Mineure, trois cents ans plus tard. Cicéron lui-même reprend la formule mnémotechnique à son compte dans *Des fins.* Le quadruple remède semble donc plus épicurien que d'Epicure. Même si l'exégèse universitaire voit la *Lettre à Ménécée* construite sur ce grillage aux quatre treillages, repère le truc dans les quatre premières *Maximes capitales,* voire le débusque dans la onzième seule, on prendra garde d'affirmer que la pensée épicurienne entre totalement dans cette forme précontrainte.

Réduite à la manière d'une sauce longuement cuite, la pensée d'Epicure se résume donc parfois, souvent probablement, à ces quatre thèses : (1) il n'y a rien à craindre des dieux ; (2) ni de la mort ; (3) on peut supporter la douleur ; (4) et atteindre le bonheur. De sorte qu'après cette extrême synthèse, on peut revenir à l'analyse qui permet d'envisager – je tiens à cet autre ordre – la pensée d'Epicure construite autour d'une physique éthique (1), d'un athéisme tranquille (2), d'une algodicée païenne (3), et d'un ascétisme hédoniste (4). Le but avoué ? Vivre tel un dieu parmi les hommes...

5

Le salut par le traitement atomique. En écho somme toute fidèle aux thèses de Leucippe et de Démocrite, Epicure énonce une physique aux conséquences éthiques. Puisque tout réel procède d'un agencement d'atomes en rapports de vitesse dans le vide, tout se réduit à cette vérité simple et d'évidence. En dehors de la matière, rien n'existe. Une fois de plus adversaire, voire ennemi de Platon, Epicure affirme que les critères de la vérité résident dans les sensations et les affections. Atomes du corps qui saisissent les atomes détachés de la matière, les simulacres, tout appelle et suppose la conjonction atomique. Pas d'univers intelligible, pas de créatures idéales, dieux ou concepts, pas d'arrière-mondes inaccessibles aux sens mais seulement concevables – et encore – par l'âme, partie immortelle et éternelle d'un corps mortel, le réel coïncide très exactement avec ce que l'on voit, sent et perçoit, ce que nos cinq sens nous apprennent.

L'épicurisme combat les approximations théoriques qui recourent aux explications mythologiques. Là encore, on ne peut s'empêcher de penser aux fabulations platoniciennes : Prométhée et Epiméthée dans *Protagoras*, l'androgyne du discours d'Aristophane ou la naissance de l'amour dans *Le Banquet*, l'attelage ailé dans le *Phèdre*, la caverne dans *La République*, l'Atlantide du *Timée*, les Enfers du *Phédon*, voire Gygès, les cigales, Er, Teuth, autant de fictions destinées à suppléer le manque de causalité rationnelle, scientifique d'une certaine manière, à quoi aspire Epicure.

Car lui, propose des explications multiples, pas contradictoires, relevant toutes d'hypothèses réductibles à des enchaînements logiques. Sur la composition d'un arc-en-ciel, la nature d'un éclair, les raisons de la foudre, l'origine des pluies, la formation des nuages, le comportement d'une étoile filante, la construction des mondes, la composition de la matière, Epicure avance des idées immanentes. Aucune n'en appelle à des fictions, fables ou autres histoires destinées aux enfants. Dans une invite conclusive, il veut que le mythe soit exclu. Pensée forte, toujours d'actualité...

Pour ajouter une pierre dans le jardin platonicien, le philosophe des atomes récuse également – sans les nommer ! – ceux qui étudient la nature à partir d'axiomes vides, dans le plus total mépris de l'observation. On songe à l'évidence aux chiffres et nombres, aux formes archétypales explicitées par Platon dans le *Timée*, au dieu et autres démiurges, aux causalités transcendantes, aux explications abracadabrantes loin de toute science, entachées encore par la mythologie, voire la théologie héritée des plus anciens présocratiques. Aux yeux d'Epicure qui ne le dit pas dans ces termes, Platon pense à la manière d'un Anaximandre ou d'un Xénophane, plus proches d'une poétique que d'une dialectique des événements...

La proposition physique épicurienne offre une globalité conceptuelle compacte : pas de place pour le doute, l'interrogation, l'inexplicable ou l'inexpliqué qui nourriraient du religieux, du fantasme ou des mythes. Aucune zone d'ombre généalogique des dieux. Des atomes et du vide, du mouvement – leitmotiv dont tout découle. Sortir de cette explication conduit droit dans le mur intellectuel. Réduit à ce qui le constitue, éclairé dans ses moindres recoins, le monde apparaît pour ce qu'il est : une machine, un mécanisme, une mécanique travaillée par des flux, des mouvements, des énergies, des forces, l'ensemble vibrant à la manière d'un immense corps vivant.

Bilan et résultats des leçons physiques livrées par Epicure dans les lettres à Pythoclès sur la nature et à Hérodote sur les phénomènes célestes : l'infinité du tout ; celle, donc, des composés, celle, aussi, des mondes ; l'éternité du mouvement ; l'inexistence des commencements ; la vérité des simulacres ; leur invisibilité en rapport avec leur vitesse ; la corporéité de l'âme ; sa matérialité donc ; la dissémination des particules fines de l'âme dans l'agrégat du corps à la manière d'un souffle ; l'âme comme siège de la sensibilité ; la liaison intime de l'âme et du corps, en fait, le continuum matériel dans la discontinuité des structures atomiques ; la déliaison de l'âme matérielle et du corps matériel comme définition de la mort. Pareil matériau permet une authentique sotériologie, notamment sur la question de la mort.

6

Mort de la mort. Contre la fable du *Phédon* de Platon qui enseigne l'immortalité de l'âme, son immatérialité, le dualisme, la séparation entre le corps et l'âme, sur le principe de la coupure entre l'intelligible et le sensible, le ciel et la terre, Epicure moque ceux qui affirment l'inconsistance matérielle de l'âme. Car, pour envisager des enfers et des paradis, des damnations et des fautes, des punitions et des destins *post mortem*, pour craindre les dieux ou ce qui leur ressemble, pour redouter les châtiments après la mort, il faut croire aux billevesées religieuses. Platon fabrique une mythologie utile pour maintenir les hommes dans la crainte, l'angoisse et la terreur. Ces craintes et tremblements fournissent une humanité malléable, peureuse, facile à conduire. Aliénée, certes, mais docile, disponible pour l'obéissance, la soumission et le renoncement à soi. Epicure ne veut pas de pareils hommes : il les veut autonomes, guéris des superstitions, affranchis.

La mort n'est pas à craindre. Métempsycoses et métensomatoses, ces vieilleries orientales acclimatées sous le ciel grec par Pythagore et réactivées par Platon, relèvent des fables ; l'intempérance sur terre ne se paie pas d'une réincarnation en animal honteux dans une autre vie ; il n'existe pas de perspectives *post mortem* autres que la décomposition atomique, la désagrégation des composés ; convenons de l'éternité de la matière et de l'immortalité des atomes, certes, mais les agencements se défont puis se refont, ce qui nous constitue disparaît et rien ne reste de ce qui définissait notre identité ; rien à craindre, donc, de ces jeux atomiques, aucune punition à attendre, nulle faute à expier. La physique épicurienne condamne toute métaphysique : ce qui advient se déplie dans les limites d'une logique atomique.

Comment donc la mort poserait-elle problème ? Que craindre d'elle ? Puisque bien et mal résident dans les sensations et que la mort suppose la privation de celles-ci, elle n'est rien pour nous, ni un bien, ni un mal... Est-elle là ? nous n'y sommes plus ; suis-je là ? elle est absente. Elle ne concerne ni les vivants pour lesquels elle n'est pas, ni les morts pour qui elle n'est plus... Dès lors, à quoi bon s'inquiéter ? Pourquoi souffrir de ce qui n'est pas là ? A quoi bon aller au-devant d'une souffrance en présentifiant un éternel absent ? Seule la pensée de la mort existe et peut causer des souffrances à l'âme, mais la mort elle-même, nous ne la rencontrons jamais.

Ne pas vivre n'est pas un mal, la non-vie non plus. La question est moins d'attendre la mort de son vivant, d'une certaine manière de distiller la mort dans sa vie au quotidien, en infectant la moindre journée d'une pensée pernicieuse, que de bien vivre. Avoir à mourir pose plus de problèmes que mourir en tant que tel. Mais nous avons du pouvoir sur cette idée néfaste : avoir à mourir renvoie cet événement à sa seule dimension : le futur. Epicure retrouve l'invite cyrénaïque à habiter intensément le présent et à ne pas perturber ce moment par le souvenir du passé ou la crainte du futur, car ce qui a été n'est plus et ce qui sera n'est pas encore, vérités d'évidence qui obligent à conclure à une pratique efficace du seul présent.

La vie vaut moins par la quantité que par la qualité. Brève mais dense et philosophique, elle pèse plus que longue et innocente. Bien vivre conduit à bien mourir. Et la tâche du philosophe consiste moins à parasiter son quotidien avec la pulsion de mort qu'à organiser une perpétuelle célébration de la pulsion de vie. A ceux qui se plaignent de l'inconvénient d'être né, Epicure enseigne qu'il ne tient qu'à eux de mettre fin à leur calvaire. Le suicide ainsi effleuré et justifié comme une façon d'échapper à la tyrannie du négatif montre dans quel sens Epicure infléchirait sa pensée s'il devait la pratiquer dans une époque où les conditions de la mort, l'augmentation considérable de l'espérance de vie, le rapport nouveau à la souffrance dessinent un paysage intellectuel différent. Reste que la méthode qui permet d'apprivoiser cette idée et d'éviter d'en subir les effets au quotidien conserve son incroyable efficacité...

7

Sainteté des dieux indolents ! Habituellement, l'athéisme définit la pure et simple négation des dieux – ou de Dieu –, voire l'affirmation de leur inexistence. Dans le cas d'Epicure, contrairement à ce que les gardiens du temple universitaire enseignent, on pourrait parler d'un *athéisme tranquille*. L'expression se trouve dans *Périclès et Verdi* de Gilles Deleuze, et caractérise une pensée dans laquelle la question de(s) dieu(x) a cessé de poser problème. Au contraire de l'athéisme intranquille de quelques-uns – Sade ou Bataille par exemple – dont l'outrance des insultes au ciel trahit en quoi ils sont encore pieux, enchaînés par les forces religieuses et contraints par les schémas croyants, l'athéisme tranquille se moque de l'existence de(s) dieu(x) pourvu qu'eux-mêmes ne se soucient aucunement des hommes. Que le ciel soit vide ou non importe peu, si celui ou ceux qui l'habitent ne s'occupent pas des affaires humaines. C'est le cas d'Epicure, qui propose des dieux tellement indolents qu'ils en deviennent saints pour l'athée !

Au sens strict, à l'évidence Epicure ne peut se ranger dans la catégorie des athées, car il affirme sans ambages l'existence des dieux. La *Lettre à Ménécée* explique comment on doit les considérer : comme des vivants incorruptibles et bienheureux. Le plan d'immanence seul importe, les dieux peuvent bien exister, ils évoluent dans le même univers que les hommes et ne présentent pour eux aucun danger. En métaphysique, le risque vient moins de l'athéisme ou de l'existence des dieux que de la lecture horizontale ou verticale du monde : les divinités immanentes présentent moins de risques que les visions du monde athées et transcendantes...

La conscience qu'on a des dieux suffit à prouver leur existence, affirme Epicure. Par ailleurs, la foule se trompe quand elle les imagine accessibles aux prières humaines. A l'évidence, le philosophe se souvient des visites effectuées enfant aux côtés de sa mère qui récitait les incantations sacrées en professionnelle... Les divinités ne disposent pas du destin des individus entre leurs mains, il est ridicule de penser infléchir le cours des choses par des invocations quand la solution se trouve dans la mobilisation de sa propre énergie. L'impiété définit la croyance triviale et vulgaire dans la liaison du destin des hommes et du prétendu vouloir des dieux.

En fait, les dieux fonctionnent à la manière d'un idéal de la raison kantienne : des modèles pour conduire la méditation et l'action épicuriennes. Exempts de douleurs, bienheureux, impassibles, autosuffisants, autonomes, indifférents à l'égard de tout ce qui n'est pas eux, dépourvus de passions, ils invitent d'autant les hommes à s'occuper d'eux qu'ils se moquent absolument de leur avenir et de leur destin. Pareilles conceptions interdisent une religion. Pire, elles ruinent les croyances grecques du moment qui, appuyées sur la crainte des mortels à l'endroit de ces forces immortelles et capables de méchanceté, rendaient possible un clergé ou un pouvoir politique agissant au nom des dieux et légitimant l'ordre, l'oppression, l'obéissance par l'invocation de divinités enrôlées de force, contre leur consentement – et pour cause...

D'ailleurs, le plan d'immanence sur lequel évoluent les dieux est certes le monde des hommes, mais pas la planète Terre : on ne risque pas de les voir apparaître au détour d'une rue ou sur la place publique. La cosmogonie épicurienne suppose des mondes infinis, avec des variations qualitatives et quantitatives de matière : entre ces mondes, on trouve les dieux. Matériels, ils habitent dans les intermondes, aux points de jonction d'univers contigus, sans formes particulières, fabriqués avec des atomes spécifiques, ils jouissent du pur plaisir d'exister et, véritables pense-bêtes, ils nous indiquent la direction si la sagesse nous tente...

8

Du bon usage de la douleur. Que faire du mal dans un monde sans dieux, disons plutôt dans un monde où les dieux sont indifférents à ce problème des hommes ? Du mal et des variations sur ce thème : douleur, souffrance, peine, négativité, affliction ? Que cache d'ailleurs ce terme chez Epicure ? Le mot n'apparaît jamais, l'épicurisme n'est en rien une philosophie prescriptive qui dirait le Bien et le Mal, puis développerait un arsenal conceptuel pour sauver les adeptes du premier et damner les affidés du second. Epicure pense moins en termes de bien et de mal qu'en termes de bon et de mauvais. Dans cet ordre d'idées, le bon désigne tout ce qui permet la réalisation du projet philosophique, le mauvais ce qui l'entrave, le ralentit ou le rend impossible. Par-delà le bien et le mal, la pensée du Jardin propose un utilitarisme hédoniste au nom duquel le mal se superpose à la souffrance. Le bon caractérise soit l'absence de souffrance, soit sa suppression. En dehors de cela, rien de vrai...

Le mal ne vient pas du péché, la souffrance n'a pas sa raison dans une faute qu'il conviendrait d'expier. La philosophie d'Epicure évite toutes ces fables qui culpabilisent les hommes et renvoient la généalogie de la négativité à une dette contractée par eux à l'âge d'or et dont il faudrait s'acquitter sa vie durant en transformant son existence en vallée de larmes, en douleurs, en souffrances, afin de racheter son erreur. Cette lecture transcendante et idéaliste ne convient aucunement au penseur des plans d'immanence : le mal équivaut à la souffrance qui se réduit à des conditions existentielles repérables dans la vie quotidienne.

Où ? Et quand ? Dans le déséquilibre atomique, dans la perte de matière, dans la destruction de la nature. Epicure le sait, il l'expérimente au quotidien et tient moins pour une définition conceptuelle détachée du réel que pour une extrapolation théorique à partir de sa pratique. Ses cinq sens l'enseignent, son corps lui dit : la souffrance passe d'abord par l'agencement atomique algique. La faim et la soif, par exemple, signalent la nécessité de recomposer la forme matérielle adéquate à l'absence de douleur. La douleur du manque de nourriture appelle la réplétion qui calme la souffrance, l'arrête, la stoppe et génère le plaisir de recouvrer la sérénité naturelle.

Toutes les douleurs ne se satisfont pas d'une manière aussi simple. La vie serait heureuse et joyeuse si elle comptait pour seules souffrances celles qui sont liées au manque de boisson ou de mets. Epicure le sait, sa gravelle et son hydropisie le travaillent assez pour qu'il n'ignore pas que des ennemis plus vindicatifs que faim et soif peuvent tourmenter une chair. A plus forte raison dans une époque où ni la chirurgie, ni la pharmacopée du médecin ne peuvent grand-chose en matière anesthésique ou antalgique. Lorsque Canguilhem définit la santé par *le silence du corps*, il s'exprime plus comme un épicurien contemporain du Maître que comme un médecin postmoderne – car, par exemple, le cancer laisse le corps silencieux mais tue pendant ce temps-là...

La théorie épicurienne de la lutte contre la souffrance laisse donc la part belle au vouloir, à la décision et à la volonté du malade. Là encore la raison peut suffire, la philosophie donc. De quelle manière ? Par une réflexion sur la mécanique de la douleur, suivie d'une décision sur l'usage possible de cette information. Le bistouri ne peut exciser et extraire la pierre qui entraîne d'immenses souffrances ? Alors entre en scène le philosophe : si cette douleur est radicale, elle m'emportera ; si elle ne me tue pas, elle doit être supportable. Soit le mal est dense, mais bref dans le temps, car le trépas survient immédiatement ; soit, léger en intensité, il peut durer sans emporter le corps du malade qui le subit. La leçon ne paraît guère éloignée de celle des stoïciens qui, l'état de la médecine aidant, n'avaient guère le choix... L'algodicée épicurienne révèle la possibilité d'une véritable philosophie vécue et pratiquée comme une thérapie.

9

Diététique et arithmétique des désirs. Avec le dernier temps du quadruple remède, on atteint le sommet de l'éthique hédoniste puisqu'il concerne ce qui reste à accomplir pour fabriquer le plaisir. Cette théorie vise une pratique, Epicure ne pense rien qui ne soit immédiatement réalisable dans la perspective d'une construction pacifiée de soi. La mort apprivoisée, les dieux évincés, la douleur maîtrisée, il reste à donner les règles simples de la joie. A ce moment de l'analyse, on mesure combien l'ensemble du système épicurien converge vers ce point focal : le plaisir, et de quelle manière la doctrine du Jardin propose une architectonique de la raison empirique...

Réfléchir sur les conditions du plaisir passe en amont par un travail intellectuel sur les désirs. Que sont-ils ? Qu'est-ce qui les définit ? A quoi ressemblent-ils ? Peut-on les classer ? Les distinguer ? Selon quels critères ? Sont-ils bons ou mauvais en soi ? Ou situés par-delà le bien et le mal ? Doit-on les juger relativement à quelque chose ? Mais à quoi ? Quelles fins ? Comment répondre aux désirs ? Tous méritent-ils d'ailleurs une satisfaction ? Seule une taxinomie rend possible une pragmatique des plaisirs.

Le moment compte dans l'histoire de la philosophie comme l'un des plus célèbres, avec, justement, le quadruple remède. Preuve, à l'évidence, que, malgré les risques, la réduction du complexe au simple produit parfois les meilleurs effets... Le discours épicurien sur les désirs tient en effet parmi les classiques aux côtés de quelques passages obligés : la sphère parménidienne, le fleuve héraclitéen, la lanterne et le tonneau cyniques, l'allégorie de la Caverne platonicienne, la mesure aristotélicienne, le doute pyrrhonien, etc. Epicure distingue donc les désirs naturels et nécessaires, les naturels non nécessaires et les non naturels, non nécessaires. Tous peuvent effectivement se trouver classés sous l'une de ces trois rubriques. Aucun n'y échappe – du moins selon Epicure...

Les premiers concernent la soif et la faim, naturellement présents chez les hommes – et les animaux –, et nécessitent une satisfaction sous peine de périr. Se priver de boire ou de manger conduit à la mort via douleurs et dépérissement. Boire et manger restaurent l'harmonie perdue. De même la protection contre le froid, par le feu et les vêtements, ou contre les dangers de la nature par l'habitation. Epicure ne précise pas, certes, mais on peut légitimement extrapoler : ce qui rend possible le bien-être du corps, évite la morsure des températures basses, protège des animaux, des intempéries, peut se ranger dans cette rubrique.

Les deuxièmes correspondent par exemple à la sexualité : communs eux aussi à tous les mammifères, donnés dès le premier moment de l'existence, indéniablement naturels, en revanche ils ne semblent pas nécessaires – du moins aux yeux d'Epicure qui n'a pas lu Freud et ignore qu'une frustration peut induire plus de dégâts et de souffrance que de plaisirs ! Les épicuriens qui suivront – Lucrèce, mais aussi Horace et les poètes du cercle campanien – prendront des libertés à l'endroit de ce désir qu'ils auront tendance à considérer comme naturel, certes, mais aussi comme nécessaire. Parfois Epicure lui-même, dans tel ou tel propos, laisse penser qu'il n'est pas loin de considérer la sexualité comme relevant des désirs qu'on peut satisfaire, pourvu que des désagréments ne s'ensuivent pas. Naturels et presque nécessaires, dira-t-on...

Enfin, derniers désirs, ceux qui sont ignorés des animaux, fabriqués seulement par les humains, et que sont les honneurs, les richesses, la puissance, le pouvoir, l'ambition, la gloire. Désirs vains, sans objets, vides, ils ignorent la limite et nous conduisent au-delà du raisonnable : non naturels et non nécessaires, car leur absence de satisfaction n'entraîne aucune douleur, aucune espèce de souffrance. Pire, une fois réalisés, ils reviennent identiques, intacts, exigeant la même énergie que s'ils n'avaient pas été satisfaits. Travail en pure perte, à la manière du remplissage du tonneau des Danaïdes, la réponse à ces désirs induit en permanence la réitération de négativité. Non naturels et non nécessaires les vins luxueux, les tables opulentes, les maisons dispendieuses, les vêtements coûteux, les érotiques élaborées, la passion amoureuse, les raffinements sensuels, qui procèdent de la fine pointe de la culture et de la civilisation alors que l'épicurisme demeure autant que possible un naturalisme – dont Rousseau se souviendra. Car le désir de ces objets vains et creux aliène, entrave l'esprit, empêche la liberté, l'autonomie et la sérénité.

Une fois cette taxinomie posée, un calcul peut s'effectuer, car le plaisir réside dans la seule satisfaction des désirs naturels et nécessaires. Le bonheur, le souverain bien, la joie, la finalité hédoniste supposent l'absence de trouble, la paix, la sérénité de l'âme, la santé du corps, l'harmonie conservée ou recouvrée. Connaître la logique des désirs auxquels on a affaire, les reconnaître dans leur diversité confuse et mélangée, savoir comment y répondre, les éviter, ne rien ignorer des conséquences d'une satisfaction ou d'un refus de satisfaire, voilà autant d'opérations qui permettent d'accéder à la vérité hédoniste.

Certes, mais si cette tripartition, comme le quadruple remède, fonctionnait superbement de manière intellectuelle, mais plus difficilement avec la réalité, rétive, rebelle, résistante à entrer dans l'une des trois cases épicuriennes ? Car la philosophie ? L'amitié ? L'art ? Sont-ce des désirs naturels ? Non, les animaux les ignorent et seuls les humains aspirent au sens, à la douceur et au plaisir esthétique... Les universitaires pratiquent des contorsions et convoquent Lucrèce pour boucher les trous dans l'œuvre d'Epicure sur ces questions : Lucrèce vante en effet les mérites d'une vie naturelle – dit-on –, celle des origines, quand les hommes prennent plaisir à déjeuner sur l'herbe de mets simples, à chanter ou à retrouver la conversation d'amis choisis... Mais ce tableau idyllique nous présente l'humanité à ses origines, la culture à ses débuts, loin déjà de la nature ! Ces désirs participent du monde de la culture, pas de la nature...

Non naturels, certes, mais nécessaires ? Non : ni naturels, ni nécessaires : car d'aucuns connaissent le bonheur sans philosopher, sans pratiquer les beaux-arts et en ignorant tout des joies de l'amitié... On ne meurt pas de ne pas pratiquer la philosophie – sinon quelle hécatombe ! –, l'art, ou l'amitié – à ce point, l'humanité dans sa quasi-totalité disparaît... La conclusion s'impose donc : il existe des désirs ni naturels ni nécessaires pourtant désirables ! Parce que générateurs de plaisirs considérables... Le désir d'être épicurien, de penser au Jardin, d'approcher Epicure, d'échanger avec des personnes de qualité, de lire les philosophes, de les commenter, de partager ou confronter des points de vue : voilà des désirs non naturels et non nécessaires, voire artificiels et facultatifs, pourtant riches en potentialités hédonistes. Epicuriennes, même : restaurer un ordre, fabriquer une harmonie, construire une sérénité, travailler à l'ataraxie...

10

Plaisir de l'hédonisme ascétique. Le plaisir austère d'Epicure laisse loin derrière lui les caricatures. Lui-même a pris soin de dire tout ce qui sépare cette définition de la jouissance comme produit de l'ascèse et l'abandon grossier aux satisfactions animales et triviales. Comment contresens a-t-il pu devenir à ce point vérité que le dictionnaire avalise deux définitions du même mot et le destine aussi bien au disciple d'Epicure qu'au bon vivant porté sur la boisson, la table et le lit ? Le mot plaisir pose problème, gêne, génère des réactions épidermiques, ce qu'il recouvre interroge et inquiète chacun sur son rapport avec ledit plaisir.

Seuls ceux qui se débrouillent mal de leurs désirs et peinent avec le plaisir ont intérêt à refuser le mot et ses occurrences, à caricaturer, à empêcher le débat, à ruser pour éviter la confrontation, à récuser la validité, voire la possibilité même des thèses hédonistes. La mauvaise réputation d'Epicure renseigne moins sur la véritable nature de la philosophie du Jardin que sur l'inhibition, les complexes et la misère corporelle de ses adversaires : platoniciens et stoïciens en ligne de front, suivis par les chrétiens, ont considérablement révélé à leur insu l'insatisfaction dans laquelle ils étaient à l'endroit de leur chair, qu'ils aient eu besoin à ce point de la détester, de la meurtrir, la haïr... L'antihédonisme révèle symptomatiquement la haine de soi, concentrée, transfigurée, déplacée, retournée, puis dirigée sur un objet fantasmatique susceptible de recueillir la totalité de la négativité accumulée en soi : le plaisir.

Car le plaisir épicurien reste très en deçà des dangers qu'on lui prête ou des forces destructrices dont on le suppose porteur. Le mode d'emploi du Jardin ressemble à s'y méprendre aux règles monastiques : la seule différence d'importance est le plan d'immanence de l'épicurisme. En dehors de cette question, l'éthique pourrait être partagée : réduction des désirs, lecture ascétique du plaisir, pratique de la douceur et de la tempérance, exercice spirituel effectué dans la communauté, égalitarisme dans la clôture, frugalité et sobriété, austérité, dépouillement. Pourquoi négliger à ce point le contenu de la pensée épicurienne et lui faire dire le contraire de ce qu'elle énonce, sinon à cause d'une répulsion à l'égard du principe même de l'hédonisme ?

Certes, l'ataraxie épicurienne est très semblable au bonheur des ascètes, au souverain bien des renonçants, mais un trait de la doctrine marque la différence, et il est de taille : le refus de la douleur, la lutte contre la souffrance. Car la haine du corps enseignée par Platon, puis le culte de la douleur des stoïciens, orgueilleux à souhait devant le mal qu'ils prétendent supporter alors qu'en fait ils l'aiment secrètement, ne peuvent satisfaire un disciple d'Epicure. Va pour l'ascétisme, la rigueur et l'austérité partagées avec les adversaires, mais deux univers s'opposent sur la question de la souffrance : les uns lui accordent une positivité car elle rend possible le triomphe de la volonté du sage, les autres l'installent nettement du côté de la négativité, ils en font même la négativité absolue... Et l'hédonisme présente là ses plus belles lettres de noblesse : ne pas composer avec ce qui fait mal au corps et à l'âme, ne jamais composer...

La souffrance tient un rôle cardinal chez Epicure : elle désigne le manque et appelle le plaisir. Sa disparition suppose la réplétion, la reconstitution et le plaisir d'avoir recouvré sa nature harmonieuse. Ce mouvement naturel, personne n'y échappe, il manifeste la loi. Epicure met tout en œuvre pour travailler à l'évitement du déplaisir et crée le plaisir par la même occasion, justement dans et par cet évitement. Les dieux ? la mort ? la crainte ? la maladie ? la souffrance ? l'angoisse ? autant de variations sur une négativité à détruire. Le lieu de ces affections mauvaises ? Le corps. L'occasion de salut ? Le corps. La mesure de la peine ? Le corps. Celle de la jouissance ? Le corps. Le bourreau et la victime, le sauveur et le fautif ? Le corps. Lui et rien d'autre – un corps réduit à ses composants atomiques.

11

Une prudence utilitariste et pragmatique. Dans la perspective thérapeutique qui est la sienne, en philosophe-médecin, Epicure – suivons en cela la thèse de Jean-Marie Guyau – invente l'utilitarisme. A l'évidence, Epicure considère le bien comme identique au bon qui lui-même recouvre ce qui paraît utile pour éviter la souffrance et créer du plaisir. A l'inverse, le mal et le mauvais caractérisent ce qui génère la souffrance.

Exemple : on chercherait en vain de quoi envisager une esthétique épicurienne digne de ce nom. Pas de traits, même discrets, contre le Beau en soi du platonisme, rien sur l'art, la musique, la peinture ou la poésie, sinon une ou deux incises : la poésie homérique vend des mythes et de la fiction, le tout dans un emballage attrayant apparenté aux séductions des Sirènes d'Ulysse, le théâtre charme plus encore le sage qu'un homme du commun, ce fameux sage n'achète pas d'objets d'art coûteux, il discute sur la musique avec compétence, il consacre des statues, il écrit et laisse une œuvre, il effectue des lectures en public, certes, mais rien de plus précis.

L'art existe moins en général qu'en particulier. Dans l'absolu, il compte pour rien, mais doit être considéré relativement, sous l'angle utilitaire : défendable lorsqu'il permet d'échapper à la souffrance, excellent s'il rend possible un plaisir, il ne présente aucun intérêt en tant que tel. A la manière de Platon qui en fait une occasion d'accéder au Beau en soi et de contempler les idées pures, Epicure asservit l'esthétique à une fonction pragmatique et utile : elle calme l'âme et le corps, elle apaise et procure douceur et jouissance, elle vaut par les effets produits – sa validité réside dans son utilité, le fait qu'elle réussisse et produise des effets, en l'occurrence, qu'elle donne satisfaction.

A partir de ce double souci – l'utilité cathartique, l'efficacité hédoniste –, Epicure invente un genre de prudence à l'endroit du monde, du réel, des autres et de soi. Pas question de ne pas réfléchir, d'obéir aux impulsions, d'être le jouet de ses pulsions. Le philosophe, le sage méditent, réfléchissent, pensent, calculent : diététique des désirs et arithmétique des plaisirs supposent un ajustement permanent de la théorie et de la pratique, des faits et de la doctrine, de l'épiphanie de tout événement et de la réaction la plus appropriée pour la vivre en occasion de jubilation et non en facteur de trouble.

Cette prudence conduit à envisager la pratique immédiate comme la plus à même de générer un bénéfice immédiat, certes, mais également à venir. Un hédoniste digne de ce nom calcule ses plaisirs et n'obéit pas à un désir parce que désirable tel quel. Il y consent et l'engage sur la voie de la satisfaction si, et seulement si, la somme de déplaisir n'excède pas celle des plaisirs. Ce qui réjouit dans l'instant sera récusé s'il suppose un prix à payer en conséquence. Toute jouissance qui met en péril l'ataraxie est déclarée non désirable et à écarter. Le renoncement, la privation comptent parmi les voies d'accès au plaisir quand ces choix permettent de conserver la paix de l'âme, la sérénité du corps, l'harmonie et l'équilibre obtenus par le travail sur soi.

Dans le même ordre d'idées, une douleur, une souffrance dans l'instant qui produiraient une satisfaction plus tard seront préférées à un plaisir immédiat générateur d'une peine à venir. Jamais cette préférence du pire qui conduit au meilleur n'est mise en exergue lorsqu'il s'agit d'Epicure. Pourtant, ce point souligné permettrait de mesurer la véritable nature de l'épicurisme : une force considérable, une intelligence des situations, une pensée projective, autant de qualités qui dessinent une ascèse rigoureuse et révèlent une éthique exigeante. Les abus de table, de lit, les excès de tous ordres, les passions libidinales, autant de petits plaisirs fautifs et immédiats qui se paient demain, plus tard, un jour, de douleurs diverses : dégradation et fatigues du corps, maladies chroniques et génériques, vieillissements précoces, gâchis des énergies utiles, hystérisation des relations sexuées, et autres variations sur le thème de la vie quotidienne percluse...

Cette dialectique apparentée à un genre de ruse de la raison – le négatif préféré pour générer du positif – légitime les apprentissages, les investissements douloureux dans l'instant mais producteurs de plaisirs sublimés par la suite : apprendre à parler et maîtriser une langue, investir du temps, de la peine et de l'énergie dans la pratique d'un instrument de musique, voire pratiquer la philosophie et se construire en tendant vers la sagesse à l'aide d'exercices spirituels exigeants, voilà autant d'exemples qui permettent de mesurer combien l'hédonisme suppose un mécanisme plus fin, plus conceptuel, plus imaginatif, moins sommaire que ne le pensent ses détracteurs.

12

Cinétique, dynamique, catastématique ? Habituellement l'histoire de la philosophie retient qu'Epicure optait pour un plaisir immobile, statique, en repos, quand Aristippe de Cyrène pratiquait un plaisir dynamique. D'un côté, Epicure et son ataraxie : absence de trouble, défaut de souffrance, manque de douleur, négation de la négation – en terme technique : aponie ; de l'autre, Aristippe et sa jouissance permanente, sans limite, active, volontaire. Un plaisir négativement défini au Jardin : ne pas souffrir, ne pas craindre, ne pas manquer, ne pas pâtir ; un plaisir positivement recherché à Cyrène : la joie, la jubilation, la gaieté actives et militantes, expansives, démonstratives. Les petits pains et l'eau du premier, le parfum dispendieux de l'autre, l'hédonisme ascétique épicurien contre l'hédonisme jubilatoire cyrénaïque.

En fait, les choses paraissent moins distinctes que ne l'affirme la tradition. La doxographie cyrénaïque propose peu de textes utiles pour trancher le débat. Mais croire Aristippe défenseur d'un seul plaisir actif, dynamique relève du malentendu habituellement associé à la mauvaise réputation de l'hédoniste au parfum. A rester le nez dans les textes de Diogène Laërce et de Cicéron sur cette opposition devenue classique entre plaisirs catastématiques en repos du Jardin et plaisirs cinétiques de l'école cyrénaïque, on néglige la part de dynamisme hédoniste chez Epicure et la capacité de jouir de l'évitement du déplaisir chez Aristippe, ce qui, à l'évidence, suppose une authentique prise en considération du futur chez celui qu'on présente comme un écervelé abruti par le seul moment présent. L'un et l'autre paraissent moins offrir deux conceptions opposées que deux variations sur le même thème. Leur hédonisme accuse une différence de nature et non d'intensité.

Car le philosophe ascète chétif et malingre jubile de plaisirs instantanés : la douceur, l'amitié, la conversation, la philosophie pratiquée, la joie, la gaieté, autant de plaisirs en mouvement ; de même le philosophe de la dépense et de la grande santé, en tant qu'il propose une méthode philosophique pour parvenir au plaisir, ne vit pas comme les animaux dans la seule dimension immédiate du temps. Epicure connaît la cinétique de la jubilation, Aristippe n'ignore pas la jouissance d'un genre d'ataraxie ou d'aponie habituellement présentées comme des marques de fabrique épicuriennes. Deux tempéraments s'opposent, plus que deux conceptions radicalement antinomiques : il suffit, pour s'en convaincre, de ne pas négliger la biographie d'Epicure ni les textes d'Aristippe alors que la tradition ignore la vie du premier et méconnaît la théorie du second...

La seule volonté de reproduire les catégories classiques de l'histoire platonicienne de la philosophie justifie ce dualisme qui oppose les plaisirs stables épicuriens aux plaisirs dynamiques cyrénaïques. Epicure n'a pu se contenter de cette dimension négative de l'hédonisme, ni Aristippe de la seule mesure instantanée de la jubilation. La pratique du Jardin athénien et le corps de doctrine transmis à Cyrène interdisent cette coupure factice. Epicure semble plus devoir à Aristippe qu'il ne veut bien le dire et qu'après lui on l'enseigne.

La seule considération de l'instant prétendument cultivée par Aristippe et les siens ne peut justifier dans son école l'existence d'une théorie de la connaissance, d'une invite à l'ascèse, d'une proposition existentielle et de la constitution d'une sagesse pratique... Si jouir du moment présent suffit, à quoi bon tout cet arsenal sotériologique qui, malheureusement, demeure en lambeaux et fragments ? Si ce corpus théorique existe, c'est la preuve que le Cyrénaïque prenait en considération l'avenir et le futur – au contraire de l'animal, incapable de s'extraire de l'instant, duquel on a si souvent rapproché les disciples de Cyrène.

A regarder vivre les individus groupés autour du Maître du Jardin, la preuve existe que la vérité d'une école ne se réduit pas aux seuls textes, aux documents et aux livres recopiés par des générations de glossateurs à l'esprit critique endormi. Le premier qui recopie la première erreur avancée par un compilateur malintentionné ou mal informé fabrique une vérité révélée que des générations se contentent de reproduire – avec l'aide de l'Université la plupart du temps. La vérité en histoire de la philosophie se réduit bien trop souvent à la somme des lieux communs cristallisés par l'habitude et la paresse intellectuelle.

Epicure ne s'est pas contenté d'écrire ou de susciter des textes – d'ailleurs perdus pour la plupart –, il a aussi vécu ! De même Aristippe n'a pas fait que traverser l'histoire de la philosophie entre deux bons mots, déguisé en femme et parfumé sur l'agora, il a également proposé un relativisme éthique, un subjectivisme méthodologique, un nihilisme épistémologique, une pathétique sensualiste, une sagesse existentielle, une politique critique, autant de gadgets si jouir de l'instant suffit ! La vie et l'œuvre en contrepoint peuvent seules éclairer d'un jour nouveau les pensées qu'habituellement on étudie de l'intérieur, en objets séparés de leurs auteurs. La *vie philosophique*, sinon, aurait-elle un sens ? Notre époque, quidams et philosophes mélangés, considère trop fréquemment l'expression comme un oxymore...

13

L'âme est le corps, et retour... Même remarque quant à l'opposition entre Epicure et Aristippe sur les plaisirs de l'âme et ceux du corps. La tradition affirme qu'au Jardin on estime les douleurs de l'âme supérieures à celles du corps, alors qu'à Cyrène on estime l'inverse. Car le philosophe aux petits pains limite la souffrance physique au seul instant, alors que les douleurs de l'âme connaissent en plus les affres et tourments venus du passé ou de l'avenir ; preuve également des dires du penseur parfumé : les châtiments infligés aux coupables s'exercent sur leur corps.

Si les cyrénaïques défendent l'hypothèse d'un plaisir vulgaire, grossier – dans l'immédiateté animale et dynamique –, bestial, il faut bien penser ainsi... pendant que les épicuriens, plus fins, plus tolérables malgré leur hédonisme – ils paraissent tellement ascètes qu'ils feraient des amis presque convenables pour les platoniciens et stoïciens tolérants... –, ne peuvent que célébrer la supériorité de la chair sur l'esprit, de la viande sur la parcelle de divinité déposée par les dieux en l'homme. Epicure trouve que les plaisirs les plus grands se trouvent du côté de l'âme, Aristippe... du côté du corps !

Pour avancer ainsi pareils arguments, il faut bien partir des attendus habituels du dualisme qui oppose les deux instances irréconciliables : un corps matériel, une âme spirituelle. Va pour pythagoriciens et platoniciens pour lesquels, effectivement, les deux ordres existent séparés, distincts, relevant chacun nettement de leurs mondes. Créé, corruptible, entravant pour le premier, incréée, éternelle, immortelle, incorruptible pour la seconde. D'une part une punition en forme de tombeau, de l'autre une chance rendant possible un éventuel salut. Du sensible et de l'intelligible. Mais que signifient ces couples d'oppositions pour un matérialiste ? Pour un philosophe qui affirme la composition atomiste de l'univers et de toute réalité ?

Qu'est donc un plaisir corporel pour Epicure ? Et une jubilation de l'âme ? Qu'est-ce qui ressent le plaisir de l'âme dans le corps sinon le corps – donc l'âme ? Manger, voilà une jubilation corporelle, philosopher, une joie de l'esprit, pensent les dualistes : mais quelles parts séparées, distinctes et irréductibles sentent, ressentent et rendent possibles ces sensations dans une matière unique ? Epicure l'affirme en permanence dans son combat antiplatonicien : le monde des Idées relève de la plus pure des fictions, l'existence d'une âme incorporelle également, les phénomènes seuls existent et les sens pour les appréhender. Voir les *Lettres* à Pythoclès et à Hérodote...

L'âme se distingue du corps comme la tête du tronc, les yeux de la bouche, les mains des pieds : comme des parties distinctes d'un même organisme, chacun ayant ses fonctions, certes, mais liées, en relation. L'identité de l'âme réside dans sa composition : des atomes, certes, mais plus subtils que ceux de l'estomac, comme les neurones du cerveau se distinguent pour les modernes des cellules stomacales... La subtilité, la finesse, la chaleur des particules qui composent l'âme permettent effectivement de nommer celle-ci, mais pas comme un organe séparé, juste comme une convention de langage.

De sorte que, pour un matérialiste hédoniste comme Epicure, les plaisirs du corps coïncident avec les plaisirs de l'âme car elle seule, par sa complexion atomique et sa fonction organique, rend possible leur conscience, donc leur existence. On ignore trop de la théorie aristippéenne pour affirmer clairement un monisme, mais rien ne témoigne dans le sens d'un dualisme, de l'existence de deux instances séparées, et surtout d'une âme immatérielle, éternelle et en relation avec le divin, le ciel intelligible... Tout chez les cyrénaïques témoigne pour l'unité immanente du réel.

Comment dès lors, sinon pour des raisons idéologiques, polémiques, parler de plaisirs du corps séparés des plaisirs de l'âme ? Ce que la chair épicurienne enregistre, l'âme atomique le décode : désirs, plaisirs, souffrances, peines, jubilations... Seul un artifice rhétorique et une position antinominaliste permettent de recourir aux deux temps du dualisme pour les faire fonctionner dans le sens d'un crédit et d'un discrédit : éloge de l'âme, condamnation de la chair. Où l'on retrouve le fil conducteur d'une écriture platonicienne de l'histoire de la philosophie, incapable de rendre compte correctement de ce qui échappe à sa loi : l'immanence, le matérialisme, l'atomisme, le relativisme, l'athéisme. Parler d'Epicure en platonicien permet de plaquer les notions d'âme et de corps définies selon l'ordre idéaliste et non selon les principes formulés par le philosophe de Samos.

14

Génie de la vie philosophique. Et si l'œuvre d'Epicure se trouvait dans la vie philosophique qu'il permet ? Loin des textes, rouleaux et papiers à lire comme des documents secondaires, parce qu'ils existent seulement en fonction de la préparation à l'existence sublimée, le Jardin offre une micro-communauté élective qui seule mérite d'être étudiée comme un objet philosophique. Certes, la tradition n'y invite pas et préfère entregloser une centième fois sur le quadruple remède, la classification des désirs ou la nature des plaisirs chez Epicure, trouvant trop triviale la question de l'existence, de la vie et du quotidien. Pourtant le verbe n'a pas de sens s'il ne se fait chair, les mots ne servent à rien s'ils n'annoncent ou énoncent un genre de vie, un style existentiel, une conversion dans le registre du tous les jours. Antiplatonisme là encore et toujours...

Or le Jardin me semble un genre de personnage conceptuel, une configuration, une communauté dans laquelle s'incarnent les idées qu'un philosophe digne de ce nom pratique pour l'au-delà d'elles-mêmes. Si l'Académie enseigne une parole, une théorie qui paraissent bien éloignées de produire des effets sur le terrain concret, le Jardin laisse de côté le discours sur lui-même pour exceller dans la preuve de l'excellence des thèses formulées en amont. Moins soucieux de changer l'ordre du monde que de se changer, le disciple d'Epicure rompt avec le monde trivial de la famille, du travail, de la patrie, il prend le contre-pied de toute société qui vante les mérites de l'argent, des richesses, des honneurs et du pouvoir. Ce qui fait courir l'homme du commun et génère une vie mutilée, voilà ce qui répugne à l'aspirant sage. Mais vivre dans le monde comme si l'on était hors du monde pose problème : la communauté le résout en offrant ici et maintenant une solution viable.

Le Jardin renvoie au paradis terrestre, situé pour certains Anciens du côté du Tigre et de l'Euphrate. Résumé du monde, il propose un laboratoire, un exemple, ce que pourrait être une société, une cité, une planète inspirées de ce modèle. S'il existe dans la mythologie – Zeus épouse Héra dans le jardin des Hespérides... –, les Grecs en découvrent le charme après les conquêtes d'Alexandre en Asie (début IVe siècle). Or Epicure crée son Jardin une vingtaine d'années plus tard en 305-306, dans une période où la conjoncture politique sombre peut trouver son antidote dans la sécession effectuée à l'abri, dans cette micro-société élective.

Le monde craque ? La civilisation s'effondre ? Les guerres, les famines, la prévarication minent le quotidien ? La politique et les politiciens déçoivent ? Les biens matériels aliènent, trompent et balisent des voies sans issues ? Le travail n'épanouit pas ? La famille correspond à autre chose que ce que la société enseigne dès le plus jeune âge ? Les relations avec la plupart s'écrivent bien souvent sous le signe de l'hypocrisie, de la jalousie, de l'envie, de la trahison ? L'intersubjectivité sexuée pose plus de problèmes qu'elle n'en résout ? Normal, le monde va ainsi et pour longtemps...

D'aucuns attendent son changement et espèrent la révolution et le basculement induit par les poussées sociales ou les forces politiques. Certains se contentent de guetter le changement dans le comportement des autres, coupables et fautifs de ne pas correspondre à l'idée qu'ils s'en font. Tel ou tel professe, enseigne, parle, enfile les leçons dans la direction d'autrui comme les perles et vivent en schizophrènes : philosophes par le verbe, communs, très communs, humains, trop humains dans le détail de leur vie quotidienne. Et le monde persiste dans son être : une jungle où la violence le dispute à la fourberie, la force aux ladreries...

15

Le Jardin, une anti-République de Platon. Et puis il existe une autre solution : un Etat jubilatoire dans l'Etat décadent, une enclave épargnée par la négativité, un havre de paix dans lequel on ne promet pas le bonheur pour demain, dans un autre monde, pour une autre vie, mais ici et maintenant, avec le corps que l'on a, en étant ce que l'on est, dans le cadre géographique découpé par la volonté des hommes, dans la périphérie d'Athènes. Le Jardin d'Epicure, c'est l'anti-République de Platon. Car la Cité de l'auteur du *Phédon* est parfaite parce que idéale et inexistante, elle rutile, mais sous de faux ors, elle brille, mais à la manière de décors de théâtre inhabitables... L'épicurisme crée du réel, même modeste, là où le platonisme fabrique de la fiction – grandiloquente en plus...

Platon souhaite la hiérarchie, l'ordre, la soumission des producteurs à la caste du philosophe-roi, les deux communautés n'entretenant de relation que médiatisée par l'ordre guerrier ? Epicure réalise une communauté égalitaire où les hommes valent les femmes, les esclaves les hommes libres... La République légitime le mensonge pourvu qu'il y aille du bien de l'Etat – car l'individu n'existe que pour la communauté ? Epicure croit exactement l'inverse ! Les fragments colligés par Diogène Laërce soutiennent un philosophe qui conseille de se tenir à la distance maximale du politique et fustigent le tyran. Platon aspire à organiser la vie privée, légiférer sur la vie sexuelle des individus, punir quiconque refuse de soumettre sa liberté personnelle au statut de citoyen de l'Etat Léviathan ? Epicure croit au contrat entre individus consentants pour construire de l'intersubjectivité libre. Le citoyen athénien régit la communauté en jouant de la contrainte, de l'autorité, de la police ? Celui de Samos en appelle à l'amitié. Platon génère les totalitarismes modernes – lire ou relire Popper ? Epicure les résistances de toujours.

A la campagne, loin du monde, en rupture avec les vilenies produites par les villes – Horace s'en souviendra, Pétrarque aussi... –, le philosophe construit sa liberté, fabrique son autonomie pièce par pièce, un moment après l'autre, patiemment. Jeune ou vieux, la philosophie apporte toujours d'immenses satisfactions : il n'est jamais trop tôt ni trop tard pour pratiquer la discipline épicurienne. L'invite a fait florès sans vraiment produire beaucoup d'effets chez les philosophes : vivre caché, ne pas s'exposer, ne pas faire de publicité au détail de son existence, révéler l'accessoire pour mieux taire et cacher l'essentiel, parler pour organiser son silence, révéler pour mieux dissimuler ce qui doit rester à l'abri. Le contraire d'une vie en cage de verre telle qu'y contraindrait la République de Platon...

Là où Platon, en pythagoricien fidèle, donne aux femmes un rôle secondaire (assurer la reproduction des familles, la cellule de base de toute société, procréer, élever les enfants, assurer les tâches domestiques et ménagères, du moins les superviser avec les esclaves femmes à leur service), Epicure efface toute différence entre les sexes. Pas de misogynie, pas de sexisme, pas de phallocratie, pas de réduction du féminin aux ovaires, mais une pratique libre et commune de la philosophie, entre égaux. La tradition a conservé le nom de quelques femmes prétendument philosophes parmi les pythagoriciens – Théanô, Périctioné, Phintys, Mélissa et Myia – ; elles brillaient dans l'indigence en professant la soumission au mari, l'excellence du silence, la perfection dans l'obéissance, la tolérance des frasques de l'époux, et autres sottises afférentes à la domesticité conjugale.

L'histoire de l'épicurisme conserve les noms de Mammarion, Hédeia, Erotion et Nikidion, Léontion et Thémisa, autant de prétendues courtisanes avec lesquelles, si l'on en croit ses adversaires, l'hédoniste Epicure a fait la bamboula, évidemment... Plus probablement, elles ont philosophé avec Métrodore ou les dédicataires des trois fameuses *Lettres* – Pythoclès, Hérodote et Ménécée – dans la plus parfaite des égalités. Ce qui ne pouvait entrer dans la cervelle d'un Grec moyen de l'époque, convaincu, comme tous les mâles au front étroit de la planète, que le féminin et la philosophie vivent sur deux planètes définitivement étrangères.

16

Puissance du contrat hédoniste. Ce qui régit le Jardin, mais aussi les relations entre les individus, qu'ils fassent ou non partie de la communauté, c'est le contrat. Trois *Maximes capitales* en parlent, autant dire une poignée ridicule de mots, un trésor toutefois. La philosophie politique épicurienne repose sur ce seul trépied conceptuel. Le reste demeure affaire d'interprétation, d'extrapolation, comme souvent dans le corpus antique. La pensée politique moderne – Hobbes et Rousseau bien évidemment – consiste, pourrait-on presque dire, dans le commentaire de ces trois phrases laconiques qui enseignent : l'existence d'un droit naturel en vertu de quoi se reconnaît immédiatement ce qui est utile pour éviter de se faire tort les uns aux autres ou d'en subir ; l'absence de dommage ou d'injustice – pour tous les êtres vivants – si aucun contrat n'est conclu entre les parties concernées – peuples ou individus ; la justice n'a pas d'existence en soi, mais relativement audit contrat. Pensées cardinales, essentielles et géniales.

Elles rendent possible le contrat hédoniste qui régit toute intersubjectivité : sans lui triomphent l'état de nature, le vide, la vacuité juridique. L'injustice n'existe pas en soi, mais relativement à ce qui a été entendu et défini au préalable entre les deux parties comme constituant le juste, donc l'injuste. Ainsi de la fidélité qui suppose la promesse, à laquelle on peut faillir mais si, et seulement si, elle a été professée, nettement, entre individus libres, consentants, exclus de la communauté des délinquants relationnels. Ou de toute autre vertu – de vices aussi... – qui ne renvoie pas à la mesure idéale platonicienne, mais à la relativité existentielle des parties prenantes et concernées.

L'hédonisme dans le Jardin, ou partout ailleurs quand on entend vivre selon sa loi, en appelle à ce préalable : afficher ses intentions, ne pas masquer ses projets, formuler les attendus, fabriquer ensemble la règle du jeu, puis décider de s'y contraindre ; voilà de quoi éviter le déplaisir et, conséquemment, fabriquer du plaisir : une technique simple, claire, nette, qui ne souffre pas de fioritures. On mesure combien le quadruple remède peine à contenir toute la richesse de la pensée d'Epicure quand on aborde cette seule question de l'économie du contrat dans la genèse d'un hédonisme généralisé...

Le contrat hédoniste empêche le débordement des effets de l'inscience et de l'absence de sagesse d'autrui sur la tranquillité du sage. Vivre en philosophe dans un monde qui ignore et moque la prétention à la sagesse de quelques-uns, suppose un mode d'emploi de la relation à autrui. Après la diététique des désirs, cette arithmétique des plaisirs fonde la possibilité incarnée, concrète, d'une existence placée sous le signe d'Epicure. Quand on prétend que ce dernier invitait ses disciples à se remémorer son enseignement en faisant comme s'ils vivaient sans cesse sous son regard, c'est moins à son visage – malgré l'abondance d'intailles, de coupes, de statues ou de représentations figurées d'Epicure qui demeurent... – qu'à pareilles leçons sur le principe du vade-mecum existentiel qu'il songeait vraisemblablement...

Lorsque l'excellence hédoniste a été réalisée, que le contrat hédoniste rend possible la communauté, le signe en est l'amitié. Entre amis, le souffle des dieux passe et répand les bonheurs et plaisirs de l'absence de trouble, mais aussi de la jouissance d'être ensemble. La douceur, vertu cardinale chez Epicure, trouve alors son plein épanouissement : volonté de jouissance pour deux, intérêt bien compris de la dépense et de la profusion affective partagées, capital de force inestimable, réduction de la solitude solipsiste dans laquelle chacun vit, l'amitié vaut par les potentialités magnifiques qu'elle suppose.

Le contrat qui rend possible cette vertu de l'élection fonctionne également en sens inverse et peut tout aussi bien générer l'éviction. Dans le cadre d'une relation avec un individu incapable de contracter – majeur bien que mineur affectif, intellectuel, mental ou psychique –, plus doué pour la pulsion de mort que pour la pulsion de vie, talentueux pour créer les désagréments, les ennuis, les souffrances, génial dans l'art de générer des douleurs et des peines, mais viscéralement incapable de fabriquer de la joie, du bonheur et du plaisir, le sage évincera, écartera le fâcheux – ou la fâcheuse...

Car on ne peut contracter avec tous ; l'univers ne peut être le champ de bataille de toute intersubjectivité. La communauté est possible seulement là où l'on est, elle se déplace potentiellement avec nous : le Jardin ne saurait constituer une prison ou un asile, une forteresse ou un hospice. Le philosophe ne se limite pas au cadre strict de la communauté philosophique, il l'est peut-être même plus encore et mieux en dehors, les portes du Jardin franchies.

D'où la nécessaire sagacité : on ne philosophe ni ne vit une vie philosophique seul, mais pas avec n'importe qui non plus. A l'endroit de ceux qui ne peuvent décemment pas entrer dans la communauté élective épicurienne, ponctuelle ou durable, géographiquement repérable, sédentaire, ou en rapport avec les flux intersubjectifs, nomades, il reste l'ultime recours des matérialistes, des subversifs et des maîtres de l'immanence : Rire – et jouir ailleurs...

XII

Philodème de Gadara
et la communauté hédoniste

1

Excellence de la catastrophe. Parfois le pire génère le meilleur : ainsi la mort produit des survies, la destruction occasionne des conservations, du néant même surgit l'être. Exemple ? La catastrophe volcanique du Vésuve qui tue, engloutit Pompéi et Herculanum sous la cendre, le feu, les gaz asphyxiants. Rien ne survit : les riches et les esclaves, les hommes et les femmes, les animaux domestiques, pétrifiés dans l'éternité, rejoignent les choses, les objets. De ce fait, ruse de la raison, ce temps arrêté témoigne pour toujours, rendant contemporain ce qui aurait dû passer, filer, couler. Ce jour de l'an 79 de notre ère, la mort prend date, certes, mais elle paie son tribut d'une mémoire encore aujourd'hui lisible, et donc précieuse à plus d'un titre...

Pline l'Ancien meurt à Pompéi, on ne l'ignore pas – la lettre de son neveu à Tacite raconte l'événement dans le détail –, mais Philodème de Gadara et une poignée d'autres philosophes épicuriens – Démétrius Lacon, Carneiscos, Polystrate – bénéficient ce jour d'une chance extraordinaire : leurs œuvres écrites se trouvent scellées dans une gangue de lave épaisse d'une vingtaine de mètres, immobilisées, mais protégées des affres du temps, donc disponibles pour les siècles futurs. Il faudra pour cela que les hommes découvrent, presque mille sept cents ans plus tard – en 1753 –, qu'Herculanum et Pompéi ont été sauvées parce que détruites. Les cadavres d'hommes côtoient les pensées écrites : les vivants trépassent, les morts s'inscrivent dans l'éternité. Du moins le temps qu'elle dure...

Lorsque l'archéologie entreprend de faire parler ces deux cités, elle obtient des renseignements considérables pour reconstituer la vie des vivants : pétrifiée dans l'instant, la vie quotidienne livre ses secrets par-delà les siècles. Les boutiques et les commerces, les prostituées et leurs clients, les prisonniers attachés, de la même manière que les animaux domestiques, les fournils de boulangers et les étals de poissonniers, les lieux de culte, les maisons de passe, les domiciles privés, les constructions publiques : de ce cercueil de cendres refroidies se lève une population. Parmi elle se trouvent probablement des philosophes qui vivent dans une villa créée plus d'un siècle en amont par un autre philosophe, Philodème de Gadara.

Quand, au XVIIIe siècle, des travaux furent effectués à Resina, la ville reconstruite sur Herculanum enfouie, afin de sonder en direction d'un puits, des fragments de chevaux en bronze, des statues de Romains en toge, dont Auguste, et des parties d'un théâtre furent remontés à la surface : on venait de retrouver la ville antique recouverte par les boues volcaniques du Vésuve. Le 19 octobre 1752, les ouvriers découvrent la bibliothèque de Philodème sous la forme de 1 838 rouleaux de papyrus impossibles à exploiter à cause de leur fragilité. Horace, Ovide, Livius et Pline l'Ancien sont retrouvés, Epicure confirmé... Et Philodème découvert.

Le procédé de Biaggio permet de dérouler lentement les feuilles. Le côté non écrit enduit d'une colle particulière permet de libérer la feuille, qui se détache du reste laissant apparaître visiblement les caractères grecs dans lesquels sont rédigés les ouvrages de Philodème : on prend alors connaissance de traités consacrés à la morale concrète – la vie, la mort, les richesses, la santé, la colère, la flatterie, la franchise, les styles d'existence, la politique –, à l'esthétique – rhétorique, musique, poésie –, à la logique – sur les signes et l'induction –, à la théologie – la piété, les dieux, la religiosité – et à l'histoire des idées et de la philosophie. L'ensemble fournit une variante de l'épicurisme datée du Ier siècle av. J.-C.

2

L'architecte, le mécène et le philosophe. La villa qu'on appelle dès lors « des Papyrus » s'avère truffée de statues de monarques hellénistiques, de bustes de philosophes – trois d'Epicure, mais aussi Démocrite, Pythagore, Empédocle, Zénon de Citium... –, de poètes – Homère, Sappho –, de rhéteurs – Isocrate, Démosthène –, de statues et statuettes diverses – un Mercure, une Danseuse ou l'emblème des épicuriens, un petit cochon. Sa décoration somptueuse comporte également des peintures, des objets précieux et signale un commanditaire important. En fait, il s'agit de Lucius Calpurnius Pison, consul en 58, beau-père de César en personne. On ignore le nom de l'architecte, mais le lieu exprime une amitié entre un philosophe et un riche propriétaire, homme politique en l'occurrence.

Dans les milieux aristocratiques romains, cette complicité entre un penseur et un homme d'action, un homme du livre et un individu engagé dans la cité, relève de l'habitude. Consultant privé, négociateur, le penseur prodigue aussi bien des conseils d'existence que des avis sur la politique. Il fonctionne dans un groupe ou une famille et on l'entretient pour ces services. La liaison entre Philodème et Pison semble procéder de cette logique : l'un sait, l'autre apprend, le premier pense, réfléchit, théorise, invite à la vie philosophique, le second lui assure le gîte et le couvert, il assure son intendance.

Dans le cas de ces deux hommes, le quotidien et l'exceptionnel, la vie de tous les jours et la construction de la villa, son ameublement, sa décoration, sa bibliothèque, fournissent des occasions pratiques d'amitié épicurienne. La villa des Papyrus, une œuvre d'art totale, incarne dans la pierre et les volumes de l'architecture le projet d'une communauté philosophique placée sous le signe d'Epicure. Elle témoigne du fait que la philosophie, à l'époque antique, est affaire existentielle, pratique et visible dans tous les secteurs de la réalité. La maison hédoniste – et la communauté qui l'accompagne – vaut la création d'un concept ou l'élaboration d'un personnage conceptuel : elle est d'ailleurs personnage conceptuel...

La villa de Pison passe pour l'une des plus somptueuses du monde latin. Les structures architecturales grandioses, les décorations magnifiques, les peintures précieuses, les bibelots de valeur, les œuvres d'art de la meilleure facture et de grande qualité signifient une façon nouvelle de vivre l'épicurisme. L'esprit du Jardin, mais probablement pas la lettre : une communauté existentielle d'amis, certes, mais sans l'austérité ascétique à laquelle le Maître invite de manière rigoureuse. Avec cette maison exceptionnelle, on assiste à une façon de vivre l'épicurisme. Elle raconte le passage à l'acte philosophique et montre l'accomplissement du génie latin : le souci du réel, la passion du concret, la volonté pragmatique.

Que dit cette villa ? Le passage de la culture hellénistique à la civilisation romaine. Dans ce lieu de Campanie, on parle grec, on l'écrit, mais pour la première fois s'imagine la possibilité de parler et d'écrire une autre langue pour philosopher : le latin. Fin du privilège grec, fin du monde hellène, avènement d'un univers neuf porteur de potentialités nouvelles. De manière infime, en pointillé, le génie se déplace vers Rome, centre unique d'un monde qui change doucement d'axe. Avant cette nébuleuse épicurienne, la philosophie n'existe pas sur le territoire romain. Cicéron le stoïcien, Lucrèce l'épicurien remplissent cette époque.

3

Loin d'Epicure, l'épicurisme. La communauté épicurienne constituée autour de Pison et de Philodème répond peut-être à des installations d'autres microsociétés philosophiques dans les parages. A l'époque, les écoles concurrentes se livrent des batailles sans merci. Les polémiques livresques et théoriques témoignent. Elles nous valent d'ailleurs la mémoire des pensées visées, même déformées, même approximatives : en maltraitant les épicuriens, Cicéron, par exemple, a contribué à sauver plus d'un texte, d'une idée ou de fragments du corpus incriminé... Ces polémiques se menaient possiblement aussi sur d'autres terrains, notamment celui des sociétés philosophiques inspirées par les modèles princeps : Académie platonicienne, Portique stoïcien ou Jardin épicurien... L'architecture philosophique, ou la guerre continuée par d'autres moyens !

L'épicurisme essaime très tôt. Du vivant d'Epicure, les communautés fleurissent un peu partout : à Lampsaque, Mytilène, Apamée et Antioche en Asie Mineure ou en Egypte, à Alexandrie, on compte des émanations du Jardin. Le Maître dispose d'ailleurs de disciples auxquels il envoie des courriers, dont les (trois) fameuses lettres conservées. La Campanie est un point de pénétration de cette pensée sur le territoire italique. Le poète satiriste Lucilius, par exemple, évoque des banquets athéniens dans lesquels il est question des atomes et des simulacres, preuve que la pensée d'Epicure a traversé la mer Adriatique.

Au milieu du IIe siècle avant l'ère commune, Alkios et Philiskos, deux Grecs sur lesquels on ne dispose d'aucun renseignement, se proposent d'implanter la philosophie d'Epicure à Rome. Peut-être faisaient-ils partie du paquet de philosophes expulsés de la capitale italienne en 173 av. J.-C. parce que les autorités estimaient que leur éloge philosophique du plaisir corrompait la jeunesse et célébrait la mollesse, une vertu aux antipodes des aspirations de la société romaine à cette époque... Dans le Bassin méditerranéen, l'épicurisme jouit d'une réelle faveur.

Philodème lui-même vient de Gadara, une ville de Syrie où il voit le jour en 110 av. J.-C. Son maître Zénon de Sidon lui inculque les principes épicuriens à Athènes. Sa bibliothèque provient peut-être de sa ville natale ou de son séjour grec. Toujours est-il que son arrivée dans la villa de Pison lui permet la constitution d'un authentique instrument de travail philosophique. Cet Oriental hellénisé romanise une pensée et lui donne les moyens de se métamorphoser en conservant et en dépassant un certain nombre des enseignements du Maître. En traversant le monde méditerranéen d'est en ouest, Philodème acclimate une pensée plastique, dynamique et vivante. Il réalise un ajustement dans lequel se résout le mystère du glissement sémantique qui part de l'ascèse grecque originaire et parvient à la jubilation romaine douce des années du dernier siècle païen.

A l'évidence, la rigueur doctrinale généalogique s'assouplit en passant les limites du Jardin et en changeant d'époque. L'épicurisme devient populaire. Pour le meilleur et pour le pire. Le pourceau d'Epicure, dont se réclame Horace, qualifie plus le sectateur romain du Ier siècle avant l'ère commune que le disciple grec du IIIe. Au sommet de l'Etat également, la philosophie matérialiste et hédoniste trouve des affidés : l'entourage de Cicéron, César lui-même et certains officiers de sa garde – mais aussi Cassius, l'un de ses assassins ; à l'écart aussi, les poètes élégiaques ; à la base, des gens de peu, modestes. L'épicurisme a pénétré tous les milieux.

4

Eloge de la vie philosophique. Rien de ce qui constitue cette maison philosophique n'échappe au projet de l'expression et de l'incarnation de l'épicurisme. La forme architecturale oblige au fond, certes, mais aussi aux existences qui évoluent en son sein. L'agencement des statues en couples, en individualités qui se répondent, propose une méditation sur le meilleur type de vie : aux souverains s'opposent les poètes et les philosophes ; face à la vie active des hommes engagés dans le pouvoir et la cité, se trouve la vie contemplative du penseur soucieux de construire son existence comme une œuvre d'art équilibrée, harmonieuse, autosuffisante.

L'alternative Epicure/Zénon formule, dans l'espace philosophique même, le choix entre la joie de vivre épicurienne et l'austérité stoïcienne, l'ataraxie individuelle et le sens de l'Etat, la pensée grecque et la raison latine. Même remarque avec le couple Hermarque/Démosthène, qui permet de mettre en scène, face à face, la vie privée du sage et la vie publique de l'orateur impliqué dans la cité. L'ensemble du programme décoratif de la villa invite à ce genre de réflexion qui procède de la logique binaire du « Y » – ce fameux *topos* grec classiquement illustré par Prodicos de Céos. Philodème, auteur d'un livre intitulé *Des modes de vie*, a pu mettre en perspective sa pensée sur ce sujet et cet agencement esthétique intérieur : le livre et la statuaire expriment différemment une même idée – le bon choix consiste en la vie philosophique.

La villa des Papyrus offre l'exemple d'une invention de possibilités d'existence alternatives à la franche implication dans la cité. Elle fonctionne telle la communauté d'Epicure sur laquelle on ne dispose d'aucun renseignement : à quoi ressemblait ce fameux Jardin dans la banlieue nord-ouest d'Athènes ? Quelle surface ? Importante vraisemblablement puisqu'on sait par Diogène Laërce que le coût du terrain et de la bâtisse s'élevait à quatre-vingts mines – plus cher que le prix d'une trirème, un navire de guerre de trente-sept mètres de long et qui contient deux cents hommes... Combien d'hommes et de femmes réunis là ? Quels emplois du temps ? Quelles parts entre le travail intellectuel, la discussion, les repas, le repos ? Quels financements – investissement et fonctionnement ? Quels budgets pour quels postes ? Rien ne subsiste sur ces questions pourtant essentielles...

Les fouilles archéologiques montrent à l'évidence une surface très importante, un coût dispendieux et une vue imprenable sur le golfe de Naples. Preuve que l'épicurisme ne rime pas obligatoirement avec le dépouillement intégriste des cyniques – par exemple.

De l'amphore diogénienne à la villa de Pison, la distance se mesure en chiffres considérables. Le même écart qu'entre la vie solitaire de Diogène et l'exercice collectif d'Epicure... La construction du Jardin s'effectue grâce à de riches donateurs acquis à la cause philosophique – ainsi Léontéus et Idoménée. Pour la villa campanienne, le mécénat de Pison explique tout.

Précisons d'ailleurs que Mécène, qui donne son nom à l'activité que l'on devine, manifeste ses largesses en contemporain de ce cercle campanien. Descendant d'une célèbre famille étrusque, chevalier de naissance, écouté par l'empereur Auguste – épicurien lui-même, il soutient généreusement Horace, à qui il offre sa ferme en pays Sabin –, Virgile, qui lui dut son indépendance et le sujet des *Géorgiques*, puis quelques autres acteurs de la vie littéraire du moment. Le prix à payer ? Un soutien du régime impérial dans les œuvres signées de leurs noms... En disgrâce auprès d'Auguste après l'exécution de son beau-frère, Mécène se retire des affaires et se replie sur une existence d'intellectuel hédoniste. L'histoire lui prête l'invention des piscines chauffées à Rome...

5

Le chef-d'œuvre ? l'emploi du temps. A quoi ressemble le détail de cette vie philosophique ? Quid des heures, les unes après les autres, dans ce monastère païen – dont les chrétiens, me semble-t-il, s'inspirent à plus d'un titre ? Philodème de Gadara a rédigé des épigrammes qui nous renseignent sur la nature de cet épicurisme en chair et en os. L'exercice poétique versifié a ses contraintes, certes, et d'aucuns imaginent le nombre de pieds plus contraignant que l'idée. Mais la poétique du philosophe témoigne : le fond et la forme doivent s'équilibrer. Pas question de mettre l'un en évidence au détriment de l'autre. Si le Syrien agit en conséquence, ses poèmes peuvent renseigner et témoigner en toute bonne foi.

La bibliothèque de cette villa fonctionne en cerveau, en cœur, en intelligence du lieu. On peut y trouver les textes canoniques et fondateurs, les pensées essentielles. Les élégiaques, les rhéteurs, les philosophes reposent là, dans l'attente d'une consultation, d'une lecture. Les hôtes y passent, lisent, méditent, prennent des notes, réfléchissent, confrontent leurs points de vue, frottent leurs visions du monde à celles des grands Anciens. La théorie épicurienne s'y décortique avant les exercices spirituels, les travaux pratiques et les mises en œuvre. Le livre vise l'action, le texte annonce l'incarnation.

Le travail solitaire prend son sens dans l'échange solidaire. Après le cheminement personnel, les amis se retrouvent et discutent, échangent. Le belvédère qui coiffe la villa offre l'occasion d'une pratique cérébrale échangiste : on parle, confronte ses positions, expose ses avis – devant un point de vue que les amateurs de sublime – Longin en tête – peuvent considérer comme un exemple : à perte de vue les partenaires assistent au spectacle de la vastitude de la Méditerranée. Irisations solaires, mauves, bleus, verts et noirs de l'eau magique et magnifique, huiles lustrées par le soleil couchant ou crêtes ondulantes et écumeuses les jours de grand vent, tracés des lourdes embarcations qui creusent la mer en un sillon d'eau profonde, sinon visions d'apocalypse – Lucrèce s'en souviendra dans son *De natura rerum* – des navires mal calfatés brisés par les vagues et réduits à un paquet de planches disjointes, théâtre de mort pour les marins qui ne savent pas nager... Autant de leçons sur l'éternité, le temps, la mort, le semblable de la mer, de ses caprices, et le dissemblable de ses occasions, le même des lumières et l'autre de leurs variations, la caducité, la durée fragile – illustrations de la thématique épicurienne...

La théorie, bravo. Mais la pratique, voilà mieux : cette idée ne risque pas de séduire la communauté philosophique officielle qui avalise la séparation, la coupure, la fracture entre le texte et la vie. Et ce, depuis les origines de la pensée dominante. Des glossateurs, des professeurs, des verbeux, des scribes, des rhéteurs, des logiciens, des chercheurs, des pontes en mots, la discipline n'en manque pas. Des praticiens en revanche, la denrée semble plus rare. Des hommes qui trouvent et vivent en conformité avec leurs trouvailles, des individus requis par la pensée et convertis à la sagesse, la performance mérite qu'on s'y attarde. Philodème et les siens témoignent en ce sens.

Et leur tension vise un chef-d'œuvre singulier : la construction de soi, l'écriture et la fabrication de son identité, la sculpture de sa subjectivité à la manière d'une œuvre d'art – un marbre tel le *Doryphore* ou l'*Héraclès* de Polyclète ou l'*Amazone* de Phidias, trois œuvres exposées dans la villa de Pison. Pour parvenir à cette fin, le moyen est l'emploi de son temps, le bon usage de chaque seconde impartie entre deux néants, celui dont nous provenons, celui vers lequel nous nous dirigeons à toute vitesse en regard de l'éternité. Et ce souci théorique passe par des définitions triviales : quoi boire et manger ? Quand ? Avec qui ? Travailler, oui, mais de quelle manière ? Sur quel sujet, quel objet ? Se reposer, à l'évidence, mais selon quelles proportions ? Se distraire, dormir, penser à son corps, certes, mais dans quelle mesure ?

Les épigrammes répondent. On y trouve un éloge de la douceur de vivre, de l'amitié, des repas pris en commun, des femmes et de leur commerce – les jeunes, les plus âgées, bien conservées, bénies des dieux, donc... On sait par ailleurs le goût des philosophes épicuriens et de leurs comparses pour les jeux et les conversations, puis les repos en commun. Frugalité des tables, des vins et des mets, ni l'excès luxueux, ni l'affectation de pauvreté, une bonne distance entre l'ostentation des riches et celle des pauvres, avers et revers d'une même médaille...

6

La douceur de vivre. Deux épigrammes permettent de reconstituer des repas épicuriens. Rien à voir avec les filets d'ours, le fromage au vin cuit, les têtes d'escargot, les porcs farcis de boudins et de saucisses, les Priapes en pâtisserie, le falerne versé dans de la vaisselle d'argent massif, l'ensemble couronné par l'emploi, *in fine*, de godemichés en cuir huilés de poivre broyé et d'ortie pilée tels que le *Satiricon* les met en scène. La caricature des disciples d'Epicure donnant dans les festins et la débauche genre Trimalcion qui obligent à vomir pour ingurgiter encore et encore dispensent d'aller voir de plus près : au Jardin comme dans la villa de Pison, le repas frugal règne en maître.

La violence, la brutalité, la dépense sans limites ne correspondent pas à l'idéal épicurien, qui veut la mesure, la douceur et la paix. Le plaisir théâtralisé par Pétrone ne ressemble en rien à celui que pratiquent les tenants de la philosophie d'Epicure. Lors d'un repas effectué pour célébrer l'anniversaire de la naissance du Maître – qui en a formulé le désir dans son testament –, Philodème mange les produits de la terre et de la mer italiennes : pois chiches, choux et sardines encore luisantes de fraîcheur, fromage juste caillé dans le sel, laitue, olives. Lors d'une autre occasion, du foie de porc avec des petits oignons et une chicorée...

Le vin précieux n'existe pas sur la table des amis, mais probablement un cru local peu alcoolisé, léger. La gastronomie procède du terroir : simple, vraie, enracinée, modeste, plus proche de la nature que de la culture qui raffine, élabore et oblige à des variations coûteuses. Le train de vie de Pison permettrait des cuisiniers et leurs brigades à demeure, des sauces sublimes et des préparations alambiquées. Rien de tout cela. *Physis* contre *nomos* là encore, les leçons de la simplicité naturelle contre les préciosités artificielles excessives... Cuisiner relève également de l'exercice philosophique, manger aussi, les disciples d'Epicure le savent qui pratiquent aussi bien la pensée du Maître autour d'une table que dans l'atmosphère confinée et silencieuse de la bibliothèque.

Devant ces mets sobres, les conversations abondent sur des sujets polémiques : quelles relations entretiennent richesse, bonheur et vertu ? Qu'en est-il de l'utilité et de l'honnêteté dans l'amitié ? Quelles définitions donner du Bien et du Souverain Bien ? Plaisir, Bonheur, Vertu, Sagesse ? Doit-on craindre la mort et comment vivre puisqu'il faut mourir ? Le banquet sert la philosophie ; la philosophie sert le banquet. L'un et l'autre se donnent mutuellement sens. On ne mange pas seulement pour se nourrir et satisfaire un besoin naturel et nécessaire, on crée en supplément l'occasion d'un exercice philosophique.

La communauté s'exerce de manière dynamique. Des textes de Philodème racontent qu'une hiérarchie reconnue au sein du groupe permet à certains d'en guider d'autres : les plus avisés, les mieux avancés, les aguerris rompus à la philosophie épicurienne conduisent les impétrants. Soit de manière individuelle, soit de façon collective. Dans les exercices du souci de soi, l'interactivité règne. L'amitié inspire cette manière communautaire de procéder : elle se dit moins qu'elle ne s'incarne et se manifeste dans des gestes, des signes, des complicités. Dans la villa on croit moins à l'amitié qu'à ses preuves. En permanence, les membres de cette collectivité philosophique doivent avoir à l'esprit qu'il s'agit de vivre comme en présence d'Epicure.

7

Construction de l'épicurisme campanien. En quarante années d'exercice, Philodème de Gadara aidé par Pison transforme Herculanum et la Campanie en capitale de l'épicurisme romain. Le philosophe et le mécène accueillent Virgile, qui fréquente le cercle vers 49 ; Siron, le maître du poète, vit également à Herculanum, dans la villa. Horace écrit nombre de vers en relation avec le mode de vie pratiqué chez Pison et une lecture avisée permet de repérer une multitude de références au *De la mort* de Philodème dans les *Odes*, *Epîtres* et *Satires*. Même remarque avec Tibulle, dont la sagesse emprunte beaucoup aux maximes d'Epicure : mépriser la richesse, modérer ses désirs, renoncer aux fictions sociales, viser le calme intérieur, réduire ses besoins à l'élémentaire, pratiquer une Vénus non aliénante. Catulle, enfin, parsème également son autobiographie poétique des lieux communs épicuriens du moment. La philosophie déborde son cadre, envahit la poésie élégiaque et contamine la vie quotidienne.

L'épicurisme ascétique du Maître athénien connaît une nouvelle vie sous les traits d'un épicurisme hédoniste romain. Philodème, le Syrien éduqué à Athènes et domicilié en Italie, devient l'auteur et l'acteur de cette transformation. La villa des Papyrus fonctionne en géographie de cette dynamique philosophique. Le glissement sémantique de l'épicurien disciple de la pensée austère d'Epicure en pourceau sans foi ni loi, grossier animal abandonné aux jouissances triviales, procède d'un malentendu, certes, à l'évidence organisé par ses ennemis et adversaires : il date de cette époque.

Le malentendu règne. Car ce second épicurisme, pas plus que le premier qu'il assouplit et humanise, ne revendique la débauche, le plaisir outrancier, l'indexation de toute pratique sur la satisfaction grossière des animaux. Les campaniens récusent tout autant l'ascèse austère et difficile du Maître qu'ils refusent l'abandon aux jouissances faciles. L'excès leur convient moins que la définition d'une nouvelle mesure, d'un équilibre différent, plus proche d'Aristippe. Ni le plaisir réduit aux acquêts, ni celui d'un fêtard ou d'un noceur romain : une douceur de vivre, une paix acquise, une sérénité que rien ne vient troubler – voilà ce vers quoi tendent ces tenants de la nouvelle génération épicurienne.

La théorie d'Epicure permettait d'ailleurs cette interprétation. La physiologie du philosophe fondateur oblige à la sévérité de la doctrine : Epicure fait de nécessité vertu et veut ce que la nature commande pour lui. En émule de Pindare, il tâche de devenir ce qu'il est ! Mais sa pensée ne condamne pas le plaisir en soi. Lui ne peut sûrement en supporter des doses massives et célèbre donc la dose homéopathique, mais il n'interdit pas d'autres formules : tant que la liberté, l'autonomie, l'indépendance, l'ataraxie ne sont pas entamées. Plaisirs de la table ou du lit, esthétiques ou autres, pourvu qu'ils ne soient pas nécessaires, peuvent très bien être satisfaits s'il ne s'ensuit pas une aliénation, un trouble de l'âme et du corps. L'épicurisme hédoniste romain ne contredit pas la version ascétique grecque. Philodème et les siens n'agissent pas en traîtres, en infidèles à Epicure : ils l'interprètent, le lisent, ne déforment pas sa pensée mais ajustent l'esprit et la lettre.

D'où la collection de maîtresses de Philodème, qui suppose une satisfaction de désirs naturels, certes, mais non nécessaires. Les épigrammes témoignent : le philosophe n'a pas souffert ou perdu sa liberté, il s'est gardé de la passion et de la folie qu'elle suppose, a pris dans l'instant ce que ces plaisirs pouvaient lui offrir sans pour autant que s'ensuivent des douleurs, des souffrances, des conséquences pénibles pour son travail philosophique sur lui-même. Seul ce qui aurait emporté sa raison, l'instrument de sa vie philosophique, était condamnable – pas les jeux érotiques, les plaisirs de Vénus, les joies de l'alcôve...

Horace abonde dans ce sens et théorise le fameux *carpe diem.* Si Philodème invente le truc mnémotechnique du quadruple remède, le poète synthétise l'esprit de l'épicurisme dans sa version tardive avec cette formule à la fortune considérable : invite à cueillir dès aujourd'hui les roses de la vie qui bien vite se fanent, proposition d'un art de jouir pleinement d'un présent que ne contamine pas l'idée ou la crainte de la mort, sagesse d'une jouissance obtenue par la coïncidence de soi et du monde dans la dimension du moment, joie sans nuages obtenue dans l'exercice du pur plaisir d'exister, autant de maximes simples et redoutablement efficaces sur le terrain existentiel...

8

Apprivoiser la mort. L'épicurisme s'organise autour de cette évidence : nous allons mourir. Vérité de La Palice, certes, mais enfouie chez la plupart, qui se mentent, s'illusionnent, vivent comme s'ils étaient éternels, s'étourdissent dans l'existence à la manière de ludions immortels, tordent le réel, pratiquent le déni, voguent en plein bovarysme, excellent dans la mauvaise foi, se démènent pour ne pas regarder la mort en face. Epicure fournit dans sa *Lettre à Ménécée* la pharmacopée toujours efficace vingt-trois siècles plus tard pour aborder ce problème en toute quiétude et trouver la paix. Pas étonnant qu'en présence d'une thérapie active, vivace, Philodème se contente de reprendre les thèses du Maître sur ce sujet. Si, le temps passant, l'épicurisme trahit des inflexions, la théorie sur la mort, elle, ne bouge pas. Elle traverse les siècles, indemne, ignorant l'entropie...

Le texte que Philodème de Gadara consacre à la mort mélange les considérations philosophiques classiques de l'école et les propos convenus qui constituent un genre de sagesse populaire découlant, un peu fade, du breuvage puissant des origines. Qu'on en juge : la mort concerne tous les hommes, indépendamment de leurs statuts sociaux ; elle distingue clairement les hommes et les dieux ; elle suppose la dissolution des agencements de la matière et sa recomposition en d'autres formes ; elle n'est rien, parce que quand nous sommes là elle n'y est pas, et quand elle sévit nous ne sommes plus ; de manière révulsive, elle donne toute sa saveur à la vie.

Et ailleurs : l'existence doit se tenir à égale distance de l'envie excessive de vivre et de la peur de mourir ; mettre fin à ses jours avant d'avoir pleinement vécu n'a pas de sens ; croire les imbéciles qui proclament l'inconvénient d'être né confine à l'absurdité ; ne pas prêter l'oreille à ceux qui dénigrent la vie et invitent à la quitter au plus vite ; la mort doit s'affronter avec sérénité, en souriant, sans crainte ; se soucier de ce qui advient après – sépulture ou pas, réputation ou non – ne présente aucun intérêt ; consentir à tout ce qui suppose une vie placée sous le signe de la pulsion de mort, voilà le péché mortel...

Pour résoudre le problème de la mort, vivre en mortel et arriver serein à l'heure fatale, Philodème s'appuie sur une théologie. Les pages d'Epicure sur cette question se trouvent complétées par des textes de l'homme de Gadara, notamment *Comment vivent les dieux*. On y retrouve ce que l'on sait déjà par la fin de la *Lettre à Pythoclès,* qui critique la religion populaire, sa formule astrale, mais aussi la crainte des dieux : matériels, situés dans les intermondes, ils ne se soucient aucunement des hommes, de leur destin, et de leurs activités. Bienheureux, incorruptibles, immortels, ils nous fournissent un archétype, une idée de la raison, un modèle : il s'agit de vivre comme un dieu – alors on n'aura rien à craindre de la mort.

Philodème complète le portrait du ciel, du moins des dieux matériels – bien que constitués d'atomes plus subtils, plus fins que d'autres. Le philosophe doit être l'ami des dieux car les dieux sont les amis des philosophes. Leur relation pacifiée, amicale, disons-le ainsi, génère une sérénité utile pour aborder la fin d'une existence. Mais sur les dieux, il faut ajouter des détails propres à Philodème : leur beauté par exemple, mais aussi leur possibilité d'être sexué – dieux mâles et dieux femelles... –, leur vie sociale et leur langue, rationnelle, donc apparentée au grec...

La piété exclut une prière dirigée dans le sens de l'interpellation, de la sollicitation, de la demande intéressée : on ne communique pas avec les dieux pour leur demander des bienfaits ou des avantages. Aux antipodes des sacrifices grecs, destinés à s'assurer la bienveillance du ciel, loin de toute transcendance, la relation du philosophe et de ses modèles s'installe dans l'immanence, sur le terrain méditatif et spirituel d'un genre de sagesse païenne. Les dieux épicuriens invitent à l'imitation, un exercice dont les chrétiens – Ignace de Loyola par exemple – se souviendront... Vivre en tâchant de calquer son existence sur celle des dieux, voilà qui transforme en dieu parmi les hommes – voilà aussi matière à sérénité dans la perspective de quitter cette terre.

9

Habilitation de l'esthétique. Philodème conserve et dépasse l'épicurisme. Il garde le fond, l'essentiel : le matérialisme hédoniste, la physique éthique, le monisme ontologique, la philosophie immanente, la sagesse thérapique, l'eschatologie ataraxique, la pratique communautaire, la théologie sotériologique. Et il précise un certain nombre de points : ainsi assouplit-il la dimension austère et ascétique du départ, conduisant la sagesse du Jardin vers un hédonisme moins rigoureux, moins monacal pour le dire en un terme inapproprié... Et pour ce faire, il infléchit la doctrine sur deux points : l'esthétique et la politique. D'une part il propose une théorie élargie des beaux-arts, d'autre part une invite citoyenne moins en rupture radicale avec la cité.

Sur la question esthétique, Epicure écarte les beaux-arts parce que inutiles pour parvenir à l'ataraxie. Désirs naturels (ils me semblent plutôt non naturels...) et non nécessaires, ils n'entrent aucunement en ligne de compte pour conduire l'individu à la sérénité. De plus, la poésie réduite à celle d'Homère passe pour détestable parce que mensongère, mettant en scène des mythes, des histoires, donc des erreurs. Par ailleurs, en tant qu'elle rend désirables les passions humaines, elle mérite une condamnation sans appel.

Philodème poète – et Lucrèce également... – ne peut souscrire à cette option. Pas plus que l'épicurisme tardif n'adhère à la récusation qu'Epicure fait de la culture en général. L'option utilitariste, nettement indexée sur la fabrication d'un sage débarrassé de toute douleur, a laissé penser que le Maître du Jardin ne voyait pas l'intérêt de consacrer du temps et de l'énergie aux sujets qui débordent le cadre fixé par ses soins. La tentation contre-culturelle du premier épicurisme, proche en cela du cynisme, disparaît sous l'influence du philosophe de la villa d'Herculanum.

L'esthétique y est dès lors entendue – option radicalement prémonitoire ! – comme une occasion de jubilations, de plaisirs, de divertissements qui ajoutent aux satisfactions recherchées par les personnes soucieuses de leur édification philosophique. Dans le trajet vers la sagesse, la culture devient moins une entrave qu'une alliée. Philodème investit pour sa part dans des domaines nouveaux évités par les premiers sectateurs d'Epicure : l'histoire de la philosophie, la musique, la poésie et la rhétorique. D'où une habilitation de l'esthétique dans la géographie intellectuelle épicurienne.

La découverte des papyrus de la villa met au jour, en effet, une *Histoire de la philosophie* en dix volumes signée par Philodème. Quand, au IIIe siècle après Jésus-Christ, Diogène Laërce (qui laisse en suspens son travail justement sur le nom d'Epicure...) rédige ses *Vies, doctrines et sentences des philosophes illustres*, il semble largement utiliser le travail du penseur de Gadara qui considère toutes les écoles qui précèdent l'épicurisme comme des entités dont il tâche d'extraire la cohérence, l'évolution, la dynamique. Voire la charge polémique, notamment en ce qui concerne platonisme et stoïcisme...

Sur la musique, Philodème inaugure également. La philosophie antique est pauvre sur cette question. Pythagore et Platon, certes, mais surtout pour envisager sur ce sujet la question du Chiffre et du Nombre, de l'Harmonie plus que le problème de la réception des sons par un corps susceptible de perception, donc d'émotions, de sensations, et, *in fine*, de plaisir... La Musique des Sphères pythagoricienne ou l'Harmonie de l'Ame platonicienne tournent résolument le dos à la théorie jubilatoire de la musique chez Philodème.

Certes, Epicure se tait sur ce point. Mais on infère

facilement sa condamnation de la musique puisqu'elle ne présente aucun intérêt direct pour réaliser l'ataraxie. Son propos n'est pas d'évincer les craintes, de réduire les troubles, dès lors elle ne présente aucun intérêt dans l'économie épicurienne des premières heures. Au Jardin, pas de musiciens... Etrangement, Epicure rejoint Pythagore et Platon dans sa façon de penser la musique moins pour son être même, sa nature et son essence, que ses potentialités à l'intérieur de son système. En utilitaristes théoriques, ils s'approprient une discipline qui n'exprime dès lors pas sa puissance à l'endroit des hommes.

Philodème infléchit le discours épicurien orthodoxe et célèbre la musique parce qu'elle peut pacifier l'âme. Depuis le mythe d'Orphée, on connaît ses pouvoirs ; Ulysse lui-même expérimente la puissance des voix enjôleuses des Sirènes ; Platon condamne certains modes musicaux – le dorien (?) – parce que amollissants, sensuels et contraires aux lois d'une cité idéale : pour ces mêmes raisons, Philodème envisage la question du plaisir acoustique. Le premier, il installe l'esthétique sur le terrain des jubilations qu'elle peut produire. Philodème donne à la musique ses lettres de noblesse : elle sert à donner de la joie, voilà sa vertu. On en usera donc en auditeur, pas en praticien, car l'apprentissage entraîne beaucoup plus de désagréments que d'agrément...

Histoire de la philosophie, musique, mais aussi poésie et rhétorique, permettent à Philodème de s'émanciper de la critique épicurienne originaire des arts, de la culture, du savoir en marge ou extérieur au travail d'ascèse philosophique. La poésie non plus ne représente pas un intérêt essentiel pour parvenir à l'ataraxie. En revanche, elle fournit l'occasion de belles formes pour de belles idées : les élégiaques romains s'en souviendront – Horace, Catulle, Tibulle, Properce –, mais aussi Philodème, qui écrit pour son protecteur Pison un texte politique en vers, *Du bon usage du roi selon Homère*, et également des *Epigrammes*, ou Lucrèce, qui rédige les six livres de son *De natura rerum* en sept mille quatre cent quinze décasyllabes...

L'esthétique de Philodème se tient à égale distance de deux excès : le culte de la forme pure sans aucun souci du sens ; la célébration du fond indépendamment de toute forme. Ni l'art pour l'art, ni son instrumentalisation au service de causes extrapoétiques. Pas plus la religion de l'euphonie que le travers pédagogique, mais un savant équilibre entre la chose dite et la manière de l'exprimer. Une bonne et belle pensée dans une forme pauvre manque son but de la même manière qu'un contenu banal enveloppé dans une structure impeccable.

Dans son abord de la rhétorique, on trouve le même souci : mettre l'art oratoire au service de causes justes et philosophiquement bonnes. Contre la captation de cet outil sublime qu'est la technique argumentative par les hommes politiques – une pierre dans le jardin de Pison ? –, Philodème vante les mérites d'un instrument au service d'une cause digne. Là encore, il renvoie dos à dos l'habileté dialectique pure sans contenu et les idées salement présentées, proposées ou défendues.

Dans *Des signes*, il travaille sur la question de l'inférence et réfléchit au passage entre ce qui est vu, constaté par le corps du philosophe, et ce qui peut être déduit : comment, par exemple, conclure aux réalités invisibles de l'atome et du vide à partir des réalités visibles ? De quelle manière parvenir à la théorie de la déclivité – une référence inexistante dans le corpus découvert d'Epicure, mais présente dans celui de Philodème – en ayant uniquement recours à ce que l'on voit, sent, goûte, touche ? Dérivant à partir de la rhétorique et s'interrogeant sur le sens des signes, Philodème pose les bases d'une méthode empirique.

10

Les noces avec la cité. L'épicurisme campanien s'émancipe donc de la doctrine d'Epicure. Sur la poésie, la rhétorique, l'usage de la culture, la musique – et ce qui donne des plaisirs indiscutables –, les idées changent. Le plaisir devient moins le résultat de la négation des douleurs, des craintes et des souffrances, il cesse de se définir de manière purement réactive – absence de troubles –, et acquiert une nouvelle dimension, positive, constructive, volontariste : on le veut pour la satisfaction qu'il procure, dans la mesure où celle-ci n'entame pas le capital de paix et de sérénité accumulé. La jouissance interdite coïncide avec la jubilation qui ébranle l'état de quiétude mentale, physique et psychique auquel on est parvenu à force de travail sur soi.

La rupture avec Epicure paraît plus nette sur le terrain politique. Le Maître invitait à un genre de sécession d'avec le monde. Il proposait de rompre avec la cité, non pas violemment, brutalement, ostensiblement, mais en quittant sans manières la vie triviale et grouillante pour entrer en philosophie dans le Jardin où tout n'est que calme et volupté... A l'écart, à l'abri, loin des tracas du monde comme il va, les troubles évités, on pouvait envisager une pratique existentielle efficace et incandescente. Epicure invente le monastère et la tradition cénobite.

Plus tard, Philodème met au point les modalités d'un clergé séculier épicurien et pense moins la politique en termes de refus que d'infiltration : un homme politique épicurien, voilà une idée nouvelle, tant politique et épicurisme paraissent oxymoriques depuis les origines. La tradition oppose les stoïciens engagés dans la cité et les épicuriens en rupture avec le monde réel. Elle se trompe, car nombre de figures engagées dans la politique politicienne de Rome se réclament de l'épicurisme ou subissent son influence.

Cicéron, à qui l'on doit ce genre de simplification, avait nombre de raisons d'entretenir ce manichéisme simpliste, réducteur et fautif. Entre autres parce que Pison, le protecteur de Philodème, ne l'a pas soutenu dans une affaire de promotion politique et qu'il voit lui passer sous le nez le gouvernement de la Macédoine qu'il convoitait et qui passe aux mains de son ennemi. Dès cette époque, il commence à accumuler des échecs et se voit dans l'obligation de défendre ses ennemis de la veille – Gabinius par exemple, qui avait tout fait pour l'envoyer en exil en 58... – : autant de raisons de haïr les épicuriens. Les philosophes ne sont pas toujours sages, les stoïciens parfois incapables de supporter et de s'abstenir – leur maxime – avec élégance...

Laissons donc derrière nous cette idée d'un disciple du Jardin égocentré, préoccupé de lui seul et oublieux du monde en face d'un tenant du Portique, engagé dans les affaires de la cité, vertueux, magnifique, grand seigneur, ressemblant à s'y méprendre aux clichés de péplums... La version de Cicéron renseigne plus sur l'incapacité d'un homme à vivre à la hauteur de ses idéaux que sur la vérité de sa thèse. Car il existe des épicuriens impliqués dans la vie citoyenne et politique quotidienne romaine – souvenons-nous de César et de Cassius.

Le passage de l'épicurisme grec à sa version romaine suppose également une translation de l'ascèse austère du Jardin à la jubilation voluptueuse de la Villa, de l'ordre métaphysique hellène au registre pragmatique latin. D'une part, un reste d'idéal ontologique, de pensée pure, de méditation sèche ; de l'autre, un souci utilitariste, une tension réaliste, une visée immanente. En passant d'un monde à l'autre, en effectuant son trajet d'est en ouest, l'épicurisme délaisse les contrées rigoureuses de la philosophie qui méprise la question de la cité, pour aborder des terres où la passion politique se vit de manière incandescente et cardinale.

11

Une ataraxie politique. Avant d'intervenir sur le terrain politique prescriptif, Philodème effectue une critique en règle de la politique. L'infléchissement s'effectue toujours dans l'esprit d'un dépassement d'Epicure et de sa conservation. On s'installe au-delà de sa défiance à l'endroit de la chose publique ; mais on garde présente à l'esprit la leçon du politique considéré comme un domaine dans lequel la somme des ennuis se révèle la plupart du temps supérieure à la quantité des satisfactions obtenues. Le jeu n'en vaut pas la chandelle : l'idéal (grec) consiste à se tenir à distance, le réel (romain) n'exclut pas la possibilité d'un certain type de cheminement commun entre la philosophie et la politique. Non que le philosophe doive préférer l'action publique à son travail sur soi, mais l'homme actif et élu dans la cité doit pouvoir agir en regard d'une philosophie. Nul besoin de réactiver le fantasme platonicien du philosophe-roi, il suffit de penser aux conditions de possibilité d'un roi quelque peu frotté de philosophie. Epicurienne en l'occurrence !

La critique du politique effectuée par Philodème aurait réjoui les cyniques ou les cyrénaïques : en investissant dans cette activité, on perd son âme, sa tranquillité, sa sérénité. Jalousie de la plèbe, discrédit des politiques aux yeux des citoyens, expositions dangereuses aux multitudes enflammées, ingratitude des sujets, en butte aux humiliations, l'engagement public ne génère que des ennuis, des risques. Philodème en rajoute : les hommes politiques valent autant que des mages, leurs victimes pèsent autant que des bœufs abattus chez le boucher...

Pas brillant le bilan, guère réjouissant... Que faire ? S'il s'agit d'en rester à l'idéal et de ne pas entendre les leçons du réel, à l'évidence il faut persister dans l'éthique de conviction d'Epicure, si grecque, et se refuser à toute implication politique ; en revanche, position qui relève de l'éthique de responsabilité, tellement romaine, quand on veut pratiquer la philosophie dans la vie quotidienne, il faut envisager une option tierce et croire à la possibilité d'infuser de la philosophie dans le politique. Car la meilleure politique se définit comme celle qui rend le plus facilement praticable l'activité du sage et la réalisation de l'ataraxie.

Laissons donc la politique aux politiciens, mais tâchons de les instruire, de les améliorer en les frottant de philosophie. Les bustes d'hommes politiques qui ornent la villa des Papyrus ne sont pas innocemment choisis. Il s'agit de monarques hellénistiques ayant entretenu des rapports avec des philosophes épicuriens : Ptolémée Philadelphe, Philonide, mais aussi Démétrios Poliorcète, Antigonos Monophthalmos, Lysimaque, roi de Thrace, avec lesquels Epicure a entretenu des relations – parfois tendues. Un bon roi, dans l'esprit épicurien, voilà un idéal pensable...

Philodème entretient Pison de ce sujet dans un ouvrage qu'il rédige en vers. De manière classique dans l'épicurisme, le texte récuse autant la démocratie que la tyrannie : ni le pouvoir du plus grand nombre inculte, ni celui d'un autocrate. La sagesse tourne le dos aux masses et aux despotes. La solution, l'intermédiaire mesure, se trouve dans la monarchie : le pouvoir d'un seul qu'il semble plus facile de rendre meilleur grâce à la philosophie. Ainsi, en lisant Homère et en réfléchissant sur ce qui peut définir le meilleur gouvernant, Philodème brosse un portrait et établit une liste de qualités du Roi idéal – et de son conseiller sous les traits duquel on reconnaît... Cicéron !

La meilleure politique doit permettre l'exercice d'une éthique épicurienne : le Roi tâchera donc de réaliser un genre d'ataraxie étatique. Pas de troubles, de guerres, d'injustices, pas de despotisme, de tyrannie, d'arbitraire, pas de famines, de misères, pas de violences, mais une sérénité dans la cité qui rende possible une existence personnelle et individuelle déployée dans la tranquillité. En favorisant la paix sociale, il ouvrira la voie aux conditions d'apparition de la sérénité chez le sage. En cela, son travail évolue aux marges de la philosophie.

Le portrait du bon Roi sacrifie au genre de l'édification : respectueux des biens d'autrui, incapable de commettre des homicides, bienveillant, ne s'interdisant pas de jouir des bienfaits de la terre, respectueux des morts, sobre, doué dans l'administration des biens, jamais grossier, doux, clément, équilibré, ignorant la sévérité, ni vengeur ni comploteur, détestant plus que tout la discorde, le tumulte, l'envie, il prend modèle sur la prudence et la sagacité d'Ulysse, garde le cap sur la justice, mène à bonne fin toutes ses actions sans jamais recourir aux armes. Inspiré par le philosophe qui prend modèle sur le sage Epicure lui-même instruit de l'excellence des dieux, Philodème démontre que la transcendance ne paraît jamais autant désirable que lorsqu'elle soulève l'immanence...

XIII

Lucrèce et « la volupté divine »

1

Haro chrétien sur le philosophe ! Titus Lucretius Carus, dit Lucrèce (années 90-années 50 av. J.-C.), traîne derrière lui une mauvaise réputation – d'autant plus infondée que rien ne subsiste de son existence... Personne mieux que lui ne semble respecter à la lettre le principe épicurien invitant à cacher sa vie. De sorte que sa biographie ne comporte presque rien de sûr : ni ses dates exactes de naissance et de décès, ni son origine géographique, ni son rang social, ni son allure physique, ni son caractère, ni son tempérament, ni ses relations, ni ses aventures amoureuses, ni ses engagements politiques, ni ses ascendants ou descendants potentiels, ni son ou ses lieux de séjour...

Pourtant, de bonnes âmes ne manquent pas de remplir ces blancs avec des conjectures toutes plus farfelues les unes que les autres. Les plus soucieux de donner un semblant de véracité extrapolent à partir du poème ; les moins fréquentables de ces parasites, chrétiens en ligne, se contentent de calomnies, de ragots, de diffamations. De sorte que les premiers, analyses syntaxiques à l'appui, vocabulaire en point de mire, tournures grammaticales à témoin, descriptions de paysages faisant foi, envisagent une naissance campanienne, un séjour romain ; au vu de la tournure familière de la dédicace à Memmius, tel enquêteur déduit une appartenance sociale à la caste des chevaliers, voire à celle des patriciens...

Les seconds, stoïciens et chrétiens marchant main dans la main, profitent de l'aubaine et inventent une existence détraquée, pensant vraisemblablement que de la vie de l'homme on induirait une œuvre incohérente, indéfendable, imprésentable. Le responsable en chef de cette entreprise de calomnie a pour nom Jérôme. Etat civil : saint dans l'Eglise catholique, apostolique et romaine. Brillant dans l'amour du prochain, comme tous ceux de sa caste, on lui doit le paquet d'informations détestables sur le poète rédigées dans l'ajout aux *Chroniques* d'Eusèbe de Césarée.

Dalmate converti à Rome, Jérôme a laissé un nom comme épistolier, commentateur de l'Evangile de Matthieu, exégète et bibliste – à savoir traducteur et réviseur du texte latin de la Bible. Que pareilles tâches relèvent d'individus aussi peu scrupuleux, honnêtes et loyaux en dit long sur l'idée qu'on peut se faire de cette masse de scribes qui fabriquent le christianisme à partir d'un Jésus de fiction, entre la fin du IVe et le début du Ve siècle de notre ère... Les échoppes où se fomente la fable chrétienne supposent un éloge des textes bibliques en même temps que la construction d'un discrédit des œuvres incompatibles avec le christianisme. Le matérialisme radical, la haine de la religion et de ses prêtres, la déconstruction des arrière-mondes qu'on trouve dans le *De natura rerum* installent de fait l'ouvrage et son auteur dans la liste Otto des idolâtres du Christ...

Quid des vilenies de Jérôme à l'endroit de Lucrèce ? Il lui reproche – dans une belle formule, mais ne souhaitait probablement pas qu'elle le fût... – son *matérialisme enchanté.* Enchanté comme les choses enveloppées de sortilèges, nimbé des auras magiques tissées par des sorciers ou sorcières, nappé d'un suc maléfique. A l'évidence, la loi qui veut que l'on reproche à autrui ce qu'on ne parvient pas à s'adresser à soi fonctionne ici à merveille : un saint chrétien qui reproche à un philosophe matérialiste son goût pour les enchantements ; un amateur de vierge qui enfante, de saint-esprit qui copule et de thaumaturge qui transforme l'eau en vin, effectuant des reproches à un déconstructeur radical des choses en termes atomiques, c'est l'Hôpital vaticanesque qui se moque de la Charité rationnelle...

Dans le détail biographique, après la manière forte qui élude l'œuvre et son contenu, Lucrèce fait l'objet d'une condamnation sans appel : envoûté par un philtre d'amour qui l'a rendu fou, le philosophe n'a bénéficié que de quelques moments de répit pour écrire son poème – quelle belle lucidité entre les crises ! – avant de se suicider à l'âge de quarante-quatre ans. Qui peut bien s'intéresser à la pensée d'un malade mental qui finit par se donner la mort en pleine force de l'âge ? Quel imbécile créditera le poème épicurien d'une once d'intérêt, sachant qu'il procède d'une individualité dérangée ? Difficile *agapê* chez les partisans du Crucifié...

Pour bien calomnier, il faut transformer une hypothèse plausible en réalité avérée. Rien ne paraît plus facile à présenter comme vrai que du vraisemblable. Ainsi, en lisant les pages consacrées par Lucrèce à l'amour, on peut constater une description minutieuse des ravages de l'amour-passion. Anatomiste pointilleux, travaillant au scalpel, n'épargnant rien, vitriolant les certitudes mondaines sur cette question, nettoyant l'abcès jusqu'à l'os, le philosophe ébranle et inquiète – au sens étymologique. Jamais pareil portrait à charge n'a été brossé avec autant de vérité et de cruauté.

A partir de ces vers, Jérôme infère une histoire abracadabrante, mais qui paraît correspondre à la réalité du texte : pour écrire avec autant de perspicacité et fouiller ainsi des abîmes humains, il faut bien qu'il ait été amoureux. Et pas qu'un peu ! Qu'est-ce qui peut donc générer une folie pareille, sinon un envoûtement ? Donc des philtres et le parfum de sorcière associé – car le spectre de la femme veille chez tout chrétien ! Comment un homme aurait-il pu approcher d'aussi près la folie sans avoir été touché par elle ? Touché, donc coulé...

Sur ce principe, commettant la même approximation logique, d'aucuns concluent que le tableau de la peste qui suspend le poème sur un inachèvement émane à l'évidence d'un témoin direct, tant il fourmille de détails morbides visibles sur le terrain seul. Trop de précisions, de couleurs, d'odeurs, de minutie, trop de connaissance de l'âme humaine en pareil cas, trop de sapience pour un seul homme. Donc, il a vécu la peste. Redonc : il en est mort, au moment où il écrivait sur ce sujet. L'ensemble paraît cohérent. Sauf que le détail lucrétien procède d'une lecture des textes hippocratiques qui décrivent le processus pestilentiel avec le luxe de précisions propre aux médecins alors à la fois légistes, anatomistes et épidémiologues...

Envoûté, sous l'emprise d'une femme, fou à lier, lucide le temps d'écrire son poème, mais tout de même marqué par les tares de sa maladie, Lucrèce paraît bien infréquentable pour un chrétien. A l'évidence, on évite l'essentiel : la réduction atomique de toute vérité, le démontage des forces qui animent le monde, l'absence de création datée de l'univers, sa fin annoncée, ses recompositions successives dans un cycle mécaniste aveugle et sans providence divine, autant de thèses antichrétiennes intempestives qui peuvent dangereusement servir à la constitution d'une philosophie alternative à celle des vendeurs d'illusions catholiques. Plus facile de crier au fou !

2

Persistance des anathèmes. Malgré – ou à cause de ? – l'absence de détails biographiques, les exégètes ne manquent pas de tailler à Lucrèce des costumes divers : tropisme machiste ici, symptômes psychiatriques là, le philosophe a généré des approches projectives nombreuses qui témoignent plus des obsessions et fantasmes de l'analyste que de la vérité de l'être ou de l'œuvre. Laissons de côté la lecture post-freudienne d'une philosophie préchrétienne, la police du politiquement correct et ses dérapages consternants – Lucrèce invente le libertinage et, que je sache, il suffit de lire, ne le réserve pas aux hommes... – et penchons-nous sur la réduction psychologisante.

Un Docteur dont le nom importe peu – il vaut surtout comme symptôme des maladies qu'il prétend traquer chez les autres – accable Lucrèce de tous les maux psychiques de son Manuel : le faciès dépressif (comment établit-il son diagnostic en l'absence de toute iconographie ?), le mysticisme refoulé (bien refoulé alors, parce que plus radicalement immanent que Lucrèce, on meurt...), la prédestination au suicide (quelles preuves en dehors des saintes allégations du perfide Jérôme, sicaire en chef ?), les délires mélancoliques (quels symptômes repérables dans son existence ? où ? et quand ?), la culpabilité d'origine sexuelle (l'impuissance du thérapeute prêtée à son patient ! un classique...), le dégoût de la vie et les troubles psychiques (à vingt siècles d'écart, sans aucun témoignage sur ce que fut le quotidien du philosophe ! bravo...). Ce médecin de Molière brode trois cent cinquante pages sur ce canevas d'étudiant en première année de psychiatrie...

Mais plus loin, entre la citation de saint Jérôme qui ouvre le livre et deux ou trois considérations de l'auteur sur la religion du vrai Dieu à laquelle il adhère – on s'en serait douté... –, on apprend que le médicastre écrit au moment même où l'Académie des sciences de Moscou célèbre le bimillénaire de Lucrèce : 1946. Un philosophe fou, malade, suicidaire, antichrétien par avance, psychotique, qui plus est célébré en précurseur par un régime communiste, ne peut vraiment être tout à fait présentable ni digne de ce nom. Aurait-il été moins radicalement antireligieux qu'on aurait pu envisager un diagnostic moins tranché. Mais là, condamné par un saint et célébré par les bolcheviques, irrécupérable par l'Eglise et récupéré par le matérialisme dialectique, il faut bien que Lucrèce mérite le bâton.

Voilà un homme dont les ennemis ne sont pas les amis de l'hédonisme ! Stoïciens lanceurs de calomnies, chrétiens qui les reprennent à leur compte et en rajoutent, médecins psychiatres coiffés de bonnets d'âne, féministes postmodernes réactivant le platonisme en s'excitant hors contexte et catégories historiques, Lucrèce gêne. Et tant mieux quand il s'agit des tenants de l'idéal ascétique qui n'aiment ni le corps, ni les désirs, ni les pulsions, ni le plaisir et transforment leur incapacité à habiter un corps heureux en ressentiment généralisé grimé sous les prétextes de l'universel.

3

Haine de la lucidité. Lucrèce paie son extrême lucidité d'un délire sur son nom. Habituel... On n'aime pas les déchireurs de voile qui enlèvent les illusions sur lesquelles la plupart construisent leurs existences minuscules. Lucrèce assassine les fictions, il met à mort, calmement, par la raison raisonnable et raisonnante, les constructions de guingois : le ciel habité, les dieux vindicatifs, les religions castratrices, les espoirs d'au-delà, la mécanique des sentiments, le préjugé monogamique, la logique amoureuse. Sur terre comme au ciel, il sacrifie les chimères dans l'immense brasier de sa philosophie matérialiste et mécaniste. Parmi les premiers, il installe ses palais conceptuels par-delà le bien et le mal.

Le monde va, cahin-caha, parce que le plus grand nombre se ment, s'illusionne, échafaude des décors de théâtre dans lesquels il se raconte des histoires. Pour ne pas voir en face la misère de son existence, le tragique de son destin, le ridicule de tout divertissement social, et l'inéluctabilité de sa disparition annoncée. D'où son délire d'inventions, ses techniques mises au point pour éviter de regarder ce qui doit être vu. Déni, mauvaise foi, refoulements, projections, bovarysme, autant de mécanismes de défense mis en place pendant des siècles par les hommes pour échapper à la cruauté de l'évidence. Autant de fictions, de fables, de mythes qui encombrent l'intelligence et la progression vers la véritable philosophie – celle qui produit la sagesse, la paix avec soi, les autres et le monde.

Ni optimiste ni pessimiste, Lucrèce pose les bases d'une pensée tragique. A aucun moment il n'opte pour le meilleur des mondes possible, encore moins pour le pire. Pour ce faire, il lui faudrait avoir dressé son campement philosophique sur les terrains de la morale où se rencontrent le bien et le mal, le bon et le mauvais. Nulle part le philosophe n'évolue dans le prescriptif, le normatif : il décrit le monde tel qu'il est, il montre la réalité comme elle apparaît à un œil exercé et lucide. Là encore il inaugure cette posture du sage qui ne veut ni rire ni pleurer mais comprendre. Ni les larmes d'Héraclite, ni le rire de Démocrite : la sagacité de Lucrèce.

Sur le monde, il adopte le point de vue de Sirius : il voit ce que les autres ne voient pas en l'imaginant, en le déduisant. L'intelligence suppose de la hauteur, du recul, de la profondeur, de la perspicacité. Le deuxième chant du poète fournit une image : de loin, on ne perçoit pas le détail, mais il existe tout de même. Comme on ne perçoit pas sur la colline éloignée les moutons qui paissent pourtant sur les versants herbus, ou le mouvement des légions en manœuvre, ni leurs courses, leurs cris, le vacarme qu'elles génèrent mais qui existent pourtant, on ne saisit pas *a priori*, à l'aide des seuls sens, l'économie fine et secrète, invisible et cachée, des jeux d'atomes qui composent toute réalité, mais elle existe, immuable, éternelle et mécaniquement ajustée. En pratiquant cette méthode on ne pense plus le monde en surface, mais dans la profondeur qu'il requiert.

La lucidité s'acquiert ainsi : ne pas se contenter de l'apparence, bien souvent trompeuse, récuser les évidences transmises de génération en génération pour préférer le travail philosophique, écarter les opinions, opter pour l'investigation. User des sens, certes, savoir que la connaissance passe par eux, évidemment, mais ne pas s'en contenter et ajouter les pouvoirs de la déduction, de la raison, de la réflexion. Partir de ce qu'enseignent la vue, l'ouïe, l'odorat, le toucher, le goût, oui, mais parvenir aux certitudes par le biais d'une opération intellectuelle déductive. Les abdéritains partis de la poussière qui danse dans le rai de lumière déduisirent l'existence de particules microscopiques, invisibles mais bel et bien existantes.

Le point de vue de Sirius va mal aux gens repus d'opinions et de clichés. L'homme du commun réitère les bêtises de son époque, ce qui ne présenterait aucun inconvénient si ce sacrifice aux sottises dominantes ne se doublait bien souvent d'une haine pour celui qui pense plus loin que son temps, creuse en profondeur, travaille en solitaire, insoucieux des avis qu'on porte sur lui. La plupart du temps la lucidité vaut à son usager le mépris des foules, des masses et de ceux qui vivent de l'exploitation de la misère intellectuelle du plus grand nombre. Les prêtres et leurs Eglises, les princes et leurs Etats bien souvent...

4

Ami, il n'y a pas d'ami... L'Antiquité pense l'amitié comme aucune autre époque. Les grands textes fondateurs – le *Lysis* de Platon, le livre VIII de l'*Ethique à Nicomaque* d'Aristote, les *Sentences vaticanes* d'Epicure, *De l'amitié* de Cicéron... – demeurent indépassables vingt siècles plus tard. La communauté des biens ; les espèces d'amitié ; son exercice entre individus inégaux ; ses bienfaits ; ses devoirs ; sa logique, toute cette casuistique trouve ses résolutions dans les débats les plus élevés de la pensée gréco-romaine. Mais Aristote s'adresse aussi à l'ami en lui révélant qu'il n'y a pas d'ami... Lucrèce devait faire cuisamment les frais de cette vérité douloureuse.

L'épicurisme donne une place majeure à l'amitié. Elle présente une utilité, au bon sens du terme, car elle vise l'excellence, la paix avec soi et avec autrui, la construction d'une âme et d'un corps joyeux ; même dans l'absence d'exercice de cette vertu, la savoir existante suffit à procurer du plaisir, car sa seule potentialité rayonne ; sa pratique permet d'incarner la bienveillance, qualité majeure du philosophe épicurien ; son existence cimente la vie philosophique et communautaire. Epicure considérait ses disciples comme des amis, et vice versa. Pythoclès, Hérodote, Ménécée, ces responsables de Jardins essaimés entretenaient avec le Maître une relation de ce type. Métrodore, l'ami particulièrement aimé, devait prendre la succession du fondateur – si la mort ne l'avait emporté si vite.

Lucrèce ne parle pas d'amitié dans son poème. En revanche, les passages consacrés à Epicure dans les premiers vers de cinq livres sur six montrent quels sentiments pouvaient entrer en ligne de compte pour construire une amitié, même quand un siècle sépare les deux hommes : admiration, respect, séduction, fascination, douceur, bienveillance. Et puis il y a cette dédicace à Memmius, qui permet de découvrir malheureusement qu'Aristote dit vrai dans son constat tragique sur l'amitié...

Car Lucrèce entreprend l'écriture de ces milliers de vers pour le seul usage de Memmius, Caïus Memmius Gemellus, comblé par les faveurs de Vénus, si l'on en croit le philosophe. Illustre descendant d'une famille noble, une petite douzaine de fois interpellé dans le texte – onze exactement –, une fois flanqué de l'épithète *glorieux* (comme Vénus et Epicure !), le personnage paraît bien avoir été tout, sauf vraiment glorieux... Car Lucrèce se met en quatre pour proposer, sur le mode qui lui paraît le plus agréable pour son ami – le poème –, un exposé de la doctrine d'Epicure, et ce politicien véreux réfugié à Athènes après une sombre affaire de corruption de consuls et d'augures envisage de construire sur les ruines du Jardin même un genre de projet immobilier appelé à effacer toute trace du Maître de son soupirant rimeur !

Bien qu'Epicure manifeste des réticences à l'endroit de la poésie, suspecte de raconter des histoires et de servir la fable des mythes, Lucrèce entreprend la rédaction de ces milliers de vers pour amener Memmius à la conversion philosophique épicurienne. La doctrine paraît amère, elle semble un breuvage austère, tel un médicament fort en goût comme l'absinthe, n'importe : la poésie agira à la manière du miel, ce doux excipient qui permet à la potion son efficacité malgré l'ingestion désagréable. La coupe enduite du liquide sucré, la médication passe toute seule. Memmius, orateur, politicien, rhéteur, poète à ses heures, gouverneur de Bithynie, gendre de Sylla, rallié à Pompée, puis à César, ne guérira pas de sa mauvaiseté congénitale... Fraudeur, opportuniste, exilé, entrepreneur de bâtiment sans scrupules, indigne du cadeau sublime de Lucrèce, Memmius prouve que l'amitié paraît souvent d'autant plus sublime qu'elle demeure un vœu pieux...

5

Une peinture de l'élan vital. Le matérialisme passe souvent, aux yeux de ses détracteurs, pour un mécanisme sommaire, figé, froid, réductible à une équation mathématique. Au Siècle des lumières, la métaphore de l'homme-machine a accentué le trait : poulies, rouages, engrenages, avant que la révolution industrielle ajoute pistons, tractions, pressions et que disparaisse la référence au moteur au profit d'une autre : le disque dur informatique. Dans tous les cas, des causalités aveugles semblent animer une philosophie stigmatisée pour sa simplification outrancière.

L'opposition entre la vie, l'idée, l'immatériel des spiritualistes, et la mécanique, l'atome, la matière des tenants de l'immanence pure agit en *topos* de l'histoire de la philosophie. Pour autant, les platoniciens n'excluent pas les particules concrètes, le monde réel, ni les épicuriens l'âme ou l'esprit – chez Lucrèce, l'esprit donne l'impulsion à l'âme qui commande le corps et se trouve dans la partie médiane de la poitrine. En revanche, l'âme est partout dans le corps. L'esprit pense, il expérimente les sentiments ; pour sa part, l'âme correspond au principe vital.

Bien souvent, on néglige la question de la vie chez les matérialistes. Dommage, car on y trouverait parfois un vitalisme que la tradition fossilisée interdit d'y voir à l'œuvre – puisque la première option passe pour antinomique avec la seconde... Alors, Lucrèce vitaliste ? Oui... Etrangement, mais sûrement, la pensée du philosophe atomiste relève de cette sensibilité oxymorique : un matérialisme vitaliste. Au cœur même du poème on trouve singulièrement deux fois l'expression d'*élan vital* (III, 399 et 560), si brillamment mise à l'honneur par Bergson – dont on ignore souvent qu'il a rédigé pour les éditions Delagrave en 1883 un long texte de présentation d'extraits du philosophe-poète. Et cette notion n'est pas isolée dans le texte, où l'on trouve nombre de références à une dynamique sans nom, un souffle, une chaleur, des forces, des sensibilités chaque fois précisées et qualifiées par l'épithète *vital(e)*. Ailleurs on découvre des *forces créatrices*, des *nœuds vitaux*, des *principes fécondants*, un *mouvement éternel*, une *vie immortelle*, autant de variations sur le thème du vivant célébré plus qu'à son tour.

On ne l'ignore plus, Lucrèce réduit toute réalité à des atomes réunis et composés en mouvement dans le vide. A polariser le regard sur les seules particules, on laisse de côté la puissance qui fait se rencontrer les atomes puis s'associer ou se dissocier. On voit bien les composantes du monde, on ne s'attarde pas sur ce qui préside à cette dynamique. La cinétique dont entretient Lucrèce en permanence paraît plus importante et plus intéressante que les décompositions infinies qui conduisent à l'unité de base. Bergson sait qu'à l'épicentre du mouvement se trouve l'immobilité et qu'au cœur de la matière on rencontre le vide. Mais la dynamique importe plus que ce sur quoi on achoppe après une réduction intellectuelle du tout à ses seules parties. L'ensemble vaut moins parce qu'il est, que par sa façon d'être : cimenté par une force magique et magnifique.

A plusieurs reprises – quatre fois –, Lucrèce recourt

à une métaphore bien utile pour comprendre son propos : un seul petit capital, en nombre, de lettres permet des combinaisons multiples avec lesquelles les possibilités sont infinies. Avec seulement vingt-six lettres d'un alphabet on écrit aussi bien l'*Odyssée*, *La Divine Comédie*, *A la recherche du temps perdu* ou un rapport de police, une lettre anonyme... Des lettres sont communes dans des mots distincts, mais les seuls agencements permettent des sons et des sens différents.

Ainsi « ligneux » et « ignés » ont des lettres en commun et présentent une homophonie malgré des significations radicalement indépendantes. Il en va de même avec les atomes : trop peu nombreux pour constituer l'alphabet, ils permettent, grâce aux multiplicités d'agencements, de rencontres, de mouvements, d'ordres, de dispositions, de figures, de produire la diversité du monde, de la pierre au soleil, de l'oiseau au poète, du brouillard à l'océan. La nature de Lucrèce est cet immense poème de l'élan vital écrit avec une poignée de particules élémentaires, non par les dieux, mais par une force-cause sans autre raison et justification que le postulat ontologique : le *clinamen*.

6

Caprice d'atome. J'emprunte l'expression *caprice d'atome* à Bergson qui qualifie ainsi le fameux *clinamen*, la déclivité atomique sans laquelle rien n'aurait eu lieu. En effet, des atomes qui tombent dans le vide ne connaissent aucune résistance, ils pleuvent indéfiniment sans jamais pouvoir se rencontrer, s'associer, s'agréger. Le monde se réduit alors à cette chute de particules sans que ni la nature ni l'homme ne puissent avoir lieu. Aucune conscience ne rendant possible la connaissance de ce procès, le réel et rien coïncideraient éternellement...

Pour ce faire, Lucrèce pose le *clinamen*, à la manière des postulats de la raison pure pratique de Kant : tel un argument nécessaire, *a priori*, pour justifier le possible, donc le réel, la déclinaison a lieu. Comment ? D'une manière légère, infime, insensible. Qu'on n'imagine pas un angle droit, net, cassant, non, mais un souffle, un caprice donc sans autre raison que la nature même des atomes : en eux se constate la pesanteur, certes, mais aussi une énergie propre, celle qu'on observe dans les chevaux contraints avant un départ de course et qui, fougueux, rétifs, incarnent cette force à l'œuvre dans le corps même de la matière.

Là où les philosophes idéalistes posent Dieu et lui donnent des noms multiples, le matérialiste Lucrèce – pas Epicure, chez qui cette thèse n'existe pas dans les fragments qui demeurent – installe une force. A l'évidence, ce postulat ne procède que de lui-même – c'est d'ailleurs ce qui le définit... – et pourquoi lui plutôt qu'un autre ? Vraisemblablement pour sauver le matérialisme du péril fataliste dans lequel il tombe sinon. Réduire le monde à une pure et simple causalité mécanique oblige à faire de ce qui advient – la construction d'un monde, mais aussi le geste de l'assassin – le pur produit d'une mécanique à laquelle – et contre laquelle – on ne peut rien. Sans la liberté, le monde devient une puissance aveugle dans laquelle ce qui est existe sans autre possibilité ontologique.

Sade dressera le portrait de ce monde matérialiste radical sans liberté...

Ce qu'exprime la physique atomique du *clinamen* ouvre sur des perspectives ontologiques, métaphysiques. De ces options découlent des conséquences éthiques et politiques. L'univers atomique est mû par une liberté assimilable à une force de laquelle tout procède. La déclivité intègre la liberté dans un monde dès lors autrement organisé, elle rend donc possible une intersubjectivité, donc une vie sociale. Puis chez d'autres la responsabilité individuelle, chère aux tenants de tout ordre collectif... Pareil caprice d'atomes inaugure un antidestin.

A partir du moment où des atomes se rencontrent, le monde se constitue. Dans le désordre, le chaos, certes, mais les formes adéquates persistent, elles persévèrent dans leur être. De sorte qu'à la suite de cette épiphanie de la matière, le monde effectue des variations : la foudre, le tonnerre et les volcans, la germination, la reproduction et la passion, la faim, la soif et la libido, l'âme, le corps et l'esprit, le langage, la parole et le poème, la santé, la maladie, la mort. Qu'on ne passe pas à côté de ce que seul l'œil perspicace relève : même inachevé, *De la nature* s'ouvre sur le mot « mère » et se termine sur celui de « cadavre »...

7

Une dialectique des forces. A ce vitalisme, ajoutons une cinétique. Car Lucrèce propose une théorie des forces engagées dans un mouvement dialectique qui oppose création et destruction. Les forces vitales se partagent le marché atomique avec des forces de destruction. Les premières créent la vie, en permettent l'expansion, favorisent l'accroissement ; les secondes président aux désorganisations, aux désagencements. La vie d'un côté, la mort de l'autre, avers et revers d'une même médaille métaphysique, l'une rendant l'autre possible – et vice versa...

L'amour et la guerre se partagent le monde. Et encore : Lucrèce raconte assez cruellement l'amour comme volonté de mettre à mort pour qu'on s'aperçoive que les choses ne paraissent pas aussi pures que cela – elles connaissent le mélange. La négation dans l'affirmation, la fin écrite dans l'avènement, la disparition annoncée dès le processus même de création, Thanatos à l'œuvre dans le lit même d'Eros, le travail vital de décomposition dans l'heure de la mort, rien ne tranche nettement, tout oscille, va et vient, se partage le réel dans une logique aveugle et implacable.

Lucrèce parle des amants, certes, du désir et du plaisir, à l'évidence, il entretient de la volupté, de la joie, oui, son poème raconte les généalogies, la création du monde, le progrès de l'humanité, évidemment, on y lit les conditions d'épiphanie des nuages ou des éclairs, de la parole ou de la musique, le *clinamen* prouve la vitalité, la liberté au sein même de la nécessité, incontestablement ; mais il entretient aussi des misères, des douleurs et des souffrances, des épidémies, de la guerre et de la vilenie des hommes, ou encore des crimes politiques, des sacrifices religieux, des pillages de la soldatesque. La naissance d'un enfant ici, la mort d'un vieillard là. Vénus et Mars, heurs et malheurs...

Contrairement à des propos souvent tenus, Vénus n'est pas la seule divinité citée dans un poème païen où l'on feint l'étonnement de trouver renvoi à des figures allégoriques de l'Antiquité et du moment. Que Lucrèce cite Vénus ne prouve pas qu'il y croie et voue un culte à la manière d'un fidèle en direction du temple, attiré par les fumigations des fidèles et les incantations du prêtre. Le philosophe recourt à une allégorie d'autant plus légitime que le registre poétique le permet sans sous-entendu.

Que César explique ses succès par la Vénus Genitrix et sa descendance en ligne droite d'Enée – tant qu'à faire... – ne fait pas du texte lucrétien un manifeste politique ou un plaidoyer pour le pouvoir d'un seul ! Vénus exprime tout bonnement le plaisir sexuel aussi bien que la joie divine, la jubilation corporelle et la béatitude spirituelle... Elle nous gouverne en permanence parce qu'elle est le nom de cette force aveugle travaillant l'épicentre de la matière. Le plaisir nous guide, nous conduit, il mène la barque. La volonté libre visible dans le *clinamen* se dirige dans une direction unique : la volupté. La pensée de Lucrèce, rarement présentée comme telle, suppose un hédonisme tragique : on n'échappe pas à la puissance motrice de la recherche de la volupté, elle infléchit tout dans sa direction, mais Mars veille également qui empêche la jouissance de disposer des pleins pouvoirs. La philosophie consiste en l'art de suivre Vénus, de s'en inspirer, pour mettre à mal, autant que faire se peut, le vouloir et les caprices du dieu de la guerre.

8

Affûtage d'une raison polémique. Pour mener une guerre contre la guerre, Lucrèce propose une épistémologie radicalement démystifiante. Son instrument ? Une raison polémique, au sens premier : qui part au combat, mène les assauts, assène les coups et se repaît des cadavres abandonnés sur le champ de bataille intellectuel. Le poème expose une odyssée martiale contre tout ce qui empêche de jouir, donc de vivre : craintes, peurs, illusions, fictions, fables. En ligne de mire, les mythologies laïques et religieuses. Ni dieux ni maîtres, en dehors de Vénus...

Chez Lucrèce, le poète, le philosophe et le scientifique coïncident : rédiger des milliers de vers en latin, créer des notions, effectuer le passage du grec dans cette langue si peu faite pour penser, acclimater l'épicurisme sous les cieux campaniens ou romains, affiner la doctrine du Jardin et la formuler pour l'espace italique et le temps impérial, inaugurer peut-être une série de nouveautés techniques pour suivre et développer l'atomisme abdéritain, mais aussi théoriser sur les météores, la constitution de la matière, la généalogie des phénomènes géologiques, le savoir de cet homme et sa compétence paraissent sans limites.

Pareil esprit encyclopédique semble montrer ce que peut être l'accumulation de tous les savoirs d'un temps dans le cerveau d'un seul et même individu. D'autant que cette intelligence – cette configuration particulière d'atomes ! – suppose une même façon d'exceller dans l'imagination, la raison et l'intuition. Déduire les atomes de l'observation, conclure les particules invisibles à partir d'une manifestation visible, vider le ciel de ses occupants illégitimes par la seule force de la démonstration et de la raison, conjurer les peurs et les angoisses avec le seul pouvoir de l'argumentation, tout cela suppose un philosophe de grand format : le sublime poétique d'un René Char, la pensée foisonnante et baroque d'un Gilles Deleuze et le savoir scientifique d'un Einstein réunis dans un même ouvrage ! Qu'on imagine la théorie de la relativité racontée par une plume de philosophe trempée dans le génie d'un poète... La performance ne cesse de stupéfier.

Car Lucrèce pratique en scientifique et recourt à une méthode expérimentale digne de ce nom. L'ensemble du poème en vers sollicite la connaissance directe par expérience, puis l'usage de la droite raison afin d'extraire les rapports logiques, d'envisager les inductions hypothétiques, d'élaborer les raisonnements de l'esprit – autant d'expressions qui parsèment le texte. L'empirisme règne : user des cinq sens, regarder, observer, détailler ce que la nature enseigne et montre, étudier rationnellement, pratiquer selon l'ordre bien construit des raisons, extraire les principes, mettre en perspective une cause matérielle, immanente à chaque effet, quel qu'il soit.

Là où règne le mystère, la raison a son mot à dire afin d'écarter les ténèbres et d'évacuer le flou. L'épistémologie lucrétienne vise le recul de la crainte. Les lois de la nature, immuables, régulent l'ensemble de ce qui advient. Pas de dieux, de forces occultes, de puissances sombres, mais des enchaînements de causes réductibles par un travail de l'esprit. Quand l'intelligence s'en mêle, les relations surgissent entre ce qui paraissait dépourvu de conséquences. Connaître les principes, voilà le projet du physicien qui vise une éthique de la sérénité construite.

Avec lui se fait jour une idée redoutable, simple et vraie : la religion, le religieux naissent de l'inculture et du manque de savoir. Le croyant se satisfait de la foi car il ignore. Le sacrifice aux divinités, aux mythes, aux illusions procède d'un défaut d'informations sur la véritable cause de ce qui advient. Quand le philosophe digne de ce nom travaille, le prêtre recule. Quand le clergé domine, l'intelligence régresse. Leçon qui vaut pour les vendeurs d'arrière-mondes païens, juifs, chrétiens, certes, mais aussi pour tous ceux qui n'avancent pas dans la clarté brutale de l'athéisme.

9

En finir avec le ciel. Redescendre le ciel sur terre, voilà l'objectif de tout philosophe hédoniste. Et pour ce faire, la religion campe l'ennemi prioritaire. Les religions plutôt, toutes. Car Lucrèce écrit contre le paganisme romain, évidemment, mais aussi contre les formes prises par ce besoin en des temps ou des lieux ignorés par lui. Des siècles avant l'islam, à des kilomètres de la Palestine, *De la nature* offre le parfait bréviaire du combat contre toutes les superstitions. Si le philosophe démonte la fiction des Centaures ou des

Chimères, récuse l'existence de Tantale ou de Tityos, écarte d'un revers de la main Cerbères et Furies, s'il se rit des Danaïdes ou de Sisyphe – qu'il voit plutôt sur terre... –, il aurait tout aussi bien moqué un Dieu qui montre son derrière en présence des buissons ardents, qui commande au père d'immoler son fils ou son prophète né d'une vierge, multipliant les pains, transformant l'eau en vin et autres sottises du même acabit...

Bien avant Feuerbach, Lucrèce attaque la religion dans son fondement, il traque ce qui la constitue et met au jour les raisons pour lesquelles les hommes fabriquent des idoles, y vouent un culte, se défont d'eux-mêmes, s'aliènent et finissent par remettre leur destin entre les mains des prêtres, du clergé qui, sans vergogne, utilise la foi et la piété comme autant d'occasions d'assurer une domination sur les corps et les âmes, puis d'exercer un réel et redoutable pouvoir politique. Les hommes créent les dieux à leur image hypostasiée. En partant de leurs faiblesses, ils structurent des forces auxquelles ils s'en remettent pour leur plus grand malheur.

Avec leurs défauts, ils créent des qualités : impuissants, limités dans le temps et dans l'espace, incapables de tout savoir, ridiculement sursitaires entre deux néants, travaillés par la faiblesse, soumis à une multitude d'obligations et de nécessités, petits, mesquins, englués dans la misère, les hommes investissent la divinité des qualités inverses : puissante, éternelle, partout présente, omnisciente, immortelle, forte, libre, grande, magnanime, bienheureuse, elle représente l'impossible idéal. La faiblesse, la crainte et la peur peuplent le ciel ; l'intelligence, la raison et le savoir le vident.

Les Centaures ? Des fictions réductibles à une collision de simulacres de cheval et d'homme. Les Chimères ? Même remarque, même composition, impossible d'échapper à l'ordre naturel et ces créatures n'existent pas dans la nature. Le tonnerre, la foudre ? Aucunement des volontés vengeresses de dieux mécontents, mais un frottement d'atomes ignés. La stérilité ? Sûrement pas une punition envoyée par une divinité courroucée à cause d'une mauvaise action de la malheureuse, mais un dysfonctionnement des atomes, des canaux, des conduits physiologiques, une fautive épaisseur des substances. Le ciel ? Vide de dieux, mais plein des atomes qui composent le soleil, la lune, les astres, les étoiles...

10

Apprivoiser la mort. Rien ne naît de rien, tout procède des atomes et de leurs mouvements dans le vide – on le sait désormais. La mort également obéit à cette loi. Or elle cause nombre des craintes humaines. On doit mourir : alors à quoi bon vivre ? Et comment ? Qu'y a-t-il après la mort ? Que puis-je espérer ? Que dois-je craindre ? Et selon quels critères ? Y a-t-il des Enfers ou un genre de paradis ? Doit-on désirer un salut ou craindre une damnation ? Dieu ou les dieux disposent-ils d'un pouvoir ? Si oui, lequel ? Suis-je responsable sur terre de mon devenir après mon trépas ? Existe-t-il ici-bas des moyens de se concilier la bonne volonté des puissances divines ? Autant de questions, autant de troubles, d'angoisses, de peurs...

Fidèle à sa méthode, Lucrèce démonte, déconstruit, démystifie : non, la mort n'est pas une catastrophe, tout juste une opération atomique qui correspond à la fin des agencements qui constituaient un corps et une âme. Mais les atomes durent, ils existent éternellement. Le cadavre n'a pas affaire au ciel, mais à la terre, il n'est pas redevable d'un traitement transcendant car il obéit à la plus radicale des immanences. L'âme, mortelle comme le reste du corps, se défait, et alors ? Rien qui mérite nos terreurs, nul saisissement d'effroi ne se justifie.

Pas de dieux méchants, pas d'enfer, ni de paradis, aucune réincarnation, nul arrière-monde peuplé de créatures fantasmagoriques : le ciel relève d'une complexion atomique et l'univers est infini – où irait sinon l'hypothétique javelot lancé par un homme à la puissance extraordinaire après avoir passé les limites du monde ? Fin de toute transcendance, avènement de l'immanence la plus absolue : à l'évidence, même si Lucrèce sacrifie aux dieux épicuriens composés de matière subtile, indifférents dans leur béatitude et installés dans les intermondes, l'athéisme prend date. La mort des dieux s'avance, celle de Dieu aussi qui permet la naissance des hommes et du pouvoir sur leur destin. Savoir vivre suppose apprendre à mourir ; savoir mourir passe par l'apprentissage d'un bien vivre : la philosophie permet ce travail exaltant.

Comment ? En domptant les craintes, justement. De quelle manière ? En activant une sagesse matérialiste. Même s'il ne cite jamais le nom de Platon, Lucrèce défend des positions radicalement antiplatoniciennes : il récuse l'idéalisme, le dualisme et l'immortalité de l'âme chers au philosophe de la Caverne que les chrétiens aiment tant – on comprend pourquoi. Le *Phédon* fournit en effet un texte qui inaugure les options catholiques sur la question de la mort et du devenir du corps après le trépas : le salut, la damnation, l'enfer, la pesée des âmes, la vie après la mort, etc.

A l'évidence, Platon décalque Pythagore qui, lui-même, recycle des sagesses orientales. D'où, chez les tenants de l'idéal ascétique, une défense et illustration de la métempsycose et de la métensomatose : l'âme séparée de la matière corporelle dispose d'une existence autonome ; la chair meurt, l'esprit perdure ; l'un, matériel, se corrompt, l'autre, immatériel, ignore l'entropie, la mort et la disparition. Le méchant se réincarne dans un animal détestable ; le bon dans une enveloppe terrestre présentable – celle du prêtre ou du philosophe... Quand Platon menace les hommes avec ces histoires fantasques, Lucrèce les apaise et les calme.

Car l'âme se défait avec la mort, voilà même ce qui définit la fin d'une existence : la dissolution de l'agencement constitutif d'une subjectivité. Elle ne subsiste pas à l'instant où la séparation s'effectue : comment dès lors pourrait-elle connaître des tourments ou subir des avanies ? Immatérielle, tout devient possible, à l'évidence : mais dans la vision lucrétienne du monde, rien n'échappe à la matière ; matérielle, seul existe son devenir atomique – mort de l'agrégation, mais immortalité des composants de cet agrégat.

Rien à craindre de cette opération physique – et la métaphysique n'est pas fondée.

Les souffrances, tout comme les jouissances, procèdent de la conscience qui, elle-même, suppose une configuration singulière de la matière. Plus d'agencement approprié, plus de conscience, donc plus d'affects. Dépourvus de ce qui rend possible la douleur, comment pourrions-nous expérimenter un désagrément ? En l'occurrence celui de la mort. La cause du mal meurt avec le mal. Mourir dispense donc paradoxalement de souffrir ! Je meurs, donc je ne suis plus, je ne suis plus, donc je ne souffre plus – ni ne jouis. Restent les atomes en leur danse immuable et immortelle.

Et la transmigration des âmes ? De fait, la théorie matérialiste récuse cette possibilité. Le souvenir d'une existence antérieure demeure impossible puisque chaque configuration atomique est propre à un individu et à lui seul. Avant lui et après lui, rien n'existe sinon les parties défaites du régime associatif qui, lui, obéit aux lois de la particularité subjective : il n'existe pas d'âme sans le sujet qui la porte – et pas d'individu non plus sans cette identité particulaire qui le constitue. Aucun souvenir possible à partir d'une âme nouvelle.

De même, pour quelles raisons craindre la mort si l'on a bien vécu ? Une vie heureuse, bien remplie, dont on ne regrette rien conduit à la sérénité : le sentiment d'accomplissement vaut tous les sédatifs ; idem si l'on a eu une existence sinistre, déplorable et nulle : on n'a dès lors aucune raison de regretter la fin d'une triste partie. Dans les deux cas, et personne n'échappe à cette alternative – vie réussie ou ratée... –, la mort n'est pas une catastrophe. Tout juste une occasion de mettre un point final à une expérience joyeuse ou d'en finir enfin avec une vallée de larmes.

Aux rétifs rétorquant que, justement, l'hypothèse d'une existence radieuse peut donner envie d'en rajouter un peu et d'obtenir une rallonge, Lucrèce répond à l'avance en posant la mort comme une nécessité, une évidence à laquelle on ne peut échapper. Ridicule de vouloir s'accrocher puisqu'il faut y passer... La sagesse consiste à faire de nécessité vertu, à intégrer le mouvement naturel des choses et à ne pas se rebeller contre ce sur quoi on ne dispose d'aucun pouvoir – le stoïcisme impérial retiendra la leçon. Tout naît, donc tout meurt, il y aurait folie à ne pas accepter l'éternel retour de cette loi de la nature et à ne pas s'y préparer.

Les hommes vivent comme s'ils ne devaient jamais mourir, là est le problème. Vénus mène le bal, mais Mars veille. La pulsion de vie triomphe, mais pour assurer son empire, il lui faut le contrepoint de la pulsion de mort. Que serait la prolifération d'une vitalité que ne contiendrait pas une régulation naturelle ? A quoi ressemblerait le cosmos si l'expansion ne trouvait pas de limites dans le contrôle des équilibres rendu possible par le jeu des déconstructions et des reconfigurations ? Chacun dispose de son existence non comme d'un cadeau éternel mais comme d'une location-gérance ponctuelle. La règle du jeu est fixée dès le départ. Elle fut la même pour tous et le sera de toute éternité, quel sot pourrait imaginer échapper à la loi commune ?

11

Le squelette au gâteau. Quand le Vésuve pétrifie Pompéi et Herculanum – en 79 apr. J.-C. –, il recouvre également Boscoreale, une ville de dix-sept mille habitants qui périssent comme Pline l'Ancien. En 1895, des archéologues découvrent la cité, travaillent à son exhumation, et l'on trouve à cette occasion un trésor composé de vaisselle précieuse et de fresques de l'époque augustienne. Parmi les pièces en argent, un gobelet philosophique (!) qui représente une scène singulière : Zénon le stoïcien et Epicure figurent autour d'une table sur laquelle repose un gâteau, rien de bien étonnant si les deux hommes n'étaient représentés dans la plus absolue des nudités ontologiques : en squelettes... Zénon menace de la main Epicure qui s'empare de la sucrerie... Pendant ce temps, une patte quémandeuse, le groin en avant, un petit cochon en chair et en os confirme l'identité du philosophe du Jardin.

L'exégèse classique y voit une pièce pseudo-épicurienne. On peut y voir également une leçon stoïcienne, les deux options valent. La scène, de toute façon, paraît emblématique de l'époque et du combat que se mènent les deux écoles pour s'assurer la domination du champ philosophique. Tenants du Portique et du Jardin partagent cette idée de la mort comme génie musagète de la pensée : inéluctable, impérieuse et définitive, elle fournit le terminus de toute aventure existentielle. Certes, mais en attendant ? Zénon opte pour l'ascèse renonçante, le geste moralisateur, le reproche, le refus du corps et des plaisirs de la chair, il incarne – si l'on peut dire ici... – l'austérité de celui qui choisit de mourir avant la mort pour résoudre le problème de sa disparition annoncée ; Epicure, flanqué de son animal emblématique, attend la dernière heure – là encore façon de parler... – préférant goûter les joies et plaisirs de l'existence. Tant qu'à mourir, autant partir vivant !

Lucrèce a choisi son camp, Cicéron le sien. *De la nature des choses* enseigne nettement la préférence du *divin plaisir* (II, 172) – ou, selon la traduction, de la volupté divine. Puisque la mort emporte tout, qu'au moins l'existence soit consacrée à la jubilation. Le néant dure assez longtemps, pas besoin de le distiller dans chaque seconde de vie quotidienne. La volupté latine correspond nettement au plaisir, pas de doute sur ce point. Etonnant, donc, qu'on ait surtout insisté, à propos de Lucrèce, sur son prétendu pessimisme, sa peinture noire de la réalité, son désespoir, son tempérament suicidaire (!), alors que le poème célèbre certaines logiques du bonheur comme le droit, la musique, la technique, le libertinage – sur lesquels je reviendrai.

12

Avantages des naufrages. L'ataraxie grecque passe mal en latin – *dolor absit*, dit le texte (II, 18), mais l'idée demeure : il s'agit de réaliser l'absence de trouble, d'évacuer la douleur, d'en finir avec les craintes, notamment celle de la mort qui empêche un hédonisme franc et net. Le plaisir peut être positif ou négatif : soit on le recherche activement, sachant où il se trouve, soit on écarte les entraves à son avènement. L'évitement du négatif constitue une grande partie de toute philosophie du plaisir – au contraire de ce qu'avance la critique, toujours soucieuse d'associer jouissance et obéissance immédiate aux prurits sensuels. La construction de l'hédonisme passe par cet art de la souffrance.

Pour raconter les avantages de l'ataraxie, Lucrèce rédige une poignée de vers – (II, 1-61) – entrés dans l'anthologie des chefs-d'œuvre de l'histoire des idées sous la rubrique *Suave mari magno*. Le texte, parce qu'il met en scène le plaisir d'assister de la terre ferme aux malheurs d'un équipage aux prises avec une mer déchaînée, a été lu comme un signe de l'égocentrisme cruel du philosophe. Quel individu, cet homme qui jouit du malheur d'autrui ! Autre avatar médisant de l'épicurien rapportant tout à sa petite personne... Or le texte n'invite pas à se réjouir des souffrances de l'autre, mais à savoir profiter de la situation heureuse dans laquelle se trouve celui qui échappe à l'affliction.

La scène du bateau mal parti dans les flots et du spectateur sur la plage est un *topos* gréco-latin qui existe dans une pièce perdue de Sophocle, que Tibulle, Horace et Philodème utilisent et qu'on retrouve ensuite chez Marc Aurèle. Du ve siècle av. J.-C. au IIe siècle de notre ère, l'image sert beaucoup... Elle génère dans l'histoire de l'art les scènes de tempête, les marines et autres toiles qui représentent des navires et des hommes en péril dans une nature déchaînée. Lucrèce joue sur le sublime, comme souvent dans son œuvre, pour montrer la misère de l'homme sans l'épicurisme...

A cette image il ajoute celle de la guerre et de ses champs de bataille. Non pour se réjouir des morts au combat ou de la brutalité cruelle des affrontements, mais pour filer la métaphore : être épargné par la négativité, voilà l'une des sources majeures de la positivité. Voir l'horreur, mais être épargné par elle, quelle volupté ! Eviter les troubles, les douleurs, la souffrance, la crainte indique la direction à suivre pour jouir de soi. L'hédonisme ne suppose pas l'égoïsme, voire la joie mauvaise, mais la construction de soi comme une citadelle, une forteresse imprenable.

Lucrèce utilise cette métaphore du château construit sur un piton rocheux – persistance du sublime et de la posture romantique ! Nietzsche également recourt aux cimes : l'endroit où souffle l'air vif de la lucidité ne souffre pas l'encombrement et, de ce fortin intellectuel, on peut voir en bas, à la manière d'un dieu épicurien, ce qui préoccupe les hommes englués dans l'erreur : les polémiques verbales, la revendication de noblesse, la quête effrénée des honneurs, la passion pour les richesses, autant d'errances coupables car elles éloignent du plaisir véritable.

A quoi bon les intérieurs bourgeois remplis d'objets inutiles et clinquants, coûteux et ridicules – ces éphèbes porte-flambeaux sculptés ? Pour quoi faire des musiciens alanguis sur leurs cithares sous des plafonds à caissons ? De quelle utilité ces étoffes précieuses, ces tissus brodés de pourpre ? Vanité que ces choses-là... Vanité de la comédie humaine... Vanité des guerres et des torses bombés... Vanité de ces divertissements pitoyables d'humains concentrés sur l'accessoire et oublieux de l'essentiel... Ils se trompent, les individus engagés sur ce chemin fautif, mais Lucrèce manifeste de la pitié, de la commisération : ils ne savent pas ce qu'ils font, ni pour quelles raisons ils agissent ainsi, car ils ignorent que l'enseignement d'Epicure pourrait les libérer.

13

L'hédonisme tragique. Comment ? En évitant de croire que ces fictions précitées définissent le plaisir. Ni les particules, ni l'or, ni les médailles, ni les fonctions, ni la possession des objets ne conduisent à la paix de l'âme et du corps. Le plaisir réel, la volupté véritable, la jouissance authentique, la jubilation vraie résident dans cette leçon simple : un corps qui ne souffre pas, une âme qui connaît le bien-être de l'absence de crainte. Rien d'autre. Plaisirs de boire et de manger afin de supprimer le manque – faim et soif –, sans créer d'aliénations – cuisines de luxe et vins fins –, sans pour autant se restreindre à l'eau et au pain épicuriens orthodoxes ; plaisirs de la conversation, dans la nature, à bâtons rompus, entre amis...

L'hédonisme tragique de Lucrèce s'appuie sur cette simplicité vertueuse, romaine. La mort terrorise la plupart ? Elle doit conduire le philosophe à la paix avec lui-même. Le néant paralyse le plus grand nombre ? Le sage sait prendre appui sur ce vide sidéral pour basculer dans une volupté construite. La négativité gagne *in fine* ? L'épicurien connaît les règles qui permettent, en attendant, de générer du plaisir à exister. Le cadavre nous attend ? Qu'au moins le corps, tant qu'il dure, soit utilisé comme une machine performante pour fabriquer du bonheur, de la joie...

La critique oublie souvent la dimension hédoniste de Lucrèce. Epicurien, certes, donc force est de le classer dans le camp des philosophes du plaisir, mais l'exégèse rechigne, on cherche en vain des analyses de la volupté épicurienne qui intègre, par exemple, les considérations finales du poème sur l'évolution de la civilisation et dans lesquelles on trouve des preuves que la pensée de Lucrèce peut dignement figurer dans la liste des philosophies hédonistes. Ainsi des vers ultimes du livre cinquième dans lesquels Lucrèce vante les mérites d'une société raffinée qui apparaît singulièrement en même temps que la musique...

Dans un registre que décalquera le Rousseau du *Discours sur l'origine de l'inégalité parmi les hommes,* Lucrèce brosse un tableau de la naissance et des progrès de la culture et de la civilisation. Dans les premiers temps, l'absence de lois, de règles et de droit oblige les hommes à vivre en sauvages incapables de penser en termes de bien commun. Les choses ne sont pas affirmées aussi nettement, mais le philosophe pense le droit comme une purification des relations entre les humains. Le feu, la famille, l'amitié, le langage, la pitié coïncident avec l'apparition des villes, donc de la civilité. Passage du nomadisme à la sédentarité.

Mars tient tout de même encore son rôle malgré les avancées de Vénus : ainsi, les hommes courent après la gloire et la puissance. Les guerres voient donc le jour, et les violences politiques. En relation avec les rois, les dieux apparaissent, politique et religion fonctionnent de conserve. Les métaux permettent aussi bien les outils créatifs de la technologie que les armes destructrices des conflits. Tissage, art vestimentaire, agriculture et autres savoir-faire signalent les évolutions, les progrès. Les hommes s'arrachent de la nature et cheminent vers toujours plus de culture.

Dans ce tableau historique des progrès de l'esprit humain, Vénus marque des points même si Mars ne recule pas pour autant. Avec la naissance de la musique, Lucrèce date l'ouverture des hommes à tous les plaisirs : une intersubjectivité joyeuse en rapport direct avec la nature, le rire sous le feuillage des arbres, la gaieté en même temps que la danse ; le chant et la musique instrumentale triomphent, la propriété va de pair avec la prospérité sur les mers, la naissance des traités permet les contrats, le droit, donc les secours et les alliances, autant de logiques hédonistes en perspective. Invention de l'écriture, narrations poétiques, raffinements de la vie dans leur ensemble, écrit le poète (IV, 1446), peinture, sculpture, intelligence activée et perfection atteinte dans le progrès humain. Rousseau écrit-il autre chose quand il brosse le portrait de l'état de nature avant ses réquisitoires contre la civilisation ?

L'épicurisme tâche de retrouver cet état idyllique, quand les hommes se contentent de ce qui ne manque pas et réduisent leurs plaisirs à la satisfaction de désirs facilement comblés. L'accumulation des choses corrompt une civilisation dans laquelle les hommes désirent le luxe, le superflu, l'au-delà du nécessaire.

Quand ils veulent plus que de raison et aspirent à satisfaire des désirs non naturels et non nécessaires, ils mettent le doigt dans un engrenage maudit : la souffrance, la douleur, la peine. Retrouver la voie de la sagesse indexée sur les leçons données par la nature suppose un passage par Epicure. Avant de mourir, évidence tragique, vivons en rapport avec ce que la nature nous enseigne : l'hédonisme. Un hédonisme tragique, voilà une nouvelle occasion d'aller contre les lieux communs sur Lucrèce !

14

Un plaisir atomique. Qu'est-ce que le plaisir pour un philosophe matérialiste ? A quoi ressemble la jubilation ? Lucrèce parle de l'inutilité des atomes rieurs pour rire, faut-il conclure également à l'absence de nécessité des atomes jouisseurs pour jouir ? Oui, car les particules ne connaissent ni la douleur ni le plaisir, mais leurs agencements, si. Ce n'est pas une surprise, sachant ce que nous savons de la physique atomiste épicurienne : le plaisir est atomique. La douleur aussi. L'hédonisme suppose une vitesse, des flux, des circulations libres. Dans un corps, l'agitation désordonnée de particules génère la souffrance. Dès que ce trouble disparaît, la sérénité revient, et le plaisir l'accompagne. Le chaos atomique signe la douleur ; l'harmonie recouvrée correspond à la paix de l'âme, donc du corps – et vice versa.

On connaît la loi d'airain originelle formulée par Epicure en personne : le plaisir suppose la satisfaction des seuls désirs naturels et nécessaires, boire quand on a soif, manger quand on a faim. De l'eau et du pain sec, ou presque... Musique, poésie, peinture, gastronomie, œnologie, sexualité renvoient à des désirs, certes, mais n'entrent pas dans la catégorie initiale. Les trois premiers ne paraissent ni naturels ni nécessaires, les trois derniers procèdent d'impulsions naturelles, à l'évidence, mais pas nécessaires dans leur satisfaction...

Le cercle campanien infléchit la rigueur et l'austérité du Maître. En devenant romain, l'épicurisme ne trahit pas l'esprit de la philosophie, ce qui importe. Qu'en est-il de cet esprit ? Un plaisir n'est ni bon ni mauvais en soi, mais relativement à une fin : la construction de l'autonomie individuelle et la production de l'ataraxie. Si la satisfaction d'un désir, quel qu'il soit – naturel ou non, nécessaire ou pas – n'entraîne pas une aliénation, alors il est légitime. Ainsi de la sexualité, que Lucrèce ne condamne pas en soi, mais seulement si elle entame la sérénité du sage.

Pindare avait raison d'inviter à devenir ce que l'on est. En regard d'une physiologie, d'un cosmos, d'une biologie, d'une anatomie et de tous les déterminismes possibles et imaginables, l'individu dispose d'une seule solution : consentir à ce qui le fait être ce qu'il est. Sa liberté se résume à vouloir ce qui advient, voire à aimer toute épiphanie, quelle qu'en soit la formule. Epicure, fragile, malingre, de constitution chétive, théorise un hédonisme ascétique ; Lucrèce, dont on imagine une santé plus reluisante, légitime théoriquement un autre rapport aux désirs et aux plaisirs. Face à la passion amoureuse, par exemple, le poète romain paraît proche de Diogène ou d'Aristippe pour lesquels le désir invite plus à la résolution qu'à la contention.

15

Théorie d'une Vénus nomade. Après les vers consacrés au plaisir d'échapper aux tempêtes sur le bord de la plage, ceux qui déconstruisent l'amour-passion et invitent à pratiquer la Vénus vagabonde – l'Aphrodite pandémienne fustigée par Platon dans *Le Banquet* ! – figurent parmi les chefs-d'œuvre de la littérature philosophique. Molière y puise son inspiration pour quelques alexandrins de son *Misanthrope*, et la leçon donnée par Lucrèce ressemble à celles d'Ovide qui, dans *Les Remèdes à l'amour* ou *L'Art d'aimer*, invite à prendre dans l'amour ce qui réjouit et à se garder de tout ce qui coûte... En dissociant l'amour et la sexualité, il invente ainsi le libertinage dans sa formule moderne.

Dans cette proposition, Lucrèce prend date avec notre époque. A l'évidence, il enseigne aux antipodes du christianisme, qui célèbre la virginité, le célibat, l'ascèse et se résout à tolérer la sexualité pour ne pas risquer le ridicule de professer une doctrine impraticable avec laquelle les fidèles prennent leurs libertés au quotidien ! En associant sexualité, amour et procréation, en soumettant d'ailleurs le régime sexuel à un a priori sentimental et affectif, les Pères de l'Église élaborent la pensée dominante de notre civilisation. L'épicurisme propose une alternative à cette invite inhumaine : une pensée pragmatique soucieuse de ce que sont les hommes et les femmes, pas de ce qu'ils devraient être.

La dissociation lucrétienne entre amour et sexualité – la trouvaille de son immense poème philosophique – fournit une solution au problème de la relation sexuée. L'altérité pose problème dans l'histoire d'amour, elle est vénérée mais vécue comme une entité à incorporer, ingérer, digérer et détruire. Le baiser en témoigne, et toutes les tentatives de pénétration vécues comme des appropriations. Lucrèce constate combien le jeu amoureux vit de cette passion dévorante, au sens premier du terme, cannibale. Au cœur même de l'instant où l'on s'imagine dans la fusion, l'éloignement est maximal. En même temps surgit le désir d'anéantir l'autre : les morsures, les étreintes, les meurtrissures et autres germes de fureur se constatent *de visu*. Les amants se font souffrir, le plaisir n'est pas pur, sans cesse les aiguillons blessent...

Dans la relation amoureuse, les protagonistes rivalisent d'imbécillité et passent à côté de la réalité, plus soucieux de croire aux fantasmes par eux fabriqués qu'à l'évidence visible pour tout tiers neutre. Le bon sens populaire l'enseigne : l'amour rend aveugle. Le poème, dans l'un de ses moments les plus ironiques, raconte cette transfiguration de l'autre par le regard amoureux : chaque défaut devient une qualité, toutes les tares se transforment en talents, les laiderons accèdent au statut de divinités et de déesses, les sottes deviennent d'adorables compagnes, les hystériques de douces complices. Rien ne fausse plus le regard lucide sur soi, les autres et le monde que la danse des atomes amoureux dans un corps soumis à leur loi !

L'amour-passion est une catastrophe. La pulsion de mort qui travaille les deux corps déborde la couche et s'étend, se répand : épuisement des forces, soumission aux caprices d'autrui, dépenses somptuaires, démobilisation sociale, dilapidation du patrimoine, fragilisation de sa santé... L'état physiologique et psychique de l'individu transpercé par les flèches de Cupidon relève de la pathologie : compulsif, masochiste, furieux, sadique, jaloux, solipsiste, répétitif, aliéné, travaillé par le remords, inquiet, déambulant comme un zombie, ne s'appartenant plus, pieds et poings liés au bon vouloir d'un autre lui aussi dans un triste état physique et mental. Rien de bien reluisant pour les deux protagonistes...

Beaucoup de douleurs à craindre quand on cherche la quiétude du philosophe et l'ataraxie du sage épicurien ! L'amertume, la souffrance, la destruction associées à cette expérience limite ne peuvent représenter quelque chose d'idéal et de souhaitable dans la vie d'un individu. Pas plus qu'une maladie grave, dangereuse et qui laisse des traces. Le garçon aux formes féminines graciles – Lucrèce n'exclut pas l'hypothèse d'une histoire amoureuse homosexuelle... – ou la femme tentatrice représentent ce dont il faut absolument se garder.

L'idéal consiste à ne pas se mettre dans la situation amoureuse, car il paraît plus facile d'éviter une douleur que de travailler à sa disparition. Si l'on n'a pu construire son existence en marge de pareilles affections ravageuses, il reste une solution : courir au bordel et demander à la première professionnelle rencontrée le secours d'un talent mercenaire. Puisque le désir sexuel procède d'un genre d'engorgement d'atomes de substance vitale sollicités parfois par des simulacres sexy, la solution passe par un dégorgement purement et simplement mécanique. Une fois ses esprits recouvrés, l'apprenti philosophe peut sortir du lupanar et reprendre son chemin vers le Jardin...

16

Un couple ataraxique. On retient souvent de Lucrèce ces vers célèbres et cette condamnation de l'amour-passion en estimant qu'ils valent pour une déconsidération de l'amour tout court. Pour aller dans le sens de la caricature habituelle – Lucrèce pessimiste –, on ignore une poignée de vers qui contrebalancent cette mise en accusation radicale de la pathologie amoureuse au profit d'une célébration de l'amour sous une autre forme, celle du couple qui construit une histoire dans laquelle on tourne le dos aux folies furieuses de la passion pour échafauder une existence en commun.

Les pages véhémentes, mais aussi ironiques et lucides, du philosophe sur le sujet de l'amour-passion fournissent vraisemblablement le prétexte à la légende fabriquée par Jérôme d'un Lucrèce envoûté par un philtre, devenu fou, et qui met fin à ses jours à l'âge où l'on dispose pleinement de ses moyens physiques et intellectuels. Il ne paraît pas obligatoire d'avoir été pris dans les filets d'une passion amoureuse pour en faire un portrait fidèle, il suffit d'un talent pour l'observation, puis d'en avoir constaté les ravages sur un ami, un proche ou un voisin. Mais Lucrèce a pu aussi, évidemment, expérimenter dans sa chair : les deux hypothèses n'infirment ni ne confirment la validité de cette thèse dans l'absolu.

Les dix derniers vers du livre IV donnent la formule de cette alternative au pire : l'amitié amoureuse. Pas besoin du piège de la beauté qui suppose toujours une malédiction... La voie d'accès à l'être idéal passe par autre chose que l'apparence, l'allure ou la médiation du jugement d'autrui. On n'aime pas celui qu'on dit aimer quand on recherche d'abord les effets produits par lui dans le regard des autres. Le désir mimétique suppose le mépris du tiers, utilisé comme un faire-valoir, une occasion, un prétexte. Lucrèce veut une femme aimée pour elle-même, pas pour ce qu'elle représente.

Elle-même, c'est-à-dire ? Ni la place qu'elle occupe dans la société, ni la fiction sur laquelle elle se modèle pour correspondre à ce que les hommes attendent d'elle, mais son allure, sa conduite, son caractère – terme essentiel –, le soin de sa personne. Loin des violences brutales de l'amour-passion, l'amour naît dans ce cas d'un temps partagé, d'une construction. Leçon de Lucrèce : l'amour n'est pas donné, il se construit. Et loin des fictions sociales ou des miroirs aux alouettes communautaires. Dans la douceur d'une complicité élaborée à deux, l'un par l'autre, l'un pour l'autre, Lucrèce propose le couple ataraxique comme une œuvre d'art philosophique. Misogyne, phallocrate, pessimiste, désespéré, suicidaire, fou, Lucrèce ? Allons...

XIV

Diogène d'Œnanda et « la joie de notre nature »

1

Sur cette pierre... A Athènes l'épicurisme invente le Jardin et la vie philosophique des amis ; entre les communautés du Bassin méditerranéen – Antioche, Alexandrie, Rhodes, Herculanum –, il pratique la lettre et l'échange utile pour synthétiser et clarifier des positions théoriques ; en Campanie, il conçoit l'architecture comme une possibilité d'incarner la pensée et d'en faciliter l'exercice ; en Asie Mineure, par l'intercession de Diogène d'Œnanda – du nom de sa ville natale –, il ajoute une technique nouvelle pour transmettre la doctrine : l'édification d'un mur sur lequel des citations gravées sollicitent le regard du passant...

A mille quatre cents mètres d'altitude, dans cette cité provinciale de la Lycie antique, Diogène d'Œnanda investit une fortune avec pour seul objectif d'enseigner l'homme du commun, de le soigner, de le guérir de ses peurs, de ses craintes et de ses angoisses.

Et l'époque paraît tout entière travaillée par l'incertitude, l'ignorance du lendemain : elle craque, se fendille, va bientôt exploser. Personne ne le sait, seul l'inconscient de natures particulièrement sensibles peut enregistrer les secousses sismiques de la civilisation antique dont les heures sont comptées...

Nous sommes vers 120 après Jésus-Christ. Entre 60 et 150, des évangélistes travaillent à la fabrication d'une mythologie considérable appelée à un succès sans nom, Clément de Rome fourbit des épîtres, Quadratus publie le premier exercice apologétique chrétien, Ignace d'Antioche ou Polycarpe subissent le martyre, l'excitation gronde du côté des vendeurs d'arrière-mondes, des propagandistes d'une névrose sans pareille dans l'histoire de l'humanité. Un demi-siècle plus tard, le grand Celse écrit son *Contre les chrétiens*, mais le bateau païen rejoint déjà le fond...

Pendant ce temps, insouciant, croyant encore à la possibilité d'édifier les hommes en convoquant leur raison plutôt qu'en les abrutissant avec des histoires qui flattent leurs goûts pour le merveilleux, Diogène d'Œnanda commande à des artisans terrassiers, maçons, sculpteurs ce projet mirifique : un mur de quatre-vingts mètres de long, quatre de hauteur sur un d'épaisseur. Il s'agit de transformer cet édifice en support élaboré, pensé, construit sur le principe d'un papyrus déroulé sur plusieurs colonnes. Le contenu, le contexte, les allusions historiques et surtout la datation stylistique de l'épigraphie témoignent pour 120 de notre ère. L'ensemble trouve sa place sur un portique, près du théâtre, vraisemblablement sur le lieu de l'agora primitive.

2

Le péripatéticien épicurien. Selon la tradition, Aristote marchait avec les disciples qu'il enseignait, d'où le nom de l'école péripatéticienne. Préoccupées de petite vertu plutôt que portées à la dissertation sur les grandes, les femmes que l'on sait seront surnommées comme les élèves du Stagirite à cause de leur propension à arpenter les trottoirs. On imagine ce mur comme une occasion de réactiver le goût pour la marche des tenants du Lycée, tout en édifiant l'impétrant à l'aide des contenus épicuriens. Car du début à la fin de cet arpentage, Diogène propose une initiation du quidam qui passe à la doctrine d'Epicure.

Aux premières pierres, la physique. Propylée du système, et particulièrement de l'éthique chez Epicure, il s'agit d'un exposé classique sur ce que l'on sait de la doctrine : les atomes, le vide, le mouvement, les simulacres, la réduction des phénomènes météorologiques et naturels à des combinatoires de particules. Rien de singulier, sauf la précision que la théorie de la déclivité existe chez le Maître lui-même. Pas chez Démocrite, mais chez Epicure. Ce qui lève les hypothèses multiples sur l'invention du *clinamen* par Lucrèce. Preuve, s'il en est, que l'inexistence d'une trouvaille archéologique ne vaut pas comme certitude de l'inexistence d'un thèse. Travailler sur la philosophie antique, c'est œuvrer en archéologue sur un chantier de fouilles explosé...

Pierres suivantes, l'éthique. Là encore, rien de

bien neuf : tropisme hédoniste, antiplatonisme – sur l'origine des noms et la nature des âmes –, récusation de la douleur, du plaisir et de la souffrance comme pôles magnétiques, diététique des désirs, arithmétique des plaisirs, identification du souverain bien au bonheur, lui-même coïncidant avec l'absence de troubles, cessation de la négativité à l'œuvre dans le corps et dans l'âme, satisfaction simple des désirs naturels et nécessaires, récusation de la crainte des dieux et de la mort, etc.

Suivent, dans le sens de la marche, deux lettres : l'une envoyée de Rhodes – à cause de la neige en Lycie – à Antipater et consacrée à l'infinité des mondes, l'autre à Dionysos sur la fortune. Dans cette dernière, Diogène d'Œnanda rapporte un naufrage, peut-être celui d'Epicure en route pour Lampsaque : englouti par les flots, brisé par les vagues, déchiré par les arêtes des rochers sur lesquels il a été rejeté, en sang, inconscient deux jours, puis reprenant peu à peu connaissance avant de retrouver sa place dans le monde... Leçons de cette aventure : qu'il faut, donc, ne pas craindre la fortune – ni la mort, ni l'état de cadavre.

Enfin, en bout de course, entrelardées de maximes d'Epicure sur la mort, le plaisir, la crainte, le désir, le contrat, la douleur, on découvre des directives adressées aux parents et amis dans lesquelles, malgré le peu de fragments retrouvés et leur endommagement, on devine un Diogène fatigué, malade de l'estomac, non loin de mourir, mais sage, attendant la mort avec sérénité. Une lettre encore, peut-être d'Epicure à sa mère, dans laquelle l'auteur lui demande qu'elle cesse ses dons et largesses, au motif que ses amis et son père manifestent une générosité largement suffisante déjà au bonheur du philosophe.

3

Un bouddhisme grec ! L'extrémité du mur rapporte la fin de la philosophie en même temps que la conclusion de l'existence. Diogène d'Œnanda, vieux, fatigué, riche, malade, mais sage grâce à la doctrine d'Epicure, souffre de douleurs d'estomac et vérifie le bien-fondé de la pratique philosophique : l'épicurisme comme thérapie de l'âme et du corps, la sagesse sotériologique, le salut par la pensée doublée d'une pratique philosophique de la vie. A l'heure de passer de l'autre côté, Diogène célèbre son état, la vieillesse, en précisant qu'elle offre des avantages.

Pas bien éloignée de la médecine stoïcienne, la logique épicurienne vante les mérites de l'état dans lequel se trouve l'homme âgé : finie la tyrannie du désir, abolis les inconvénients associés à la quête du plaisir, terminées les affres de la passion, emportés les affects, le corps vit au ralenti, certes, mais ignore désormais les souffrances de la libido, il échappe définitivement aux métamorphoses de l'élan vital dont parlait Lucrèce dans son poème. On ne souffre pas de vivre dans un corps déserté par ce qui le troublait. A l'évidence, Diogène fait de nécessité vertu, mais l'extinction petit à petit de l'instinct de vie ressemble à s'y méprendre à la réalisation définitive et naturelle de l'ataraxie. Le philosophe épicurien vante les mérites de cette existence soumise dès lors au pur plaisir d'être sans parasitage d'aucune manière...

D'où un éloge de ce que les Latins nomment l'*otium* : l'utilisation du temps libre dont on dispose pour la construction de soi comme singularité libre. *Souci de soi* et *usage des plaisirs*, écrira Michel Foucault, qui parle également d'une *herméneutique du sujet* pour signifier le travail de soi sur soi via la philosophie. Pour Diogène, le bonheur suppose quelques impératifs catégoriques : peu d'activité, éviter de s'engager dans des affaires fâcheuses et dangereuses pour l'ataraxie, ne rien entreprendre au-delà de ses forces. Alors la sagesse arrive et avec elle la quiétude, son signe.

Cette sérénité du corps et de l'âme prend forme, s'incarne plus précisément, dans un fragment où Diogène d'Œnanda invite les sculpteurs à représenter les dieux souriants, joyeux, afin que les hommes puissent viser l'imitation de cette joie plutôt que de sacrifier à la crainte devant des dieux que l'artiste représenterait cruels, menaçants, vindicatifs ou guerriers. Du *kouros* grec aux terres cuites étrusques en passant par l'étrange sourire du Bouddha – contemporain de Pythagore... –, le sourire – cette modalité douce du rire matérialiste – invite à penser l'épicurisme comme une sagesse presque orientale...

4

Le Jardin universel. La critique universitaire a pointé les moments où Diogène d'Œnanda manifeste une singularité sur son maître. Les occasions de subjectivité demeurent rares à cette époque, car on ne court pas, comme aujourd'hui, derrière l'originalité à tout prix. Personne ne pensait la nouveauté comme un gage certain de profondeur. D'où un nombre considérable de textes signés Platon ou Aristote, dans la littérature antique, et qui n'ont rien à voir avec les auteurs annoncés. Les textes expriment parfois même l'inverse des thèses de celui dont ils détournent le nom. Voir par exemple l'*Axiochos* attribué à Platon... On se cache plutôt derrière l'ombre d'un grand pour faire passer ses propres thèses...

Difficile, dès lors, de chercher une spécificité de la pensée de Diogène d'Œnanda. D'aucuns la trouvent dans une poignée de fragments : certes, on apprend par lui l'existence du *clinamen* dans le texte même d'Epicure, mais la chose n'a rien d'une révélation, la configuration archéologique rend cette information intéressante pour les chercheurs, mais elle ne transforme pas le disciple tardif en penseur distinct de son maître ; un court texte disserte brièvement sur les effets qui précèdent leur cause dans le temps, mais rien de bien révolutionnaire ; des considérations sur la cause des chutes de grêle en été, oui, bon ; mais aucune idée qui tranche ou vaut comme la signature de Diogène. Sauf...

Sauf une quinzaine de lignes, rien, presque rien d'un point de vue quantitatif, mais une mine d'or pour les potentialités qualitatives : Diogène y énonce la possibilité d'une utopie épicurienne, un genre de Jardin élargi à l'universel... Une anti-République platonicienne, certes, parce que loin du fantasme aristocratique, militaire et guerrier de Platon, mais une proposition politique pensée comme pouvant s'étendre à la totalité des terres habitées : le portrait de cette société idéale ressemble souvent aux descriptions faites par Lucrèce – Diogène d'Œnanda a-t-il pu les connaître ? – des débuts de l'humanité, dans ce qu'on n'appelait pas encore l'état de nature.

Que dit ce texte ? Dans l'esprit philanthropique et cosmopolite manifesté par Diogène dans nombre de passages des œuvres qui nous restent de lui, il suppose la vie des dieux réalisée sur terre par et pour les hommes. On se rappelle la doctrine : impassibles, heureux, épargnés par le trouble, éternels, immortels, composés de matière subtile, joyeux, locataires des intermondes, les dieux fournissent un modèle éthique, certes, mais cette fois-ci, et pour la première fois me semble-t-il, politique. De la sécession épicurienne athénienne (Epicure et son Jardin) à la pratique communautaire campanienne (Philodème et sa Villa), voire au possible compagnonnage romain avec le pouvoir (Lucrèce et son désir de convertir Memmius), l'épicurisme a connu des métamorphoses, des évolutions. Mais cette révolution paraît inaugurale : penser le Jardin comme un modèle communautaire pour la société tout entière, voilà une synthèse magistrale des tendances contradictoires qui animent les épicuriens pendant quatre siècles...

De fait, vers la fin de cet *Abrégé sur les affections et les actions,* Diogène décrit un tableau idyllique des temps futurs : la justice règne absolument, l'amour mutuel triomphe, les fortifications des cités n'ont plus aucune nécessité, plus besoin non plus de lois, ni d'objets conçus, pensés, élaborés contre autrui – les armes par exemple. L'agriculture produit le nécessaire pour vivre, pas besoin de stocks, de superflu, chacun travaille à produire le nécessaire à sa propre subsistance tout en consacrant le reste de son temps à la philosophie... On rêve...

5

L'obscurcissement du monde. Diogène d'Œnanda meurt, on ignore la date. Les fortifications ne disparaissent pas sous le coup de la conversion des hommes à la joie épicurienne puisque, ironie du sort, son mur philosophique mis à bas sert de carrière pour fortifier la cité au IIIe siècle... Une partie permet aux Lyciens de construire une fontaine publique à Zorban, à quelques kilomètres d'Œnanda. A défaut d'avènement du paradis grec sur terre, des névrosés fomentent un paradis judéo-chrétien au ciel et transforment l'existence en chemin de croix, en expiation. Des vendeurs de poissons, des charpentiers, des foulons, des tanneurs se juchent sur le cadavre de la philosophie grecque et triomphent sur les ruines de l'Antiquité hellénistique. Leur particularité ? Ils transforment leur haine d'eux-mêmes en haine du corps et du monde.

Les chrétiens préparent l'obscurcissement de presque vingt siècles dans des communautés d'illuminés un peu partout dans le Bassin méditerranéen ; le pouvoir romain, via Constantin, leur offre l'Empire en se convertissant en 312 ; ils créent le premier totalitarisme en concentrant tous les pouvoirs entre les mains des gens d'Eglise qui, au nom d'un obscur et hypothétique crucifié né à Nazareth – un village dont l'archéologie nous apprend l'existence trois siècles après la mort (!) de son plus célèbre citoyen... –, tuent, massacrent, déportent, ravagent des milliers de gens. Ils détruisent les temples, brisent les statues, rasent les édifices, brûlent les œuvres impies – évidemment, toute la littérature hédoniste y passe ! –, damnent par principe les corps et les âmes, contaminent le présent par la pulsion de mort, mais aussi le futur, l'éternité même... Pour la première fois dans une civilisation, la mort prend le pouvoir et gouverne – et pour longtemps.

BIBLIOGRAPHIE

Bonjour l'ambiance. Aborder le continent philosophique ne se fait pas sans réelles difficultés. L'idéal consiste à commencer par une histoire bien faite, claire, précise, intelligente – voire drôle ! : celle de Lucien Jerphagnon, *Histoire de la pensée*, Tallandier, 1989, Poche Pluriel, réunit toutes ces qualités. Pour l'ambiance, ce que signifie philosopher dans la période antique jusqu'aux premiers temps du christianisme, voir Pierre Hadot, *Qu'est-ce que la philosophie antique ?* Folio, 1995. Du même auteur, on peut également lire *Exercices spirituels et philosophie antique*, Institut d'Études augustiniennes, 1993. On y découvre que la philosophie est avant toute chose un art de vivre, loin des spéculations gratuites et inutiles. Ce qu'analyse magistralement – le lire c'est l'entendre – Michel Foucault dans *L'Herméneutique du sujet*, ses cours professés au Collège de France en 1981-1982, Hautes Etudes-Gallimard-Seuil, 2001.

Pierre Hadot renvoie souvent à deux livres majeurs aux belles idées malheureusement entravées par une exposition universitaire prototypique : André-Jean Vœlke, *La Philosophie comme thérapie de l'âme. Etudes de philosophie hellénistique*, et Juliusz Domanski, *La Philosophie, théorie ou manière de vivre ? Les controverses de l'Antiquité à la Renaissance.* Les deux sont préfacés par Pierre Hadot aux

Editions universitaires de Fribourg – 1993 pour le premier, 1996 pour le second. Vœlke, Domanski, Hadot optent pour la philosophie comme pharmacopée et pratique de l'existence. Les questions abordées dans ces deux ouvrages sont toujours d'actualité...

*
**

Une philosophie hédoniste ? On s'en doute, la philosophie et l'hédonisme font mauvais ménage dans la tradition occidentale, où l'on tient ces deux termes pour antinomiques... Bien évidemment, à ma connaissance, il n'a jamais existé d'histoire de la philosophie hédoniste en quelque langue que ce soit ! On lira, pour des repères et quelques jalons, le texte d'A.J. Festugière, « La doctrine du plaisir des premiers âges à Epicure », pp. 81-116, repris dans *Etudes de philosophie grecque*, Vrin, 1971. Le survol est rapide, mais il permet une utile vue d'ensemble. Sur l'eudémonisme antique, avec des passages extrêmement cursifs, sinon fautifs – parce que inutilement moralisateurs –, et sur l'hédonisme d'Aristippe, on compulsera Léon Robin, *La Morale antique,* PUF, 1963, notamment les pages 32-33.

*
**

De prétendus présocratiques. Les introductions aux philosophes présocratiques sont toujours succinctes car elles résument une quantité de philosophes qui n'ont pas grand-chose à voir, sinon d'être présentés fautivement comme ayant pensé avant Socrate – quand bon nombre en sont les contemporains ! On lira toutefois Abel Jeannière, *Les Présocratiques*, « Les écrivains de toujours », Seuil, 1996 – avec une iconographie intéressante. Le volume présenté par

Jean-Paul Dumont aux éditions de La Pléiade permet de disposer des textes avec l'appareil critique que l'on connaît dans cette collection : *Les Présocratiques*, Gallimard, 1988. On évitera la réédition en Folio qui ampute le volume original d'un grand nombre de textes – dont ceux ayant trait à Antiphon, qui nous intéresse dans la perspective de cette histoire de la philosophie hédoniste...

*
**

Misère du matérialisme atomiste. Pour Leucippe, la chose est claire : il n'existe aucune édition en langue française qui proposerait les fragments et les commentaires qu'ils pourraient susciter... Ce qui en dit long sur la façon platonicienne d'écrire et d'enseigner l'histoire de la philosophie ! Démocrite est mieux loti, même si la bibliographie est vite rassemblée : *L'Atomisme ancien. Fragments et témoignages*, traduction de Maurice Solovine, Pocket, 1993. Jean Salem est le spécialiste : il a écrit plusieurs livres sur ce sujet. Obligatoirement ils se répètent un peu. On préférera *Démocrite. Grains de poussière dans un rayon de soleil*, Vrin, 1996, qui sert de matrice à tous les autres. L'élégant sous-titre est une phrase de Démocrite. Les pages consacrées à l'éthique se contentent de faire état des lectures sans que Jean Salem donne toujours sa propre interprétation. Il signale par exemple, page 333, que Döring, Ueberweg et C. Bailey classent Démocrite du côté des philosophes hédonistes sans vraiment donner son avis, ni examiner ses thèses, encore moins en précisant dans quels ouvrages...

*
**

Pauvres sophistes ! Les sophistes ont longtemps été maltraités. L'édition de leurs textes procède souvent d'anthologies qui ne permettent pas de rendre à chacun son dû ni de distinguer sa spécificité. Introduction accessible par Jacqueline de Romilly dans *Les Grands Sophistes dans l'Athènes de Périclès*, éd. de Fallois, 1988. Voir pour les textes, *Les Présocratiques* en Pléiade, *op. cit.* et, comme introduction générale plus technique, Gilbert-Romeyer-Dherbey, *Les Sophistes*, Que sais-je ?, PUF, 1985. Avec W.C.K. Guthrie, *Les Sophistes,* traduit de l'anglais par J.P. Cottereau, Payot, 1971, on dispose d'une analyse plus longue qui leur rend mieux justice. On peut y lire des passages consacrés à l'hédonisme d'Antiphon, p. 295.

Sur ledit Antiphon, voir l'excellent ouvrage, le seul sur cet individu injustement oublié, d'Annie Hourcade, *Antiphon d'Athènes. Une pensée de l'individu,* « Figures illustres », éd. Ousia, 2001. Sur l'hédonisme du philosophe sophiste, voir le chapitre V, premier paragraphe : « Le plaisir, signe de la conformité de l'action avec la nature », pp. 125-132.

*
**

Et les cyrénaïques, donc... Les plus mal logés puisque aucune édition en langue française n'a existé avant la mienne parue en 2002 au Livre de Poche : *L'Invention du plaisir. Fragments cyrénaïques.* Les Italiens avaient celle de Gabriele Giannantoni (1958) et les Néerlandais celle d'Erich Mannebach (1961). Sur Aristippe, on peut lire Jean Humbert, *Socrate et les petits socratiques,* PUF, 1967, pp. 250-272 – même s'il trouve Aristippe de peu de consistance... Passages intéressants pour se faire une idée de la figure de Socrate. Des pages également consacrées à Antisthène. Sur Socrate lui-même, voir la somme difficilement dépassable par son encyclopédisme de Jacques Mazel,

Socrate, Fayard, 1987, et Pierre Hadot, *Eloge de Socrate*, éd. Allia, 1998.

*
**

La mémoire cynique. Les cyniques disposent de leur doxographie grâce au travail précieux de Léonce Paquet, *Les Cyniques grecs. Fragments et témoignages*, éd. de l'Université d'Ottawa, 1975. Une excellente étude universitaire ligne à ligne de Marie-Odile Goulet Cazé, *L'Ascèse cynique. Un commentaire de Diogène Laërce VI 70-71*, Vrin, qui propose sa version d'un Diogène hédoniste p. 206. On doit à cette même personne et à son mari assisté d'une équipe, une très utile édition de Diogène Laërce, *Vies et Doctrines des philosophes illustres*, « La Pochothèque », Livre de Poche, 1999 : l'appareil critique est remarquable et l'index d'une incontestable efficacité. On peut aussi regarder les lettres pseudépigraphes tardives, *Les Cyniques grecs. Lettres de Diogène et Cratès*, traduites du grec ancien par Georges Rombi aux éditions Babel, 1998. Elles datent du IIe siècle av. J.-C. au Ier après, et trahissent un net infléchissement stoïcien visible par la critique radicale du plaisir à presque toutes les pages. Voir également Michel Onfray, *Cynismes. Portrait du philosophe en chien*, Grasset, 1990, Livre de Poche.

*
**

Platon, un lutteur malintentionné. Pas question d'examiner le statut du plaisir dans la philosophie de Platon, sujet vaste s'il en est... Son dualisme, sa célébration de l'âme, sa détestation du corps, sa déconsidération de la vie, du sensible, du réel, son tropisme pour la pulsion de mort – souvenez-vous du *Phédon* (64, b) : « Les philosophes authentiquement philosophes sont avides de mourir » ! – en font un penseur emblématique de l'antihédonisme antique. Pas étonnant que le christianisme ait trouvé son compte à cette philosophie ! Il est d'autant plus intéressant de lire son *Philèbe*, un dialogue entièrement consacré à la question du plaisir, notamment pour voir comment il s'y prend pour éviter le débat avec l'hédonisme... On préférera l'édition récente de Jean-François Pradeau aux éditions Garnier-Flammarion, 2002. Elle est considérablement annotée et préfacée de façon que le lecteur sache tout ce qu'il est utile de savoir sur ce texte. Ceux que la synthèse ne réjouirait pas peuvent se reporter aux deux volumes coordonnés par Monique Dixaut, *La Fêlure du plaisir. Etudes sur le* Philèbe *de Platon*, Vrin, 1999.

*
**

Eudoxe sauvé par un adversaire... Sans Aristote, rien n'aurait subsisté d'Eudoxe de Cnide, philosophe hédoniste... On connaît ses activités scientifiques, on le présente comme précurseur d'Euclide, on l'intègre volontiers dans une histoire des idées scientifiques de l'Antiquité, certes, mais rarement on s'attarde sur ses fragments de philosophie morale, et plus particulièrement sur sa pensée du plaisir. Elle est essentiellement présentée par Aristote dans l'*Ethique à Nicomaque*. Un livre est entièrement consacré à la question du plaisir chez Aristote par A.J. Festugière : *Le Plaisir. Ethique à Nicomaque VII 11-14, X 1-5*, Introduction, traduction et notes, Vrin, 1946. Tout est là : les enjeux de l'époque, le contexte idéologique, les débats dans l'Académie, les critiques des uns et des autres, les thèses hédonistes d'Eudoxe, celles, antihédonistes, de Speusippe, la position eudémoniste d'Aristote.

*
**

Le philosophe aux fourrures. La bibliographie des sophistes convient évidemment pour Prodicos de Céos qui était l'un des leurs. On trouvera les textes le concernant dans le volume des *Présocratiques* en Pléiade. Voir, bien sûr, le toujours utile *Diogène Laërce et ses Vies*. Sur le choix d'Héraclès comme prosopopée et allégorie – et non comme texte de morale prescriptive – : Pierre Fontanier, *Les Figures du discours*, Flammarion, 1968.

*
**

Cochon d'Epicure ? Ce qui reste d'Epicure tient en moins d'une centaine de pages et l'influence de ce philosophe a été majeure dans la résistance au christianisme. Les *Lettre à Hérodote, Lettre à Pythoclès, Lettre à Ménécée* se trouvent dans le livre X de Diogène Laërce, *op. cit.*, on y peut également lire des considérations sur la vie d'Epicure et des fragments de doxographie éthique. Les *Vies, doctrines et sentences des philosophes illustres* se terminent sur Epicure, non comme on l'a parfois dit parce que l'épicurisme serait le couronnement de la philosophie mais parce que la suite, donc la fin, a été perdue...

Les *Maximes capitales* et les *Sentences vaticanes* se trouvent dans les *Lettres et maximes d'Epicure*, édition établie, textes traduits et commentés par Marcel Conche, PUF, 1987. Jean Salem a consacré le premier volume de sa thèse au sujet : *Tel un dieu parmi les hommes. L'éthique d'Epicure*, Vrin, 1989. Le beau titre est d'Epicure, le sous-titre énonce véritablement le sujet et renseigne sur la sobriété de son traitement. On y lit un commentaire universitaire en règle sur la question. Commentaire de commentaires bien souvent, plus que commentaire du texte lui-même, le livre est clair, précis et documenté. Sans audaces. Le même auteur commente la lettre éthique et s'interroge sur les conditions du plaisir pur chez Epicure dans un recueil de textes intitulé *Démocrite, Epicure et Lucrèce. La vérité du minuscule*, Encre Marine, 1998.

Deux commentaires précis, exégèse pointue, philologique : Jean Bollack, Mayotte Bollack, Heinz Wismann, *La Lettre d'Epicure*, éd. de Minuit, 1971 (commentaire de la *Lettre à Hérodote*), et Jean Bollack, *La Pensée du plaisir*, éd. de Minuit, 1975 (commentaire de la *Lettre à Ménécée*). Voir aussi, dans le même esprit, Jean Bollack et André Laks, *Etudes sur l'épicurisme antique*, Cahiers de philologie, Publication de l'Université de Lille, volume 1, 1976.

Sur des questions précises : Jean-Marie Guyau montre la pensée d'Epicure comme étant à l'origine de l'utilitarisme anglo-saxon dans *La Morale d'Epicure et ses rapports avec les doctrines contemporaines*, Encre Marine, 2002 ; la thèse est poursuivie dans *La Morale anglaise contemporaine. Morale de l'utilité et de l'évolution*, Alcan, 1895 ; André-Jean Festugière, *Epicure et ses dieux*, PUF, Quadrige, première édition, 1946, éd. corrigée en 1985, aborde les questions du fait religieux dans l'ère hellénistique, la religion d'Epicure et son rapport à la religion astrale ; sur le plaisir, Victor Brochard, *Etudes de philosophie ancienne et de philosophie moderne*, Vrin, 1974 ; sur le droit, la loi, le contrat, la protection des animaux, la justice, l'injustice, le droit naturel, la question de la philosophie politique et juridique du Jardin, *La Doctrine d'Epicure et le droit*, Victor Goldschmidt, Vrin, 1977 ; ouvrage passionnant pour ce qu'il obtient des trois maximes afférentes à ce sujet ; sur l'amitié : Jean-Claude Fraisse, *Philia. La notion d'amitié dans la philosophie antique*, Vrin, 1984 ; sur la vie philosophique, Jacques Schlanger, *Qu'est-ce qu'une vie bonne ?* PUF.

Voir aussi les *Actes du VIIIe congrès de l'Association Guillaume-Budé*, Paris, 5-10 avril 1968, Les Belles Lettres, 1969 : sur le *clinamen*, les simulacres, la physique des dieux, la sensation, le discontinu, la connaissance, le scepticisme, l'amitié, la dialectique et autres sujets, mais aussi sur les lectures de Horace, Lucrèce, Montaigne, l'humanisme, Saint-Evremond, Gassendi, Kant, les structuralistes (!). Représentatif du genre colloque : du meilleur et du pire, beaucoup de glose, quelques intuitions, une quantité de compilateurs, une poignée de chercheurs qui trouvent... Ouvrage évidemment vieilli, mais utile pour les traces et les pistes.

*
**

Avec, contre et malgré le Maître. Pour une présentation générale d'Epicure et de l'épicurisme : Geneviève Rodis-Lewis, *Epicure et son école*, Idées, Gallimard, 1975 (ma première rencontre avec Epicure...) et Jean-François Duvernoy, *L'Epicurisme et sa tradition antique*, Bordas,1990.

Sur les poètes élégiaques – Catulle, Tibulle, Properce –, mais aussi sur Virgile, Ovide et leurs formules épicuriennes, voir de Paul Veyne, *L'Elégie érotique romaine. L'amour, la poésie et l'occident,* Seuil. Démontage intelligent et brillant du procédé élégiaque : la femme comme prétexte au texte...

Très peu sur Philodème de Gadara ! Rien sur Métrodore... Aucune traduction française de l'un ni de l'autre... Les textes du premier sont édités en allemand, en italien, mais pas en français... Voir Marcello Gigante, *La Bibliothèque de Philodème et l'épicurisme romain*, Études anciennes, 56, Les Belles Lettres, 1987, longtemps le seul ouvrage. Et : *Cicéron et Philodème. La polémique en philosophie,* textes édités par Clara Auvray-Assayas et Daniel

Delattre pour les éditions Rue d'Ulm, collection « Études de littérature ancienne, 12 », 2201, sur la question de l'esthétique de Philodème. Quelques extraits traduits, mais plutôt sur les dieux, la musique, la rhétorique que sur l'éthique... Bibliographie exhaustive des articles, souvent en langue étrangère, pages 393 à 407 – moins de dix articles sur Philodème en langue française ! Les quelques épigrammes se retrouvent, éparses, dans les volumes de l'*Anthologie grecque*, Belles Lettres. Sur le site d'Herculanum, un ouvrage ancien, mais lisible comme un roman policier : *Vie, mort et résurrection d'Herculanum et de Pompéi.* Son auteur : Egon Caesar, comte Corti, 10/18, 1963.

Diogène d'Œnanda, mieux servi, dispose depuis 1996 d'une édition au Cerf-Editions universitaires de Fribourg : *La Philosophie épicurienne sur pierre. Les fragments de Diogène d'Œnanda*, traduits par Alexandre Etienne et Dominique O'Meara. Tout ce qui reste – c'est-à-dire peu de chose – est introduit avec ce qu'on peut savoir aujourd'hui sur la question.

*
**

Vivre et philosopher en latin. Changement de monde : le passage d'Athènes à Rome oblige à des réajustements idéologiques et à des considérations nouvelles sur la liaison du temps et de la réflexion. Pour un fil d'Ariane dans ce dédale historique, voir les livres de Lucien Jerphagnon, *Vivre et philosopher sous les Césars*, et *Vivre et philosopher sous l'Empire chrétien,* publiés chez Privat, épuisés, mais refondus dans *Le Divin César. Étude sur le pouvoir dans la Rome impériale*, Tallandier – où comment se jouent les relations entre le Philosophe et le Prince. Enjoué, savant, brillant, intelligent, érudit, on entend la voix de celui qui fut mon initiateur à la philosophie antique – donc à la philosophie tout court... Du même, *Histoire de la Rome antique. Les armes et les mots*, Tallandier.

Sur Cicéron, Lucrèce – mais aussi les milieux épicuriens en Campanie –, Sénèque : Jean-Marie André, *La Philosophie à Rome*, PUF. En devenant latine, la pensée perd en talents idéalistes sur l'ontologie, la métaphysique et les fictions pour gagner en puissance sur la morale utilitariste et pragmatiste – aux sens nobles et philosophiques des termes.

*
**

Le Divin Lucrèce... J'ai travaillé sur la traduction de Charles Guittard, Imprimerie nationale, bilingue, un peu littéraire, mais à l'index catastrophique... Edition de poche GF : Clouard ; édition Tel-Gallimard : Ernout.

Trouvé aussi dans les bacs du bouquiniste un commentaire de Constant Martha, *Le Poème de Lucrèce*, Hachette, sans date, mais fin XIXe siècle. L'auteur trouve que Lucrèce n'est pas moralement défendable, il précise qu'il n'adhère pas à ses théories, confesse un catholicisme de bon aloi qui lui vaut d'avoir été couronné par l'Académie française. Il n'y a pas de mystères...

Mme Agnès Lagache trouve le philosophe misogyne, phallocrate et pour tout dire machiste : *Lucrèce. Fantasmes et limites de la pensée mécaniste*, Alpha Bleue. Comme Constant Martha, le texte mérite d'être lu comme symptôme des a priori d'une époque. La thèse du livre ? Le matérialisme atomiste épicurien n'a pas rendu Lucrèce heureux – quels textes ou témoignages fondent ce jugement ? Cette idéologie, par son fantasme de toute-puissance, rendrait impossible l'amour, la politique, le rapport à l'autre ou la musique ! Impossible sur ces principes de donner corps à une « vie symbolique »...

Le Dr Logre est cité par la dame qui précède. On lui

doit *L'Anxiété de Lucrèce*, chez J.B. Janin, un excellent prototype de projection effectué malgré lui par un médecin psychiatre. Drôle si ce n'était tragique – car le médicastre eut vraisemblablement des patients dans son cabinet et ne s'est pas contenté de nuire à un philosophe disparu depuis vingt siècles, il a également maltraité sur le même principe une clientèle sonnante et trébuchante...

Pour lire Lucrèce accompagné, voir Marcel Conche, *Lucrèce*, Seghers – avec un choix de textes –, Pierre Boyancé, *Lucrèce et l'épicurisme*, PUF, mais aussi un compendium de ce livre dans *Lucrèce. Sa vie, son œuvre, avec un exposé de sa philosophie*, PUF. Textes choisis aussi. Plus récent : Pierre-François Moreau, *Lucrèce. L'âme*, PUF. Commentaire ligne à ligne du livre III sur l'âme, l'esprit, le corps et leurs relations. Le travail le plus synthétique, le plus complet, est signé Jean Salem, *Lucrèce et l'éthique. La mort n'est rien pour nous*, Vrin. On lui doit également deux beaux livres déjà cités sur Démocrite et Epicure. Bibliographie de 638 titres pages 251-282.

L'ARCHIPEL HÉDONISTE	*L'ARCHIPEL IDÉALISTE*
Sappho (650/600)	*Vers 570 : naissance de Pythagore*
	Vers 563 : naissance de Bouddha
	Vers 551 : naissance de Confucius
	Vers 532 : école pythagoricienne à Syracuse
	512 (?) : mort de Pythagore
	510 (?) : naissance de Parménide
	Vers 500 : Parménide d'Elée, La Nature
	492 : naissance de Protagoras
Entre 490 et 460 : naissance de Leucippe	
	485 : naissance de Gorgias
	Vers 483 : mort de Bouddha
	Vers 479 : mort de Confucius
Vers 470 : naissance de Démocrite	
	469 : naissance de Socrate
	435 : enseignement de Socrate à Athènes
Entre 470 et 460 : naissance de Prodicos de Céos, auteur des *Saisons*.	
Entre 460 et 340, Démocrite écrit plus de six cents traités. Parmi eux : *Du bonheur, De la nature humaine ou de la chair, Des sensations, Du régime de vie ou le Diététique, De la peinture,* et autres livres de mathématique, de musique, de physique, etc.	

Antiphon le sophiste, *L'Art d'échapper à l'affliction*, « invente » la psychanalyse.

445 : naissance d'Antisthène

443 : naissance d'Hippias

435 : naissance d'Aristippe de Cyrène

Entre 420 et 360, Antisthène, le cynique écrit *De la diction et des figures, Traité de l'amour dans le mariage, De la physiognomonique des sophistes, De la loi ou du Beau et du Juste,* et nombre d'autres textes réunis dans dix volumes.

429 : naissance de Platon

413 : naissance de Diogène

411 : mort d'Antiphon le sophiste

411 : mort de Protagoras

Vers 408 : naissance d'Eudoxe de Cnide

Entre 400 et 350, Aristippe de Cyrène écrit vingt-cinq dialogues, dont *Pour ceux qui lui reprochent d'avoir acheté du vieux vin et des courtisanes, Pour ceux qui lui reprochent de bien banqueter,* mais aussi *De l'éducation, De la vertu,* etc.

Entre 380 et 323 : *Traité de morale, L'Art d'aimer, De la mort, La Constitution,* et autres dialogues de Diogène de Sinope

399 : Aristippe fonde une école à Cyrène.

399 : procès et mort de Socrate
Vers 385 : naissance d'Aristote

387 : Platon fonde l'Académie à Athènes.

Phédon, Le Banquet, Phèdre *de Platon*
387-368 : Apologie de Socrate, Protagoras, Gorgias *de Platon*
367 : Parménide, Théétète, Le Sophiste *de Platon*
Après 361 : Timée, Critias, Les Lois

360 : mort d'Antisthène, naissance de Cratès

Vers 356 : mort d'Eudoxe de Cnide

343 : mort d'Hippias

Vers 350 : travaux philosophiques d'Aristote

350 : mort d'Aristippe de Cyrène

Vers 350 : *Lettres* de Cratès, le cynique

347 : mort de Platon. Aristote quitte l'Académie.

342 : naissance d'Epicure à Samos
340 : mort de Démocrite d'Abdère

332 : Pyrrhon accompagne Alexandre dans sa campagne en Inde.

335 : Aristote fonde le Lycée à Athènes.

Entre 350-270 : trois cents textes d'Epicure dont trente-sept livres intitulés *De la nature,* mais aussi : *De l'amour, De la sainteté, Banquet, Du toucher, De la musique, Sur la maladie*, etc.

Traités de Zénon et de Chrysippe

Vers 330 : mort de Cratès de Thèbes, le cynique

323 : mort de Diogène de Sinope

322 : mort d'Aristote : Théophraste le remplace à la tête du Lycée.

Vers 300 : œuvres de Métrodore, l'épicurien, dont : *Contre les médecins, Des sensations, De la grandeur d'âme, De la maladie d'Epicure, Contre les dialecticiens, Du moyen de parvenir à la sagesse, Contre Démocrite,* etc.

306 : Epicure crée son Jardin à Athènes : premiers disciples, Hérodote, Pythoclès, Hermarque, Métrodore, Polynéus, Leontéus de Lampsaque, Thémisa, Léontion, Colotès, Apollonidès.

Vers 300 : Zénon de Cition fonde le Portique à Athènes.

280 : mort de Cratès

277 : mort de Métrodore, disciple d'Epicure

271 : mort d'Epicure

270 : Hermarque succède à Epicure à la tête du Jardin.

Hermarque est l'auteur de *Contre Platon, Des sciences, Contre Aristote,* entre autres textes.

Vers 110 : naissance de Philodème de Gadara.

auteur de *Revue des philosophes, Des caractères et des genres de vie, De la liberté de parole, De la gratitude, De la flatterie, De l'arrogance, De l'envie, De la colère* et de nombreux autres ouvrages esthétiques, politiques, théologiques, rhétoriques

98 : naissance de Lucrèce

83-43 : œuvres de Cicéron

60-55, Lucrèce, *De la nature des choses*

55 : mort de Lucrèce

79 : éruption du Vésuve

Constellation des poètes élégiaques romains : Catulle (87-54), Horace (65-8), Tibulle (55-19), Properce (50-16 apr.)

Vers 40 : mort de Philodème de Gadara

Vers 2 : naissance de Sénèque

Naissance d'un supposé Jésus : 0.

Vers 5-15 : naissance de Paul de Tarse, dit saint Paul

1-18 : Ovide, *L'Art d'aimer*

30 : conversion de Paul de Tarse

Eté 44 : premier voyage missionnaire de Paul

Vers 50 : naissance d'Epictète

Entre 50 et 57 : Epître aux Corinthiens *de Paul de Tarse et autres textes apologétiques*

62 : début de la correspondance entre Sénèque et Lucilius

19 avril 65 : mort de Sénèque

Vers 67-68 : mort dudit saint Paul

Vers 120 apr. : Diogène d'Œnanda et son mur de pierre

Diogène d'Œnanda : *Abrégé sur les affections et les actions*

Vers 120 : les premiers apologistes chrétiens : Justin, Athénagore, Théophile d'Antioche, pour lesquels le christianisme est « la vraie philosophie »

INDEX

EPICURISME

Contre-histoire de la philosophie
aux éditions Grasset :

I. Les Sagesses antiques, 2006.
II. Le Christianisme hédoniste, 2006.
III. Les Libertins baroques, 2007.
IV. Les Ultras des Lumières, 2007.
V. L'Eudémonisme social, 2008.
VI. Les Radicalités existentielles, 2009.
VII. La Construction du surhomme, 2011.
VIII. Les Freudiens hérétiques, 2013.
IX. Les Consciences réfractaires, 2013.

PAPIER À BASE DE FIBRES CERTIFIÉES

Le Livre de Poche s'engage pour l'environnement en réduisant l'empreinte carbone de ses livres. Celle de cet exemplaire est de :
600 g éq. CO_2
Rendez-vous sur www.livredepoche-durable.fr

Composition réalisée par PCA

Imprimé en France par CPI
en novembre 2017
N° d'impression : 2030918
Dépôt légal 1re publication : juin 2007
Édition 10 - novembre 2017
LIBRAIRIE GÉNÉRALE FRANÇAISE
21, rue du Montparnasse - 75298 Paris Cedex 06

30/8384/7